Sociology for University Students
大学生のための社会学入門

篠原清夫・栗田真樹
編著

日本学術会議
参照基準対応

池田 曜子　宇田川 拓雄　大矢根 淳　小笠原 尚宏　清水 強志
前田 至剛　水嶋 陽子　水野 英莉　百木 漠

晃洋書房

は じ め に

　2010年の日本学術会議による『大学教育の分野別質保証の在り方について』において，各分野の大学教育における最低限の共通性の確保が課題であるとの認識が示され，その核となるものを明確化し，保持するようにすべきであるという提言がなされた．学士課程において学生は何を身につけることが期待されるのかという問いに対し，「学士力」に求める普遍性と，各分野固有の特性との双方を踏まえつつ，一定の基準となるものを提示することが求められた．

　それに基づき社会学分野においても検討がなされ，2014年9月に日本学術会議社会学委員会社会学分野の参照基準検討委員会により，『大学教育の分野別質保証のための教育課程編成上の参照基準〈社会学分野〉』が公表された．これは，大学生として「社会学」を学ぶ上でどのようなことを修得する必要があるのかを示したものである．そこには「社会学を学ぶすべての学生が身につけることを目指すべき基本的な素養」の中で以下の項目が挙げられている．

〈社会学の学びを通じて獲得すべき基本的な知識と理解〉
① 社会学が蓄積してきた概念と理論枠組みについての基本的な知識と理解
② 社会現象を経験的に調査し結果を分析する方法についての基本的な知識と理解
③ 社会を構成する諸領域についての基本的な知識と理解
　ア　相互行為と自我や意味の形成についての基本的な知識と理解
　イ　家族などの親密な関係性についての基本的な知識と理解
　ウ　ジェンダーとセクシュアリティについての基本的な知識と理解
　エ　労働・消費などの活動と企業・産業などについての基本的な知識と理解
　オ　人間と自然環境との関係や科学技術の影響についての基本的な知識と理解
　カ　医療・福祉・教育についての基本的な知識と理解
　キ　逸脱行動，社会病理あるいは社会問題についての基本的な知識と理解
　ク　階層・階級・社会的不平等についての基本的な知識と理解

ケ　都市・農村などの地域社会・コミュニティについての基本的な知識と理解

コ　グローバリゼーションとエスニシティについての基本的な知識と理解

サ　文化・表象・宗教についての基本的な知識と理解

シ　メディア・情報・コミュニケーションについての基本的な知識と理解

ス　社会運動，NPO・NGO など社会変革・改革の動きへの基本的な知識と理解

セ　国家・政治・権力と政策提言についての基本的な知識と理解

　本書は，これらの参照基準である「社会学」の基本的な知識を得て，社会学的な素養を身に付けてもらうことを目指したテキストである．また文部科学省が強調するようになった学修時間確保も考慮した構成とした．そのため，本書には以下の特長がある．

　（1）日本学術会議の参照基準〈社会学分野〉に対応

　前述の2014年に日本学術会議社会学委員会により提示された『大学教育の分野別質保証のための教育課程編成上の参照基準〈社会学分野〉』に対応するような章立てとした．

　（2）社会学分野参照基準と実際の授業運営との対照表の提示

　実際の授業運営を行っていく際やシラバス作成時に活用してもらうための対照表を示し，学生の専攻別に学んでほしい章を取り上げた．

　（3）自己学修のためのポイント・予習・課題を設定

　各章のはじめに「学修のポイント」「予習」，章末に「課題」を入れ，学生にとって自己学修がしやすくなるようにした．

　（4）豊富な具体例・図表を掲載

　内容については社会学の専門用語を詳しく説明するより，なるべく具体例や図表などを入れて初学者にわかりやすく，興味を引く内容にした．場合によってはマンガ，アニメ，映画，小説などの内容を使用することで社会学への興味を喚起できるように工夫した．

　（5）学修を深めるためのコラムを設定

　いくつかの章にはコラムを入れ，本文中では説明が不十分なところ，深く学んでほしいこと，具体例などの関連項目を取り上げた．

本書はわかりやすさを重視して書かれているため，説明が不十分な箇所もある．それに関しては，ぜひ章末に取り上げる文献を参照し，学修を深めていってもらいたい．本書により学生が「社会学」という学問に興味を持ち，有意義な知見を得ることができたら幸いである．

　最後に，この度，社会学入門のテキストを企画し1冊に取りまとめていくに際して，晃洋書房編集部の阪口幸祐さんには大変お世話になった．日本社会学会大会での出会いがきっかけであったが，入門的な社会学教育に悩む教員に声をかけてくださり，われわれにとって慣れない企画段階から俯瞰的な立場で適切なアドバイスをしてくださった．また執筆の際には具体例のアイデアを多々提示していただき，学生時代に社会学を専攻してきた阪口さんならではの適切なご助言は非常に参考になった．阪口さんの名を編者に加えておかしくないほど，阪口さんなくして本書は誕生しなかっただろうと考えている．この場を借りて厚く御礼を申し上げたい．

　　2016年4月

　　　　　　　　　　　　　　　　　　　　編者　　篠 原 清 夫

参照基準と実際の授業運営

　日本学術会議 社会学委員会 社会学分野の参照基準検討分科会の『大学教育の分野別質保証のための教育課程編成上の参照基準〈社会学分野〉』における「社会学を学ぶすべての学生が身につけることを目指すべき基本的な素養」を学生が学修することを目指すため，本書は16章で構成されている．しかし大学では社会学の入門的講義は15回であるところが多いので，1章を1回の講義と考えた場合，以下のような使用方法が考えられる．

章	日本学術会議参照基準	タイトル	社会学専攻	医療・福祉関連専攻	教育関連専攻	その他専攻
第1章	①	社会学とは何か	◎	◎	◎	◎
第2章	②	社会を観察する方法		◎	◎	◎
第3章	③ア	社会で生きる「私」	◎	◎	◎	◎
第4章	③イ	変容する家族のかたち	○	○	○	○
第5章	③ウ	性の多様なあり方を考える	○	○	○	○
第6章	③エ	「現実を生きる」ための社会学	○	○	○	○
第7章	③オ	日本で進展する環境・災害社会学	○	○	○	○
第8章	③カ	社会学から医療を見つめる	○	○		△
第9章	③カ	社会学は教育とどう向きあうのか	○		◎	△
第10章	③キ	逸脱行動と社会問題	○	○	○	○
第11章	③ク	「格差」の社会学	○	○	○	○
第12章	③ケ	生活空間としての地域社会	○	○	○	○
第13章	③コ	グローバル社会とエスニシティ	○	○	○	○
第14章	③サ	宗教から社会を捉える	○	○	○	○
第15章	③シ	社会の中のメディア／メディアが動かす社会	○	○	○	○
第16章	③ス・セ	国家と社会運動	○	○	○	○

◎必修　○学修　△いずれかを学修

社会学専攻の学生：社会学を専攻する学生の多くは，社会調査士資格認定機構による「社会調査士」の資格を取得するものと考えられる．社会調査について資格取得のため他の科目で詳しく学ぶことになるので，第2章「社会を観察する方法」の章は場合によっては扱わない．

医療・福祉関連専攻の学生：医学・看護学・社会福祉学などを専攻する学生は，第8章「社会学から医療を見つめる」を学び，第9章は扱わない．参照基準③カは「医療・福祉・教育についての基本的な知識と理解」なので，第8章を学ぶことで参照基準を満たすことになる．

教育関連専攻の学生：教育学部などで学ぶ学生，教職課程をとっている学生は第8章ではなく第9章「社会学は教育とどう向きあうのか」を学んでほしい．上述したように参照基準③カは「医療・福祉・教育」いずれかの社会学を学べば満たすことになるからである．

その他の分野専攻の学生：上記の分野以外を専攻する学生も第1章から学んでいくことになるだろうが，社会学を担当する教員が第8章か第9章いずれかを選ぶことになるだろう．

目次

【大学生のための社会学入門】

はじめに
参照基準と実際の授業運営

第1章　社会学とは何か　　　　1

参照基準①　社会学が蓄積してきた概念と理論枠組みについての基本的な知識と理解

1　社会学とは？　（2）
2　なぜ社会学が必要か　（3）
3　「社会」とは何か　（4）
4　社会が人間を動かす？　人間が社会を動かす？　（5）
5　人間と社会との関連性を考える視点　（9）

Column　カトリックとプロテスタント　（10）
Column　社会学の創始──デュルケームとウェーバー──　（11）

第2章　社会を観察する方法　　　　13

参照基準②　社会現象を経験的に調査し結果を分析する方法についての基本的な知識と理解

1　理論と観察　（14）
2　科学としての社会調査　（15）
3　さまざまな社会調査　（17）
4　データから時代を読み解く──新しい時代に向けて──（21）

Column　観客・顧客の声をいかに反映させるか　（23）

第3章　社会で生きる「私」　　　　25

参照基準③ア　相互行為と自我や意味の形成についての基本的な知識と理解

1　主我と客我のせめぎ合い──自我の社会性──　（26）
2　立場の違いと行動──地位と役割──　（27）
3　社会的人間になる──社会化と他者──　（30）
4　仕事を持つ──職業的社会化──　（32）
5　人間の集まり──社会集団の類型──　（33）

Column　シンボリック相互作用論
　　　　　（象徴的相互作用論 symbolic interactionism）（34）

第4章　変容する家族のかたち　36

参照基準③イ　家族などの親密な関係性についての基本的な知識と理解

1　戦後日本の家族とその後　（37）
2　多様化する人生の歩み　（40）
3　少子高齢社会のケア問題　（44）

第5章　性の多様なあり方を考える　48

参照基準③ウ　ジェンダーとセクシュアリティについての基本的な知識と理解

1　セックスとジェンダー　（49）
2　セクシュアリティとは何か　（51）
3　教育・スポーツとジェンダー　（53）
4　労働とジェンダー　（55）

Column　セクシュアル・フルイディティ（Sexual Fluidity）（58）

第6章　「現実を生きる」ための社会学
——労働・産業・消費——　60

参照基準③エ　労働・消費などの活動と企業・産業などについての基本的な知識と理解

1　現代社会の特徴——産業構造の変化——　（61）
2　生産と消費の関係　（63）
3　労働環境の変化　（64）
4　消費構造の変化　（65）
5　近年の変化——グローバル化と価値観の変化——　（68）

Column　人生と働くことの意味　（71）

第7章　日本で進展する環境・災害社会学　73

参照基準③オ　人間と自然環境との関係や科学技術の影響についての基本的な知識と理解

1　見えないものを見る力——「緑豊かな長閑な牧場」の裏面——　（74）
2　環境社会学の叢生と展開　（74）
3　東日本大震災を契機とする環境社会学・災害社会学の邂逅　（79）

Column　世紀末に描かれていた『天空の蜂』（85）

目　次　vii

第8章　社会学から医療を見つめる　　87

参照基準③カ　医療・福祉・教育についての基本的な知識と理解

1　医療社会学とは　（88）
2　病気があるから病人なのか　（89）
3　健康維持は個人によるものか，社会によるものか　（90）
4　ソーシャル・キャピタルと健康　（92）
5　ジェンダーと医療　（94）
6　日常生活の医療化　（95）

Column　医原病——I. イリイチ——　（96）

第9章　社会学は教育とどう向きあうのか　　98

参照基準③カ　医療・福祉・教育についての基本的な知識と理解

1　教育を社会学的に考えるとは　（99）
2　日本の教育の現状　（100）
3　人間関係をとりまく問題　（103）
4　学力をとりまく問題　（104）
5　教育社会学にできることは何か　（108）

第10章　逸脱行動と社会問題　　110

参照基準③キ　逸脱行動，社会病理あるいは社会問題についての基本的な知識と理解

1　殺人者と英雄の違い　（111）
2　社会構造から逸脱を考える　（111）
3　逸脱者とは誰か——ラベリング理論——　（113）
4　社会問題は本当に問題なのか　（115）
5　アニメ『サイコパス』からみる社会病理　（117）
6　社会問題の何に着目するか——構築主義アプローチ——　（118）

Column　ラベリングと構築主義　（120）

第11章　「格差」の社会学　　122

参照基準③ク　階層・階級・社会的不平等についての基本的な知識と理解

はじめに　（123）
1　「階級」「階層」とは何か　（123）
2　日本は本当に「一億総中流社会」だったのか　（126）

3　新たな格差社会へ　（129）
お わ り に　（131）

Column　ピケティの警告
　　　　　──『21世紀の資本』が訴えかけるもの──　（133）

第12章　生活空間としての地域社会　　135

参照基準③ケ　都市・農村などの地域社会・コミュニティについての基本的
　　　　　　　な知識と理解

1　社会集団としての地域社会──都市と農村──　（136）
2　近代化の産物としての都市　（138）
3　日本農村の特質と変貌　（139）
4　ローカルコミュニティの現在　（140）
5　脱地域化と再地域化　（143）

Column　村普請の現在　（146）
Column　『七人の侍』と三軒茶屋──都市の中の村──　（147）
Column　磯野家とコミュニティ存続論　（148）

第13章　グローバル社会とエスニシティ　　150

参照基準③コ　グローバリゼーションとエスニシティについての基本的な知
　　　　　　　識と理解

は じ め に　（151）
1　グローバリゼーションとは何か？　（151）
2　エスニシティとは何か？　（154）
3　日本におけるエスニシティ　（158）

第14章　宗教から社会を捉える　　163

参照基準③サ　文化・表象・宗教についての基本的な知識と理解

1　宗教研究と社会学　（164）
2　宗教の基本的性質──聖と俗──　（166）
3　近代化と宗教変動　（168）
4　日本人と宗教　（170）

Column　鰯の頭も信心から？　（174）
Column　神輿を担ぐのは誰か　（174）
Column　葬送墓制の現在　（176）

第15章　社会の中のメディア／
　　　　メディアが動かす社会　　　　　　　　　177

参照基準③シ　メディア・情報・コミュニケーションについての基本的な知
　　　　　　　　識と理解

1　社会はコミュニケーションにあふれている　（178）
2　メディアと社会　（178）
3　声／文字の文化，書物の成立　（179）
4　市民／大衆／国民の誕生とマスメディア　（181）
5　戦争と選挙　（182）
6　インターネットをめぐる情報の自由と管理・制限　（183）
7　社会の中のネットワークとメディア　（184）

Column　インターネットをめぐる情報の自由と管理・制限　（187）
Column　つながりっぱなしの私たち　（188）

第16章　国家と社会運動　　　　　　　　　　　　　190

参照基準③ス　社会運動，NPO・NGO など社会変革・改革の動きへの基本
　　　　　　　　的な知識と理解
参照基準③セ　国家・政治・権力と政策提言についての基本的な知識と理解

は じ め に　（191）
1　国家と政府　（191）
2　社会運動と NPO　（193）
3　NGO　（196）

お わ り に　　（201）
人名・事項索引　　（204）

第1章　社会学とは何か

参照基準① 社会学が蓄積してきた概念と理論枠組みについての
基本的な知識と理解

学修のポイント

1 社会学とは？
2 なぜ社会学が必要か
3 「社会」とは何か
4 社会が人間を動かす？　人間が社会を動かす？
5 人間と社会との関連性を考える視点

○社会学とはどのような学問であるか，
　その特徴と必要性を理解する．
○社会学者デュルケームとウェーバーの研究から，
　社会学における社会事象の捉え方を知る．

予　習

□ 人間と社会についてあなたが興味・関心を持っていることについて発表準備をしよう．
□ あなたが考える「社会」とは具体的に何であるかを思い浮かべ，それがなぜ「社会」だと思うのか考えよう．

1 社会学とは？

「社会学とは何か？」を簡潔に説明することは難しいと言われている．社会学の専門辞典で「社会学」の項を引いて読んでみて，すぐに理解できるという大学生はおそらくいないだろう．社会学を専攻し3年学んできた優秀な大学生が，就職試験で面接官に「社会学とは何ですか？」「社会学を学んできたことが何に役立ちますか？」と問われてうまく答えられなかったという話もよく聞く．『社会学とは何か』というタイトルの本があるし，『子犬に語る社会学』（！）という本も出ているくらい，「社会学」とは何かをわかりやすく説明しようと努力がなされているが，その全体像を説明しようとすると難しいようである．

大学1年生に対し社会学の講義でリアクション・シート（質問などを書く紙）に記入してもらうと「僕は世界史が得意ではなかったので，成績が心配です」というコメントがあったり，講義の最後に「地理はいつから始まるのですか？」などの質問があったりする．社会学は「社会」という言葉がつく学問なので，小学校から高校まで学んできた「社会科」をイメージしてしまう学生が多いのだと思われる．確かにこれまで学んできた「社会科」の基礎知識は必要になることも少なくないが，これまで学んできた「社会科」と「社会学」は全く違ったものであると思ってもらいたい．

社会学（sociology）とは何かについてはさまざまな定義があるが，多くの社会学者で共通するところは，社会の構造や機能を解明したり，社会の中の人間を集団として扱い社会事象を解明したりする学問であるといえよう．すなわち人間と社会との関わりについて明らかにしようとする学問が社会学だといえる．これらの事象を解明するために，個人や集団の行為・行動・相互作用といったミクロなものから，家族・地域・学校・国家などマクロなものまでを研究対象としている．その意味で研究分野の幅がきわめて広い学問だともいえる．

それぞれの学問には，その学問分野で使用される専門用語や単位がある．たとえば経済学であれば「拡大再生産」，心理学であれば「エディプス・コンプレックス」という言葉，医学であれば「mmHg」という単位などが使われる．なぜそのような言葉や単位がその専門分野で使われるのだろうか．それはある事象を観察・測定・解釈するために，専門用語を用いることでそのある事象を的確に捉えることができるからである．社会学にもたとえば「社会化」など，

その分野で使用される専門用語（technical term）が存在する．それは社会学では
ないと見えない世界があるからである．社会学というフィルターを通すと，こ
れまで見えてきた社会が異なって見えてくることがある．当たり前だと思って
きた社会事象が，当たり前ではないと思えてきたりする．そう思えるというこ
とは，社会学を学ぶことによって自分の見識が広がったともいえる．

　「社会学とは何か」を頭の片隅に置きながら，これから社会学を学び，あな
たの「社会」を広げていってもらいたい．

2　なぜ社会学が必要か

　社会学という学問はいつから始まったのだろうか．1830年頃に，フランスの
A. コント（A. Comte）によって「社会学」という言葉が生み出された．彼は実証
主義を重要視し，政治・経済・法律・教育など社会のすべての領域についての
学を統合した学として捉える立場が必要であると考え，学問としての社会学の
重要性を訴えた．

　19世紀はさまざまな科学的学問が発展した時代である．それぞれの学問には
それぞれの人間観があり，たとえば経済学は生産・消費という観点から人間を
見つめ，心理学は人間の心の中を明らかにしようとし，生物学は生物としての
人間の構造や機能を明らかにしようとしてきた．各学問はそれぞれの立場から
人間について解明してきたが，タコツボのようにその学問だけの理解となって
しまい，人間全体を理解しようとした場合，それが不十分なものとなっていた．
そこで人間とは何かを考える際に，もっと人間を総合的にみる必要性が出てき
た．そこで生まれたのが社会学という学問である．コントは社会学を広範な分
野をまとめ上げるような学問だと考えていたのである．

　総合的にみるとはどのようなことなのか．たとえば，A君が缶コーヒーを飲
みたくなり，店に買いに行こうとしたとしよう．A君のアパートから同じ距離
にスーパーマーケットと小さな個人店舗がある．缶コーヒーは，スーパーマー
ケットでは90円，お婆さんが一人で経営している個人店舗では110円で販売し
ている．利益を求めて行動しようとする経済学的人間観からすると，スーパー
マーケットで缶コーヒーを買うのが当たり前の行動だと思われる．しかしなが
ら人間は不思議なもので，価格が安い90円のスーパーではなく，価格が高い
110円の個人店舗で買うことがある．それはお婆さんの店に行くと世間話がで

第1章　社会学とは何か　　**3**

きたり，あるいは自分が買い物してあげないと店が潰れてしまうのではないかと危惧したりするため，その店で購入しようとすることがある．これは基本的には経済学では明らかにできない現象で，別の視点が必要になる．

　また社会学は集団を扱うところにも特徴がある．ある集団はとても恐ろしいのに，その集団の個々人はとても優しい人であるということがある．たとえば第二次世界大戦のナチスはユダヤ人を虐殺したホロコーストを行った集団であるが，ナチスの人々各々が残酷な人だったのかというとそうではなく，常識的な家庭人であったという事実が知られている．個人の集まりが集団なので，各々の個人を全て観察すれば集団が理解できるかというとそうとは限らない．個人と集団とは全く異なる存在である．そのような集団という視点で人間を見ていくのも社会学の立場である．

　以上のように，これまでの学問的立場からは解明できないような人間の行為を明らかにしようとしたり，これまでの学問体系とは異なった視点で人間や社会について考えようとしたりするのが社会学なのである．

3　「社会」とは何か

　社会学では「社会」（society）という言葉が頻繁に出てくるが，そもそも「社会」とは何であろうか．社会学では社会をマクロ社会とミクロ社会に分けて考える．ふだん「社会」という言葉が用いられるとき，私たちがイメージするのは地域や国家など私たちの周りにある社会であると思われる．このように個人の外に客観的に存在する社会を**マクロ社会**という．家族，学校，会社などもマクロ社会であり，私たちはこのような社会の中で生きている．

　しかし社会学では，私たちの周りに存在し観察できるものだけを社会だと見ているわけではない．私たちの中にも社会は存在するのである．たとえば，皆さんも猛暑の夏には涼しい服装で出かけたくなると思う．だからといって水着姿で街中を歩いたり，講義に出る学生はいないだろう．なぜだろうか．それは法律で禁じられているからではなく，私たちの中に「社会」があり，自分の生活している社会ではそのような格好をしないものであるという通念・習慣があるからである．これが南の島になると，水着姿で外を歩いていても，それが普通であることもある．すなわち，私たちの中に，「社会とはこのようなもの」であるという共通認識が存在し，それに従い，私たちは意識的・無意識的に行為

を行っているのである．このように，個人に認知されて主観の中に存在している社会を**ミクロ社会**と呼んでいる．

社会は人間の外にも中にも存在し，社会学ではマクロ社会を研究対象にすることもあれば，ミクロ社会の観点から分析することもある．両面から社会について考えていくのが特徴である．

4　社会が人間を動かす？　人間が社会を動かす？

先ほど，社会学は人間と社会との関わりについて明らかにしようとする学問であると説明したが，ここでは2人の社会学者の有名な著作を通して社会学の特徴を考えていこう．

(1) 各個人の自殺理由を調べても自殺要因はわからない？

日本は先進諸国の中でも自殺が多い国として有名である．ここでは，自殺について考えてみよう．人はなぜ自殺をするのか．個々人がさまざまな悩みを持ち，それが原因となって自殺に至る．つまり個人的な要因が自殺を導くというのが常識的な考え方である．

フランスの社会学者É. デュルケーム（Émile Durkheim）も人間はなぜ自殺をするのかを解明したいと思い『**自殺論**』を著した．彼はフランスだけでなくヨーロッパの社会的事実としての自殺統計データを収集し分析を行った．その結果，自殺率は地域や国によって異なっていることが明らかになった．しかしながら各個人の自殺理由を検討しても，なぜ自殺率が高い地域とそうでない地域があるのか明確にはならなかった．デュルケームはまた国や地域の自殺率は年度によって大きな変動はなく，ある程度一定であることも見出した．もし個人的な要因のみが自殺を導く要因であるとしたら，年度によって自殺率に大きな変動があってもおかしくないはずである．彼は国によって自殺率が異なるのはなぜなのかを探求する過程で，興味深い現象を発見した．カトリック信者が多い国で自殺率が低く，プロテスタント信者が多い国で自殺率が高いことを見出したのである（**コラム**・第14章参照）．カトリック，プロテスタントともに自殺を容認しているわけではないし，同じキリスト教で教義に大きな違いはないので教義が自殺率に影響しているとは考え難い．なぜこの2つの集団では自殺率が異なるのか．デュルケームはこれらの集団のあり方の違いに注目した．カトリ

第1章　社会学とは何か　　5

ックはローマ法王を中心として各地に教会があり，その教会に集う家族同士の関わりも頻繁にある．それに対してプロテスタントは個人が聖書にもとづいて行動するところに特徴があり，ローマ法王などの権威は認めない．そのため集団として集う機会も少ない．カトリックの社会では教会を通じての社会的な結びつきが強く，プロテスタントの社会では比較的弱い．人間は社会的動物であるから，人と人との結びつきが強くなれば不安は少なくなる．逆に結びつきが弱ければ不安は強くなる．それが結果として自殺率の高低につながっていると分析したのである．彼は教派以外にも，家族人数の多さ，独身者と既婚者，平和時と戦時中などさまざまな社会状況からその理論の正しさを証明した．

図1-1はデュルケームの分析を簡潔に表した図である．**独立変数**（independent variable）とは原因あるいは先行条件となる変数のことで，**従属変数**（dependent variable）とは結果となる変数のことである．観察できる社会現象（顕在）としてキリスト教の教派があり，カトリックの場合は自殺率が低い．しかしこれらは表面上見えた現象であり，観察できない部分（潜在）には，カトリック社会の集団としてのつながり（社会的結合）が強いため，不安が低い社会となっている．集団としての不安の低さが自殺率の低さとなって表れ観察可能になっている．このようにデータを用いて，独立変数と従属変数から社会現象を分析しようとするのも実証科学としての社会学の特徴となっている．

デュルケームはキリスト教の教派だけでなく，社会的結合の強さが自殺と関連があることを他の事例でもデータにもとづき明らかにしようとした．図1-2

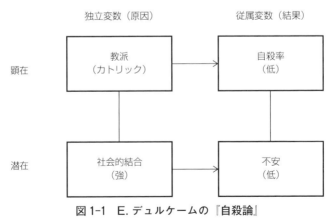

図1-1　E. デュルケームの『自殺論』

出所）高根［1979：68］を参考に作成．

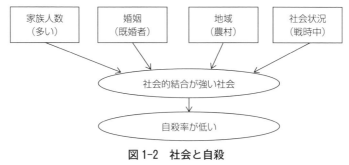

図 1-2　社会と自殺

出所）筆者作成.

に示すように，一世帯当たりの世帯人数が多い地域ほど自殺率が低く，少ないほど高い．独身者と結婚している人を比べると，家族を持っている既婚者の自殺率のほうが低い．都市部と農村部を比べると，地域の人の付き合いが密接な農村部の自殺率のほうが低い．国家が戦争を行っている社会状況時は，戦争に勝とうという人々の思いが同じ目標に向かって団結するため自殺率が低くなる（ただし戦争で多くの人が亡くなるが……）．このように社会状況が自殺という個人的な行為に影響を与えているのである．

　私たちの行動や思考は，無意識に個人を超越した集団や社会によって支配されている．デュルケームは個人が社会を動かしているのではなく，個人の意識を源泉としながらも，それとは異なった社会の意識が各個人を動かしているとし，社会現象を解明するには個人の意識に着目した心理学では困難であると考え，社会学の重要性を強調した．

　私たちはどのような国に生まれるかについて選択することはできないし，どこに住むのか，どのような集団に所属するのかについても選ぶことができないことがある．しかし，どの社会で生きているかによって知らず知らずのうちに，自分がどのような行為を行うかが変わってくるのである．

(2) 金儲けに関心がない人たちが資本主義を発展させた？

　宗教は精神世界に関するもので，一般にお金儲けとは無縁のものであるというのが一般的な理解だろう（もっともお金に執着する怪しげな宗教もあるだろうが……）．ところがその宗教が金儲けの社会，すなわち資本主義を発展させたと考えたのがドイツの社会学者 M. ウェーバー（Max Weber）である．彼は『**プロテスタン**

ティズムの倫理と資本主義の精神』という著作の中で，ヨーロッパの近代資本主義を発展させたのはプロテスタント（正確にはその中でもカルヴァン派）における宗教倫理である禁欲と生活合理化であるとした．神から与えられた仕事は教会の牧師だけでなく，一般信徒にも与えられており「天職」とされた．神から与えられた職業（＝天職）に励むことは，それを通して神の恩寵にあずかると考え，彼らは金儲けが目的ではなく宗教的に善いとされた目的のために黙々と働いた．プロテスタントには禁欲的な倫理規範があるため，質素な生活を送っていた．その結果としてお金が貯まっていったが，贅沢な生活はしなかった．貯まったお金はどうしたらよいのか．それは天職のために使えば神の意思にかなうと考え，そのためにお金を使ったため，ますます生産性が上がったのである．これは剰余価値を消費に支出することなく，資本に転化することによって生産規模を拡張し再生産を行う行為であり，経済学でいうところの拡大再生産である（第14章参照）．

　図 1-3 は上記のウェーバーの分析を簡潔に表した図である．ここで興味深い点は，プロテスタントの人々はお金が中心として回るような近代資本主義社会を作ろうとは思っていなかったことである．彼らはむしろ黙々と働き，質素な生活を送ろうとしていただけなのである．「このような社会にしたい」と行動したために社会構造が変わったのではなく，むしろ彼らが望んだ社会とは異なる社会へと自ら導いたところに面白さがある．

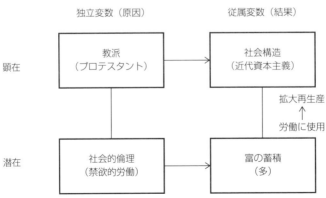

図 1-3　M. ウェーバーの『プロテスタンティズムの倫理と資本主義の精神』

出所）筆者作成．

5 人間と社会との関連性を考える視点

人間と社会との関わりについて見ようとした場合，デュルケームの『自殺論』のように社会が個人に影響を与える視点から見る，すなわち社会を個人に還元できない独自の存在と考え，社会を考察する立場を**方法論的集団主義**という．一方，ウェーバーの『プロテスタンティズムの倫理と資本主義の精神』のように，個人が社会に影響を与える視点から見る，すなわち社会を考察する際に個人を出発点とする立場を**方法論的個人主義**という（図1-4）．このように，社会学において人間と社会との関わりを分析する場合，社会が人間に与える影響に着目することと，人間が社会に与える影響に着目することの両面があり，さまざまな側面から社会というものを捉えようとする．その際に社会学では社会調査が行われることが多々ある．第2章では研究方法としての社会調査について学び，第3章では人間と社会との関連性について，社会学用語からさらに学んでいくことにする．

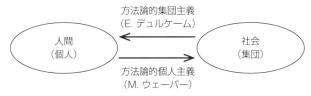

図1-4 人間と社会との関連性

出所）筆者作成．

課題

- 他の書物で社会学の定義を調べ，社会学の定義の共通点と相違点をまとめてみよう．
- E. デュルケームやM. ウェーバー以外に有名な社会学者としてどのような人物がいるのか調べてみよう．
- あなたのミクロ社会，マクロ社会の具体例は何か，その特徴を考えてみよう．
- 人間と社会との関係がわかる身近な例を探してみよう．

参考文献

インケルス, A., 辻村明訳［1969］『社会学とは何か』至誠堂.
盛山和夫［2011］『社会学とは何か——意味世界への探究——』ミネルヴァ書房.
野村一夫［2005］『子犬に語る社会学・入門』洋泉社.
富永健一［1995］『社会学講義』中央公論社（中公新書）.
デュルケーム, É., 宮島喬訳［1985］『自殺論』中央公論社（中公文庫）.
ヴェーバー, M., 大塚久雄訳［1988］『プロテスタンティズムの倫理と資本主義の精神』岩波書店.
高根正弘［1979］『創造の方法学』講談社（講談社現代新書）.

Column　　　　　　　　　　　　　　　カトリックとプロテスタント

　あなたの知り合いにクリスチャンはいるだろうか．いるとすれば，とても幸運なことかもしれない．社会学を学ぶ者として，キリスト教や聖書のことについて教えてもらうといいだろう．なぜなら西洋文化や思想を知るためには，キリスト教の理解は不可欠だからだ．しかし日本には1％程度しかクリスチャンは存在せず，アジアの国々の中でも，日本はクリスチャンの数が少ない国といえる．日本では一般的にキリスト教や聖書の内容について学ぶのは高校の倫理くらいであるから，多くの日本人はキリスト教のような一神教について理解しづらいと言われている．

　キリスト教は教派を大きく分けるとカトリック，プロテスタント，東方正教の3つに分類することができる．東方正教はロシアや東ヨーロッパを中心に信者が多いが，西ヨーロッパの多くはカトリックかプロテスタントの信者が多く，国によってカトリック信者が多い国とプロテスタント信者が多い国に分かれている．

　カトリックは古くからのキリスト教で，バチカン市国にいるローマ法王を中心とし，世界中に司教が存在し信仰を行っている．修道院などもあり，そこで信仰を行っている場合は，一般社会でない所で神に仕える働きをし，欲のない生活をすることになる．それを M. ウェーバーは**世俗外禁欲**と呼んだ．なお教会にいる聖職者を神父という場合はカトリックである．神父は男性で一生独身である．

　一方，**プロテスタント**は16世紀の宗教改革により生まれたキリスト教である．当時カトリック教会が現在のバチカン市国にあるサン・ピエトロ大聖堂建設のために，罪の償いを軽減する証明書である免罪符（贖宥状）を売るなどしていた．しかしこのような金儲けをしているのに疑問を感じ，これは聖書に書かれていないとの見解を示し，ドイツでは M. ルター（Martin Luther, 1483-1546）が，スイスでは J. カルヴァン（Jean Calvin, 1509-1564）が聖書を信仰の唯一の源泉としようとして行動したのが始まりである．プロテスタントの人々は日常生活での仕事は神から与えられたものと考え，欲を持たない生活をしたが，それを**世俗内禁欲**という．なおプロテスタント教会にいる聖職者は牧師と呼ばれ，教派により異なるが一般に女性もなることができ，結婚もできる．プロテスタントの教派はたくさんあり，教義や礼拝関連の行事がやや異なっていることがある．ちなみ

にルター（ルーテル）派やカルヴァン派とはプロテスタント系教派の一つで，ルター派は主に農民層に広がり，カルヴァン派は商人に広がった教派である．カルヴァン派では蓄財を善と捉えていたが，カトリックは余分な財産を蓄えると享楽に走るため，あまり良いことだとは思われてこなかったという違いがある．

16世紀以降，ヨーロッパでプロテスタント信者が増加したため，カトリック教会も危機感を強め，まだキリスト教が広まっていない南アメリカ大陸やアジアなどに宣教師を派遣するようになった．アジアに派遣された宣教師の一人が F. ザビエル（Francisco de Xavier, 1506頃-1552）で，彼は1549年に日本にやってきて布教活動をした．もしヨーロッパで宗教改革がなければ，ザビエルはわざわざ日本まで来なかったかもしれない．

キリスト教を社会学者の立場からみた書物として，日本の著名な社会学者である見田宗介と大澤真幸の『ふしぎなキリスト教』（講談社，2011年）がある．聖書をそばに置きながら読んでみるとキリスト教の考え方がよくわかる．

Column　　　　　　　　　社会学の創始──デュルケームとウェーバー──

É. デュルケーム（Émile Durkheim, 1858-1917）

デュルケームはフランスのロレーヌ地方で敬虔な信仰を持つフランス系ユダヤ人家系に生まれた．1887年ボルドー大学に職を得て，その後1902年ソルボンヌ大学に移り研究活動を続けた．

デュルケームは社会学の創始期において多大な業績を残しているが，『自殺論』（1897）ではさまざまな自殺の類型を行っている．「**自己本位的自殺**」は，個人が集団との結びつきが弱まることによって起こる自殺である．本文中で説明したのがこの形態である．「**集団本位的自殺**」は，絶対的な服従を強いられる社会で見られる自殺である．自己犠牲が強調される社会での自殺，殉死や特攻などがこれにあたる．「**アノミー的自殺**」は，これまでの社会秩序がなくなり，大きく変化した状態において起こる自殺である．社会規範が緩み自由が獲得された結果，際限ない欲望が実現できないことに絶望し自殺へ至るとしている．この他の著作では『社会分業論』（1893）（田原音和訳：青木書店）も有名で，仕事はさまざまなことを一人でするより，多くの人たちによる分業で社会が発展するとしている．この中で出てくる「**機械的連帯**」と「**有機的連帯**」の概念も有名である．また『宗教生活の原初形態』（1912）（山崎亮訳：ちくま学芸文庫）では，宗教を社会事象として扱い，ウェーバーとともに宗教社会学の祖とされている．

M. ウェーバー（Max Weber, 1864-1920）

ウェーバーはプロイセン（現在のドイツ北部）の経済的に豊かな家に生まれた．大学を出てからなかなか研究職には恵まれなかったが，1894年にフライブルク大学の教授に就任，1903年に健康上の問題から辞職をした．翌年アメリカ旅行をした時から病状が改善し，研究活動を本格化させた．デュルケームと同時期に活躍したウェーバーも『プロテスタンティズムの倫理と資本主義の精神』以外に重要

な著作をいくつも残している.

　『職業としての学問』（1919）（尾高邦雄訳：岩波文庫）は，大学生向けの講演内容をまとめたもので，学問における価値判断の回避（「**価値自由**」）を説いている.『宗教社会学論集』（1920-21）（大塚久雄他訳：みすず書房）は，ユダヤ教，キリスト教，イスラム教，仏教，儒教，ヒンズー教の宗教倫理とそれを生み出した社会について分析し，宗教社会学の古典として重要な位置づけがなされている.『支配の社会学』（1921-22）（世良晃志郎訳：創文社）では有名な支配の類型を行っている.「**伝統的支配**」とは，昔から存在する秩序と支配権力との神聖性にもとづいた，家父長的な社会支配のあり方である.「**合法的支配**」とは，官僚制にみられるような，正しい手続きで定められた法によってなされる支配のあり方である.官僚制的支配の本質は「没主観性」と「合理性」にあるとされている.「**カリスマ的支配**」とは，呪術的能力，英雄性，弁舌の力など天与の資質に対する情緒的帰依によって成立する支配である.

（篠原清夫）

第 2 章　社会を観察する方法

> 参照基準② 社会現象を経験的に調査し結果を分析する方法についての基本的な知識と理解

学修のポイント

1　理論と観察
2　科学としての社会調査
3　さまざまな社会調査
4　データから時代を読み解く――新しい時代に向けて――

○社会学において理論と観察の関係を理解する．
○質的・量的な調査・データの関係について理解する．
○さまざまな社会調査の方法があることを知る．

予 習

□ 人々が社会の中でどのように生活しているのか観察をしてみよう．
□ 興味関心がある事柄に関して，どのような調査データが存在するか検索してみよう．

1　理論と観察

　社会学は，現実の社会現象を研究対象とし，それらを記述，説明し，将来を予測する理論的・実証的な学問領域である．社会調査は，狭義には社会学における統計的調査，いわゆる一般的に「アンケート調査」と呼ばれる「**統計調査**」（survey research）を指す場合がある．しかし，社会学あるいは広く社会科学においては，**フィールドワーク**（field work）や**ドキュメント分析・内容分析**（document analysis/content analysis）など，さまざまな実証的な調査研究の方法がある．広い意味で「社会研究（social research）」とほぼ同義と考えた方が良いかもしれない．ここでは，「現実社会を対象とする実証的な調査研究の方法」として「社会調査」を広く定義しておきたい．

　社会をどのように考えるかは，観察方法を選択することに関わるので，理論的・概念的な思考，いわゆる「**理論**」と「**観察**」は相互に影響している．観察は，社会現象を記述，説明するが，あらかじめ物事を説明するための**仮説**があって，その仮説を検証するものもあれば，その仮説自体をつくるための観察もある．仮説を検証して，経験的に一般化し，理論化することも必要である．記述，説明，さらには一般化によって理論・説明原理を構築し，そこから将来の社会を予測するのである．

　理論から観察事象を説明する方法を「**演繹法**（deduction）」，観察事象から理論を構築する方法を「**帰納法**（induction）」と呼ぶ．これらはどちらが優れているというものではなく，科学的な活動には両方が必要である．社会調査はこのうち「観察の方法」を総称していると言える．

　科学的方法には，論理的，実証的，普遍的，客観的，体系的という特徴があるが，同じ方法を取れば誰がやっても同じ結果にたどり着く（＝追試可能，再現可能）ということも必要である．社会調査も科学的方法を身につければ誰でも

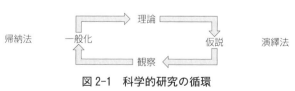

図 2-1　科学的研究の循環

出所）バビー［2003］．

できる．一般社団法人社会調査協会による「社会調査士」資格も，標準化されたカリキュラムを履修して技能を身につければ誰でも資格取得ができる．

　では，社会調査において「基本的」とされる項目は何だろうか．社会調査士の標準カリキュラムのＡ領域科目では，以下の項目の学習が求められている．

【A】社会調査の基本的事項に関する科目

> 　社会調査の意義と諸類型に関する基本的事項を解説する科目．社会調査史，社会調査の目的，調査方法論，調査倫理，調査の種類と実例，量的調査と質的調査，統計的調査と事例研究法，国勢調査と官庁統計，学術調査，世論調査，マーケティング・リサーチなどのほか，調査票調査やフィールドワークなど，資料やデータの収集から分析までの諸過程に関する基礎的な事項を含む．

　本章では，これらのうち社会調査の目的と，量的調査と質的調査，統計的調査と事例研究法を中心に述べることとする．

2　科学としての社会調査

　社会を観察する場合，客観的な「存在」を観察する場合と社会を構成する人々の主観的な「意識」を観察する場合がある．また，それぞれ「直接」観察する場合と，その反映物としての諸資料を「間接」に観察する場合がある．

　人口は客観的存在としての人間を「観察」し，人間が社会を構成することを考えれば，社会を観察していることになる．少子化現象が起きていることは人口を見れば明らかになる．これらの情報（データ）は国の将来を考えるうえで非常に重要である．5年に一度，日本に住むすべての人を調査する**国勢調査**が行われ，それ以外にも国や地方自治体はさまざまなデータを収集している．これらのデータは，総務省統計局などのホームページで有効利用のために公開されている．これらの統計資料を利用するのも「社会研究」である．

　統計資料を利用する方法は「社会研究」とは言えるが，一般的には「社会調査」とは呼ばれない．自らデータを収集し，それを分析する一次分析が重要である．近年，SSJDA，ICPSR，GESIS等のさまざまな**社会調査データアーカイブ**が整備され，大量データを**二次分析**することも可能となったが，これらは

第2章　社会を観察する方法　*15*

「社会調査」の範疇に入れられる．一次分析と同じく，「理論」や仮説にもとづく分析（仮説検証）あるいはデータ分析からの仮説・理論構築が目的となる．

(1) 質的と量的

社会調査では，質的か量的かがよく議論される．量的なものは数字，数値として表現できるもの，質的は数値以外の文章，映像，音などで表現されるもの，とされることが多い．これらの形のデータを**質的データ・量的データ**，それらを扱う調査研究を**質的調査・量的調査**と呼ぶ．

これらの両方を取り扱って，文章などの質的データを言葉の頻度などに着目して数値に直し数量化していくような場合，質的なものを量的に変換する作業を行っている．このように質的な対象が量的に変換されて分析されることもある．

(2) 「信頼性」reliability と「妥当性」validity

従来，「質的なものはおもしろいが，たしからしさがない」「量的なものはたしかであるが，おもしろみがない」と言われている．「おもしろい」とは「**了解可能性**が高い（＝理解しやすい）」ことであり，「たしかである」とは「**再現性**が高い（＝同じように起こる）」ことである．別の言葉では「**信頼性**」という．量的・質的のどちらが優れているというものではない．対象や目的によって方法は選択され，ある場合は新しく開発される．それぞれに長所・短所があるわけであるが，これらを補完しつつ分析を進める必要がある．それは，「質的に示唆された仮説を量的に検証する」という方向と，「量的に見出された統計的連関を質的に意味づけし理解する」方向である［見田 1965］．

たしからしさは，同じ手続きで研究を行えば，同じ結果にたどり着くことが求められる．これに対して，一度しか起きないような事柄を「一回性」という．観察の対象が真に研究したいものごとであるかは「**妥当性**」と呼ぶ．**図 2-2**は「妥当性と信頼性」を「標的」に見立てて，あらわした図である．（a）標的の中心から外れているが当たっているところは集中している（数回の観察が行われ同じような結果が得られたが真に捉えようとしているものは捉えられていない），（b）標的の中心に比較的近いが，当たっているところは散らばっている（数回の観察は安定していないが捉えようとしているものには近づいている），（c）標的の中心に近いところに当たっており，かつ当たっているところも集中している．

(a)信頼性が高いが　　(b)信頼性は低いが　　(c)信頼性も
　妥当性は低い　　　　妥当性は高い　　　　妥当性も高い

図 2-2　信頼性と妥当性

出所）バビー［2003：143］より筆者作成．

　妥当性については，その検討にはいくつかの考え方がある．たとえば「他者とのつながり」はどのように測れば妥当性があると言えるだろうか．①「他者を思いやる」ことが「つながり」概念として内容の妥当性を持っている場合（内的妥当性），②つながりが「友人の数」として出てくるとして「**外的基準**」を設けるような場合（外的妥当性），③概念をいくつかの異なる研究方法で捉えた場合にいずれも同様の結果が得られた場合（構成概念妥当性）などがある．たとえば，第 1 章で述べたとおり，社会学の先駆者である É. デュルケーム（Émile Durkheim）は「人と人とのつながり」を信教（カトリックかプロテスタントか）や農村・都市，既婚・未婚などの「つながり」に求め，外的基準としての自殺に差が生じると考えたのである．

3　さまざまな社会調査

社会調査の基本としていくつかの方法をみてみよう．

(1) 統計調査

　一般的には「アンケート調査」と呼ばれることがあるが，社会調査においては質問紙を用いることが多いので「**質問紙調査**」と呼ばれる．「アンケート（enquête）」とはフランス語で「調査」の意味であるが，調査に用いる質問紙そのものを呼ぶ場合がある．質問紙はこれもフランス語由来で「クエスチョネア（questionnaire）」という．内閣府では「アンケート」は「オピニオンリーダー，あるいは専門家の集団」を対象とし，一般の人々に対する調査と区別している．多くの対象者に関してデータを収集することができ，量的研究の代表例である．

第 2 章　社会を観察する方法　　17

質問紙の質問項目が固定されるために，表面的な意識しか収集することができないと言われている．矛盾するような回答に突っ込んだ質問を臨機応変に追加することはできないが，データを分析することで矛盾が明らかにできることもある．客観的には「回答者が質問にそう答えた」としか言えない．あまり熱心に答えていないと思われる対象者については，無回答者も含めて，分析から外される場合がある．

　注意しておかなければならないのは，質問紙の設計は理論枠組やそれにもとづく仮説にもとづいて行われ，根拠が弱い，いわば思いつきで質問項目を並べて作成されるものではないということである．概念と概念の関係である「仮説」に関して，測定可能な質問項目・質問文に「操作化」を行い，単一の項目で質問するのではなく複数の項目による尺度構成などを行って，質問紙は構成される．質問紙・質問項目の作成についても，さまざまな研究や蓄積があるので，これらを押さえておかねばならない．調査対象全てを調査する「**全数調査**（悉皆調査）」と標本を選んで調査を行う「**部分調査**（標本調査）」があるが，**標本抽出**の方法についてもさまざまな研究や蓄積があり，決して恣意的に調査対象が選ばれるのではない．

　統計調査では，各種の「**世論調査**」が行われ政治・行政の決定に，「**マーケティング・リサーチ**」は市場において利用される．日本の社会学における学術的な統計調査としての代表例には，1955年から10年に一度行われている「社会階級と社会階層に関する調査」（SSM: Social Stratification and Social Mobility 調査）やアメリカの GSS（General Social Survey）の日本版である JGSS などがある．また，国際比較調査として世界価値観調査（World Values Surveys）や ISSP（International Social Survey Programme）などがある．

　実際の調査を「実査」と言うが，自分で記入する「自記式」，調査員が記入する「他記式」，また個別に行う・集団で行う，訪問する，調査票を留め置く，郵送・電話・インターネット（メール，ウェブ）を利用する，などさまざまな方法が存在する．

(2) フィールドワーク

　フィールドワークは，日本語では「現地調査」や「実地調査」と呼ばれる．研究対象となる現地，実地を訪問し，観察する．現地を実際に体感し，記述することが主であり，質問紙調査が用いられることもあるが，**インタビューや参**

与観察が中心となる．近年では映像も多く用いられる．記録は「**フィールドノーツ**（field notes）」，「**エスノグラフィー**（ethnography）」とも呼ばれる．「ありのままに記録すること」から始まってその社会の状況を説明，分析しようとする．以下，フィールドワークに関わるさまざまな方法について概観する．

① **インタビュー**（interview）

聞き手（調査者．インタビューワー：interviewer）が話し手（被調査者，インタビュイー：interviewee）に話を聞く．質問紙調査では「面接法」がインタビューと呼ばれることもある．

聞き手は研究目的にもとづいて，話し手の生活環境，ライフコース，性格・人物像，置かれている状況などを把握することから社会状況を説明していく．聞き取られた会話，映像音声が記録され，質的なデータが数量化されて機械的に分析される場合もある．

聞き手は話し手との信頼関係（ラポール rapport）を築くことが望ましいが，一方で聞き手があらかじめ聞き出したいと考えているような内容を，インタビューの過程で話し手が察知し，そのように答えてしまうような「モデルストーリー（model story）」についても，用心しておかねばならない．

質問紙調査の面接法をインタビューと言う場合（構造的面接法）は質問紙の内容を変えることはできない．非構造的面接法ではあらかじめ質問の内容を決めずに，臨機応変にインタビューを行う．**深層面接法**（デプスインタビュー：depth interview）などと呼ばれたりもする．ここでは聞き手と話し手の駆け引きがあり，聞き手・話し手には『語る』『聞く』の役割があるが，それは一定ではなく話し手が聞き手となり，話し手の聞き取りに影響を与えることもある．その他，構造的方法と非構造的方法を組み合わせた半構造的方法（焦点面接法など）もある．社会学における代表的なインタビューとしては，マリファナ使用者に対するH. S. ベッカー（Howard S. Becker）の『アウトサイダーズ』がある（第10章参照）．

② **参与観察**（participant observation）

ある集団が外部には閉ざされていて，その一員にならなければ収集できないような情報，その立場にならないと理解できないような事柄も存在する．参与観察は，比較的長期間その集団の一員になって，傍観者としては気がつかなかったような点を明らかにしていく．しかし，内部から観察することは主観的な思い入れが生じる場合も考えられる．内部にいながら客観的な視点を持つこと，マージナル（中間的）な立場であることも重要となる．

W. F. ホワイト（William F. Whyte）は『ストリート・コーナー・ソサエティ』において，アメリカボストンのイタリア人コミュニティを観察し，街角の人々と生活を共にすることによって，現地の社会構造を明らかにしている．イギリス・バーミンガムの中等学校を対象とした『ハマータウンの野郎ども』もある．日本においては佐藤郁哉『暴走族のエスノグラフィー』などがある．

この方法を誤解して，すべてのものは体験・経験しないと理解できないという「浅薄な経験主義」に陥らないようにしないといけない．人間は「感情移入」が可能であり，**動機の意味理解**（M.ウェーバー）を行うことも，**状況の定義**（W. I. トーマス）を理解することも，可能だろう．

フィールドワークは，大量観察ではなく，あるケースを集中的に研究するので，「**ケース・スタディ**（case study）」と呼ばれることもある．学生が経験する現場実習やインターンシップもケース・スタディと言えるだろう．また，典型的な事例を対象として，そこから特徴を抽出していく方法である「典型調査」もある．これらの場合，あくまでも１つのケースに関しての事柄であり，一般化に関しては注意しておく必要がある．しかし，それらの観察から得られた知見の持つ学問的な示唆の重要性を否定することはできない．

(3) ドキュメント分析／内容分析（document analysis/content analysis）

ドキュメント分析，あるいは内容分析とも呼ばれるが，「社会に痕跡を残している諸資料を分析する」方法である．新聞，雑誌，写真，手紙，テレビ，ラジオ，映画，音楽，政府刊行物などが対象となる．

ドキュメント分析では「諸資料は時代を映す鏡」であると考える．素材自体はすでに述べたように数値ではない質的なデータによって表現されているものが多いが，それらを量的に変換する作業でもある．分析の際には，文字などを量としてカウントすることによって数値に直すこともある．

社会学では「社会の実態」（「社会は～である」こと）を取り上げる側面と「社会の言説」（「『社会は～である』と言われている」こと）を取り上げる側面がある．社会にとって解決されなければならない事柄を対象とすることは非常に重要であるが，後者の誰かが何かを語っていること自体が社会現象として分析の対象となるところに社会学のおもしろさがある．「噂の研究」などは後者にあたるが，言説の記録から社会の特徴を明らかにしようとするものである．

ドキュメント分析の代表例としては，W. I. トーマス（William I. Thomas）と

F. ズナニエツキ（Florian Znaniecki）の『生活史の社会学——ヨーロッパとアメリカにおけるポーランド農民——』がある．アメリカへ移民したポーランド人がどのようなやり取りをしているのかを，主に手紙を分析することによって明らかにしている（**第12章**参照）．

(4) テキストマイニング（text mining）

　近年，**テキストマイニング**は分析手法として多くの注目を集めている．「テキスト（文字・文章）」を分析対象とし，人々の隠れた意識，ニーズ（needs：欲求）などを「マイニング（掘り起こす）」する．マーケティングの分野で注目されているが，「市場創造」には隠れたニーズを掘り起こして育てていくことが重要であるからであろう．

　分析は，文章だけでなく会話も対象となる．統計調査法では，選択肢がある制限回答法が主にとられるが，選択肢を設けない自由回答は，あまり分析の対象とはされず，参考程度にとどめられていた．以前の自由回答分析の方法としては，川喜田二郎による「KJ法」などが用いられた．これは自由記述をカード化し，その類似性に着目してグループ化していく方法である［川喜田 1967；1970］．

　これらの文字データはテキストマイニングに関するコンピュータソフトを用いて分析される．背景としては，ブログや SNS など分析できる対象が増えてきていることもあるだろう．マーケティングに関わる企業も想定外の貴重な意見を収集できることとなった．

　これら質的なデータは量的分析の対象とはあまりされてこなかったが，新たな分析によって知見を得ることができるという可能性がある．また質的研究者が量的研究を行い，量的研究者が質的研究を行うという点は新たな質と量の統合と言えるかもしれない．近年では文字だけでなく，映像，画像も電子化され，映像に関する分析法も検討されつつある［ノウルズ・スウィートマン編 2012］．今後は，映像，画像を分析する方法が科学的方法として標準化されていくであろう．

4　データから時代を読み解く——新しい時代に向けて——

　近年，「**ビッグデータ**」と呼ばれる大量のデータの収集・蓄積が容易になってきている．データ収集を私たちが認識していない場合もある．本章では，詳しく取り上げることができなかったが，当然研究における倫理に対応して，調

査・観察に関する**調査倫理**も学ばなければならないが，ビッグデータには知らない間にデータが収集されている側面もあることは留意しておかなければならないだろう．スーパーやコンビニエンスストアなどの POS（Point of Sales）システム，携帯電話やスマートフォン，IC カード，ネット通販などからも行動履歴，購入履歴等が収集されている．従来は会計時にレジ係が入力していた性別や年齢も，携帯電話・スマートフォンや IC カードを介して，詳細な情報と連携可能になっている．

また，多くの場所で防犯カメラが設置されており，私たちの行動が「観察」されている．さらには，ツイッター，Facebook などの SNS，ブログなどの記事も，文字，画像がデジタル化されており，比較的容易に分析可能な形で存在する．これらもビッグデータと言えるだろう．

今後，これらのビッグデータにもとづいて，世の中でさまざまな改良が行われるかもしれない．これまで取り扱われることがなかったようなデータの分析，従来とは異なる分析視点・分析方法による分析，あるいは時系列的に変化の「兆し」を捉えるような分析などから，大きな社会の変容が生まれるかもしれない．

ビッグデータが収集されている今日においては，観察してデータを収集し，分析する社会調査の技法がますます重要になってくるであろう．新しい何かを観察・発見することで，私たちの生活はより良いものになっていくはずである．

課　題

- 社会調査の調査報告書や文献を読んでみよう．
- 社会調査がどのように利用されているか考えてみよう．
- 自分の興味関心のある領域について，質問紙調査やインタビューができるかどうか，考えてみよう．

参考文献

ウィリス，P. E.，熊沢誠・山田潤訳［1996］『ハマータウンの野郎ども』筑摩書房（ちくま学芸文庫）．
川喜田二郎［1967］『発想法』中央公論社（中公新書）．
川喜田二郎［1970］『続・発想法』中央公論社（中公新書）．
佐藤郁哉［1984］『暴走族のエスノグラフィー——モードの叛乱と文化の呪縛——』新曜社．
デュルケーム，É.，宮島喬訳［1985］『自殺論』中央公論社（中公文庫）．

トーマス，W. I.・ズナニエツキ，F.，桜井厚訳［1983］『生活史の社会学——ヨーロッパと
　　アメリカにおけるポーランド農民——』御茶の水書房．
ノウルズ，C.・スウィートマン，P. 編，後藤範章監訳，渡辺彰規・山北輝裕・松橋達矢ほ
　　か訳［2012］『ビジュアル調査法と社会学的想像力——社会風景をありありと描写す
　　る——』ミネルヴァ書房．
バビー，E.，渡辺聡子監訳［2003］『社会調査法（1）　基礎と準備編』培風館．
ベッカー，H. S.，村上直之訳［2011］『完訳　アウトサイダーズ』現代人文社．
ホワイト，W. F.，奥田道大・有里典三訳［2000］『ストリート・コーナー・ソサエティ』
　　有斐閣．
見田宗介［1965］『現代日本の精神構造』弘文堂．

ウェブサイト

2015年社会階層と社会移動調査研究会「SSM 調査の歴史」　http://www.l.u-tokyo.ac.jp/
　　2015SSM-PJ/ssmhistory.html（2015年12月 4 日アクセス）．
大阪商業大学 JGSS 研究センター　http://jgss.daishodai.ac.jp/（2015年12月 4 日アクセ
　　ス）．
社会調査協会「資格取得方法とカリキュラム：社会調査士」　http://jasr.or.jp/participa
　　tion/curriculum_sr.html（2015年12月 4 日アクセス）．
総務省統計局　http://www.stat.go.jp/index.htm（2015年12月 4 日アクセス）．
内閣府「世論調査　アンケート調査結果を読む際の注意」　http://survey.gov-online.go.jp/
　　a-chuui.html（2015年12月 4 日アクセス）．
General Social Survey NORC　http://www3.norc.org/GSS+Website/（2015年12月 4 日
　　アクセス）．
ISSP International Social Survey Programme　http://www.issp.org/（2015年12月 4 日
　　アクセス）．
World Values Survey「世界価値観調査」　http://www.worldvaluessurvey.org/（2015年
　　12月 4 日アクセス）．

Column　　　　　　　　　　　　観客・顧客の声をいかに反映させるか

　巨額の制作資金が投入され，映画が投資の対象にもなるハリウッドでは映画作
品についても試験的な「パイロット版」やいくつかの編集の「エディション」，
「ラッシュ」と呼ばれるある程度の編集段階の部分的な作品に対して，投資者の
了解や視聴者・観客の反応・意見を集めることがある．このような調査は「モニ
ター調査」と呼ばれる．大規模な調査としても行われたり，その後の本格的調査
のための予備的調査として行われたりすることもある．調査結果を受けて，脚本，
ストーリーや表現方法などが再検討され，再編集が行われたり，場合によっては，
監督や出演者が交代したり，あるいは資金が追加投資されたり，逆に凍結されて

完成・公開されずに「お蔵入り」することもある．こうして視聴者・観客，出資者，あるいは会社内の支持が得られるような「ウケる」「売れる」映画が作られていく．一方で，製作者側は自分たちが作りたいもの，訴えたい事柄を少しでも作品の中に入れようとし，観客に自分の主張や表現が届くようにと訴えかける．

『トラブル・イン・ハリウッド』は，ロバート・デ・ニーロが映画作りに奔走するアメリカ・ハリウッドのプロデューサー，ベンを演じ，製作現場やその舞台裏を描いた作品である．この作品では，映画祭のコンペティションに出品する作品の試写が行われ，そこでの意見聴取をもとにラストシーンに関して，監督に再編集が要請される．プロデューサーのベンの説得によって，監督はしぶしぶ再編集に応じ，再び行われた試写会でまずまずの評価が得られ，映画祭での上映が決まる．

『トラブル・イン・ハリウッド』
原題：What Just Happened
バリー・レビンソン監督
2008年製作，アメリカ，発売元：角川映画．

映画作品だけでなく，新しい市場や領域の開拓や創造といった「マーケティング」の分野においても，これらの調査は根拠（エビデンス：evidence）に基づくものとして重要視されている．今の世の中では，調査結果に基づいて，消費者に受け入れられそうなものだけが作られ，売られていく傾向があるかもしれない．コンビニの商品は売れ筋の商品に品数が絞られている．これらはデータに基づいているのであり，着実な経済活動と言えるだろう．

一方で，調査によらない活動は，今まで消費者が気づかなかったようなニーズ（needs：欲求）を掘り起こしたり，ニーズ自体を気づかせたりして，ヒット商品として大化けするかもしれない．しかし，根拠に基づかないものは「賭け」である．また，調査結果における新しい「兆し」はほんのわずかなもので，数字としては大きな特徴として示されない場合も多い．しかし，そのわずかなデータの「兆し」を読み取ることは様々な統計手法などによって可能になってきている．その「兆し」によって，「賭け」は「根拠」のある着実な活動とすることができるのである．

（栗田真樹）

第3章　社会で生きる「私」

> 参照基準③ア　相互行為と自我や意味の形成についての
> 基本的な知識と理解

学修のポイント

1. 主我と客我のせめぎ合い——自我の社会性——
2. 立場の違いと行動——地位と役割——
3. 社会的人間になる——社会化と他者——
4. 仕事を持つ——職業的社会化——
5. 人間の集まり——社会集団の類型——

○社会学においては自我をどのように考えているのか．
○私たちにとって，地位と役割とは何かについて考える．
○人が集まることによって形成される集団には
　どのような特徴があるか知る．

予習

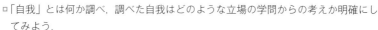

- 「自我」とは何か調べ，調べた自我はどのような立場の学問からの考えか明確にしてみよう．
- あなたは現在の生活の中で，どのような立場があり，どのような役割を担っているか，思い浮かべてみよう．

1 主我と客我のせめぎ合い──自我の社会性──

「あなたはどのような人ですか？」と唐突に質問されたら答えに窮することだろう．自分とは何であろうか．心理学であれば精神分析や心理学的検査によって心の中を明らかにしようとする．しかし社会学では，自分とは何かを探求する際に，社会との関係性の中で考えようとする．

アメリカの社会学者 **C. H. クーリー**（Charles H. Cooley）は，自我は生まれながらにしてあるものではなく，他者と関係性を持つことで育まれるとした．つまり自我とは社会の中で生じるものであることを示した．その上でクーリーは自我を考える上で「**鏡に映った自我**」（looking glass self）という考え方を提唱した．自分は自分の顔を直接見ることはできない．鏡で自分の姿を映し出すことによって自分がどのような姿をしているかを確認することができる．それと同じように人間は鏡としての他者を通じて初めて自分を知ることができる．「自分とは何か？」は自分自身のみでは知ることができず，他者との相互作用を通じて初めて知ることができるのである．こう考えると自我は自分の中だけに存在するのではなく，社会性を持っていることがわかる．このように他者との相互作用と他者の行為を考慮することによって形成される自我を社会的自我（social self）と呼ぶ．そして彼は社会的自我が形成される場は家族，仲間集団，近隣集団などの基本的社会集団であり，それを**第一次集団**（primary group）と呼んだ．第一次集団はメンバー間の親密な結びつきによって成立している社会的基盤であり，その結果として社会秩序の形成に貢献していると指摘した．

さて話は変わるが，あなたは授業中に眠いと思ったことがあるだろうか．「社会学は興味がないから寝よう」と思い，机に突っ伏して眠ろうとするのか，それとも「眠いけれども頑張って授業内容を聞いていよう」と思うのか．このような事象についても社会学的知見がある．アメリカの社会学者 **G. H. ミード**（George H. Mead）によれば，自我には I と me の 2 つの側面があるとしている．I（**主我**）とは個性的な内発的表現をしようとする自我の側面であり，me（**客我**）とは社会の期待通りに行動しようとする自我の側面である．

『おたんこナース』（**図 3-1**）という女性看護師を描いたコメディタッチの漫画がある．その中に次のような一場面が描かれている．主人公の新人看護師似鳥ユキエにとって苦手な男性患者がいたが，その患者から注射の下手さを指摘さ

れたことで憤慨する．そのため次に注射をする機会があったら，なるべく痛い注射をしようと考え研究を始める．しかし後日その患者が苦しんでいる姿を見た時に，「痛い注射をすることなんてできない．だって私は看護婦だもの」と思い直す．この場面の痛い注射をしようとする主人公はIという自我である．自分は看護師であるから痛い注射はできないとする自我は me である．

このようにさまざまな社会経験の中で，Iとmeが出現するが，このIとmeのせめぎ合いの中で私たちは社会的自我を形成することとなるのである．

図 3-1　佐々木倫子『おたんこナース①』小学館，1995年．

2　立場の違いと行動——地位と役割——

あなたはどのような社会に所属しており，そこでどのような役割を果たしているだろうか．家ではどのような立場にあり，何をしているか．大学では何をすることが期待されているか．サークルでは何の役割を引き受けているか．地域での活動は行っているか．私たちはさまざまな社会に所属しており，そこでさまざまな活動をしている．ここではそのことを地位と役割という視点から見ていこう．

(1) 地　位

医師は社会的地位が高いといった話を聞くことがあるだろうが，そもそも地位とは何なのか．**地位**（status）とは，その集団での立場を位置関係として示したものである．地位には上下や水平の関係が生じる．たとえば大学に通っていれば学生という地位が発生し，家族の中に弟妹がいる場合は兄姉という地位が生じ，サークルでは部長や一般メンバーなどの地位があるだろうし，アルバイト先では店員としての地位があるかもしれない．私たちはある集団に所属すると，その集団の数だけ地位が発生する．そしてその地位は人によってさまざまで，高かったり低かったりする．

第3章　社会で生きる「私」　27

地位には生まれながらにして発生する**生得的地位**（ascribed status）と個人の努力や業績などによって得られる**獲得的地位**（achieved status）とがある．自分の生まれた家柄やきょうだい順などは自分で決定できないので生得的地位にあたる．学歴や職業などは獲得的地位にあたる．近代化すると生得的地位より獲得的地位が重要視されるような社会になるが，生得的地位と獲得的地位は全く別物ではなく関連している．たとえば学歴は獲得的地位であるが，生まれた家の経済的豊かさ，すなわち生得的地位が学歴に影響を与えることが知られている．生得的地位が獲得的地位に影響を与え，得られた獲得的地位がその子どもにとって生得的地位として機能する場合があるのである．政治家の子が２世議員になることが少なからずあるが，親の獲得的地位が子にとって生得的地位（世襲議員はいわゆる地盤［組織］・看板［知名度］・カバン［資金］を引き継ぐ）になるためと考えられよう．

地位は集団ごとに発生し，その位置関係は他人との相互作用により決まってくるので，同一人物間でも一定しているとは限らない．『釣りバカ日誌』（**図 3-2**）という漫画があるが，主人公の浜崎伝助（ハマちゃん）は鈴木一之助（スーさん）が社長を務める鈴木建設のダメな平社員（本当は有能）である．会社という社会の中での地位の関係は，社長のスーさんが上で，平社員のハマちゃんは下である．２人はプライベートではよく釣りに出かけるが，その際にはハマちゃんは師匠となり，スーさんは弟子としてハマちゃんからよくからかわれる．**図 3-3**は２人の関係について，異なる２つの集団で変容する様子を図にしたものである．

このように地位はある集団に所属することによって発生するので，別の集団の中では同一人物の位置関係が全く変わるということが起こり得るのである．すなわち，地位は社会関係の中で発生するものであるということが言える．

(2) 役　割

ある社会の中で地位が発生すると，その地位にふさわしいものとしての行動や規範が期待される．それを**役割**（role）という．会社の中では，社長と

図 3-2　やまさき十三作・北見けんいち画『釣りバカ日誌①』小学館，1979年．

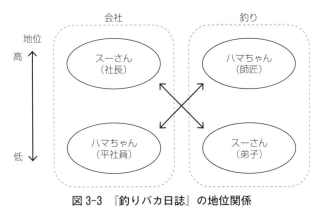

図 3-3 『釣りバカ日誌』の地位関係
出所）筆者作成.

いう地位であれば会社の責任者としてうまく経営していく役割を果たすことが望まれ，平社員という地位であれば上司の命令に従い与えられた仕事をこなす役割が発生する．大学の中では，教員であれば学生にわかりやすい講義をする役割があり（なかなかその役割がうまく果たせないので悩むのだが……），学生であれば講義内容を理解するために予習をし，授業をきちんと受け，理解を深めるために復習をすることが期待されている（これも期待通りにいかないのが世の常なのだ……）．

　私たちは期待される役割を果たすことができれば，その集団での地位も上昇する可能性があるが，いつもその役割が果たせるというわけではない．前述したように私たちは1つの集団だけでなく，さまざまな集団に所属しているため，所属集団の数だけ地位が発生する．たとえば，あなたが就職して会社員であるとしよう．あなたは会社の職場という社会集団において社員という地位が発生する．そこでは会社のため営業成績が上がる役割が期待されるため，一所懸命に仕事をする．またあなたには幼い子どもがいる母親という地位があるとしよう．ある日，あなたしか対応できない重要な仕事の話をする予定が入っていた．しかし，その朝に幼い子どもが急に熱を出した．あなたは，仕事に行こうとするだろうか，あるいは仕事を休んで子どもの世話をするだろうか．このように私たちは期待される役割が相互に矛盾する内容を含んでおり，容易に優先順位をつけられない場合にはジレンマに陥る．このような状況を **役割葛藤**（role conflict）という（**図 3-4**参照）．個人が社会生活を送る上で所属する集団はいくつもあるので，それに伴い地位も複数ある．地位が複数あれば，それに応じた役

第3章　社会で生きる「私」　　29

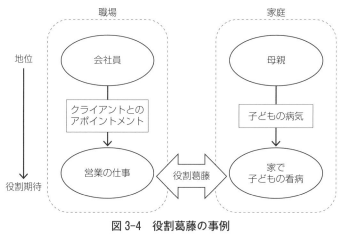

図 3-4　役割葛藤の事例

出所）筆者作成.

割も複数発生する．このような役割葛藤が発生するのは，私たちが多くの集団に所属しているからなのである．

3　社会的人間になる──社会化と他者──

1節で説明した自我の社会性について，さらに踏み込んで分析したのがG. H. ミードである．彼によれば他者との**相互行為**（interaction）を通して自我が成長するとした．たとえばあなたが子どもの頃，自分の部屋を散らかしっぱなしにしていた時，困った顔をした親から「部屋を片付けなさい」と注意されたことがないだろうか．自分の部屋だから構わないだろうと思いながらも，その時は嫌々ながら片づけをする．しかしまた何日かすると同じように部屋が散らかり始める．するとまた親から注意される．このようなことが繰り返されると，「自分の部屋は自分で整理整頓をしておかなければならない」ということを学ぶ．この状況を社会学的に考えると，「自分の部屋は自分で整理整頓しておく」という他者から期待されている役割，すなわち**役割期待**（role expectation）があることを知る．これが何度か続くと，子どもは「自分の部屋は自分で整理整頓する」という役割を身につけることになる．このように役割期待を身につけ内面化することをミードは**役割取得**（role taking）と呼んだ．この役割取得を考えると，初めは「親に叱られるから部屋をきれいにしよう」というものであったも

のが，「部屋をきれいにするのは当たり前のことである」という段階へと変化していく．

　社会学では人間が相互作用を通じて社会的人間として成長し，所属する社会や集団のメンバーになっていく過程を**社会化**（socialization）という．社会化がなされる上で，最初は親という子どもにとって大きな影響を与える他者の存在が重要になる．他者の中でも社会化の過程で大きな影響を持つ人物を**意味ある他者**（significant others）と呼ぶ．社会化の第一段階は，親など身近な存在からの期待に応えた役割取得の段階である．次の段階は，社会一般で期待されている役割を取得する段階に進んでいく．それは一般化された他者というものが内面化された状態になることである．**一般化された他者**（generalized other）とは，具体的な個々の他者ではなく，一般社会の全体を代表する他者で，内面化される社会的期待の総体のことである．

　一般化された他者が内面化されると，私たちは意識しないままに一般化された他者にもとづき行動している自分がいることがある．1節で紹介した『おたんこナース』を例に挙げると，最初の場面で主人公の看護師が勤務先の病院に出勤する途中で，電車に同乗する乗客の腕を見つめて，唸っている場面が出てくる．その視線に周りの乗客は「何なんだ，あの人は？」と疑問を抱くのである．主人公が腕を見つめていたのは，点滴の針が刺しやすいかどうか血管を見ていたのである．普通の人であれば電車の中で乗客の腕だけを見つめることはないだろうし，ましてや針が刺しやすい血管かどうか真剣に考えることはしないだろう．主人公は看護師としての一般化された他者が内面化されているために，病院内でなく普段の日常生活の中でもそのような行動をしてしまったのだ．

　一般化された他者が内面化されると，本人も気づかないうちにそれが表出していることがある．「あの人は警察官らしい人だ」とか，「あの人はいかにも教師らしい」などと言われることがある．それは警察官あるいは教師としての一般化された他者が知らず知らずのうちに表出しているためである．

　私たちは幼い頃から意味ある他者や一般化された他者との相互作用を通じて役割期待を内面化しながら自我を形成していく．この役割の内面化は親などの身近な人など個々の他者の役割期待だけでなく，社会一般の自分に対する期待の内面化へと進む．このように一般化された他者の役割期待の内面化が行われることで me が形成され，初めて社会的自我を持った人間が形成されるのである．

4 仕事を持つ——職業的社会化——

仕事を持つことも社会化の1つであり，その職業において制度化されている知識，技能，価値観，態度，行動様式などを内面化する過程を**職業的社会化**（occupational socialization）という．アメリカの社会学者 R. K. マートン（Robert K. Merton）は，個人の価値観，態度，行動様式などに強い影響を与える集団を**準拠集団**（reference group）と呼んだが，社会化の過程では個々の重要な他者の影響を受けるだけでなく，準拠集団の影響も受ける．個人はまだ所属しようとしている集団にいなくても，将来的に所属することを期待している集団を準拠集団として社会化がなされることがある．それを**予期的社会化**（anticipatory socialization）という．

私たちは将来就こうとする職業のための準備段階がある．それは幼い頃から始まり，たとえばお世話になった看護師の影響や，親など身近な人が看護師をしているため，「看護師になりたい」というあこがれを持つことは職業的社会化の1つである（**図 3-5**参照）．そのことにより，その職業に興味を持ち，看護師に関する知識や価値観などの情報を得る．青年期になると看護大学や専門学校に入学し訓練を受けることで知識や技能などを深く学ぶようになる．そこでは学校や病院を準拠集団とし，教員や実習病院の指導者が意味ある他者となる．

学校で学んだことだけでは看護師としての職業的社会化は十分ではないので，職場に就職してからも社会化がなされていく．それを**参加的社会化**（partici-

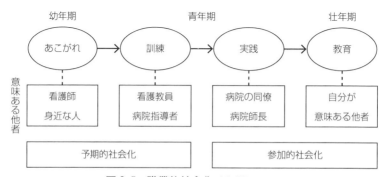

図 3-5 職業的社会化（看護師の場合）

出所）筆者作成．

patory socialization）という．看護師として現場に出れば，そこでの価値観や行動様式などを習得しなくてはならない．その際には病院の同僚や病棟師長が，場合によっては患者が意味ある他者となる．多くの意味ある他者の影響を受けながら看護師として成長していくが，看護師としての経験が長くなると看護学生や後輩看護師の指導を担当するようになる．それまで多くの意味ある他者から影響を受けて職業的社会化がなされてきた人が，今度は自分自身が意味ある他者として他者の社会化に関与するのである．

5　人間の集まり——社会集団の類型——

相互行為のある個人が集まることによって集団が形成されるが，ドイツの社会学者 **F. テンニース**（Ferdinand Tönnies）は集団の特徴からその分類を行った．その１つが**ゲマインシャフト**（Gemeinschaft）で，彼によれば本来的・自然的状態としての本質意志にもとづく関係態の集団である．そこではメンバー間に緊密な人間的結合がみられ，感情的・全人格的結びつきがある．例として家族・友人仲間・村落共同体などが挙げられる．一方，**ゲゼルシャフト**（Gesellschaft）とは，選択意志にもとづく関係態である．利益や関心にもとづき選択的・人為的に形成される集団である（**表3-1**参照）．例として企業・病院・都市・国家などが挙げられる．社会は近代化とともにゲマインシャフトの社会から，ゲゼルシャフトの社会へと変遷していくとしている（第12章参照）．

家族はゲマインシャフトに類型されると前述したが，いつもそう言い切れるのであろうか．私たちは，夕飯を食べる時は時間が合わないため各自別々に食べたり，それぞれの部屋に TV があり別番組を見たり，一緒にリビングにいてもそれぞれがスマートフォンをいじっているなどということがないだろうか．そこでは経済的に生活が成り立つ目的だけで集団を形成しており，緊密な関係があるのかどうか疑問が残る．そう考えると家族もゲゼルシャフト化しているのかもしれない．

また企業はゲゼルシャフトであると紹介したが，ベンチャーのような小さな企業は共通

表 3-1　ゲマインシャフトとゲゼルシャフトの特徴

ゲマインシャフト （表出的）	ゲゼルシャフト （手段的）
生得的	選択的
帰　属	業　績
無限定性	限定性
感情性	感情中立性
個別主義	不偏主義
集合体志向	自己志向

出所）ウォーラス・ウルフ［1989：49］を参考に作成．

第3章　社会で生きる「私」　*33*

の目標を持って社員が集まり活動するが，大企業と異なりメンバーには緊密な人間的結合がみられ，感情的・全人格的結びつきがあり，運命を共にしていることが多いだろう．そのように考えると，ゲマインシャフト的な要素が濃い集団だと言える．

以上のように，社会集団の特徴をゲマインシャフトとゲゼルシャフトの観点から考えると人間と集団について新たな視点を得ることができる．

課 題

- 社会学と心理学の自我の捉え方の相違について調べてみよう．
- あなたにとっての I と me の具体例を考えてみよう．
- あなたはどのような集団に所属しており，その集団はどのような類型か，またそこではどのような役割が期待されているか分析してみよう．

参考文献

ウォーラス，R.・ウルフ，A., 濱屋正男・寺田篤弘・藤原孝ほか訳［1989］『現代社会学理論』新泉社．
クーリー，C.H., 納武律訳［1921］『社会と我』日本評論社．
テンニエス，F., 杉野原寿一訳［1957］『ゲマインシャフトとゲゼルシャフト──純粋社会学の基本概念──（上・下）』岩波書店（岩波文庫）．
マートン，R., 森東吾他訳［1961］『社会理論と社会構造』みすず書房．
ミード，G.H., 稲葉三千男他訳［1973］『精神・自我・社会』青木書店．

Column　　　　　　　　　　シンボリック相互作用論
（象徴的相互作用論 symbolic interactionism）

シンボリック相互作用論の源泉となった人物がG.H.ミード（1節参照）である．人間はあらゆる事物に「意味」や「象徴」を与えるが，「意味」や「象徴」は個人間の相互作用の中で加工され，新たな行動基盤となっていくとするのがシンボリック相互作用論である．「意味」や「象徴」を分析することで人間の行動と社会の成り立ちを理解しようとした彼の理論は，教え子によって『精神・自我・社会』（1934）としてまとめられ，後にH.G.ブルーマー（Herbert G. Blumer）によってシンボリック相互作用論は体系化がなされた．

具体的にシンボリック相互作用論とはどのようなものであろうか．たとえば，A君が理髪店に行ったとしよう．そこには「Bというファッション雑誌が置いてあった」→「B雑誌というメディアには最新のファッション事情が載っていると

解釈する」→「最新のファッション情報を得るためにページをめくり読む」というような行為があったとする．これは，あるインプットに対してその意味を解釈（意味づけ）して行為を行っていることになる．つまり解釈が行為を決定する要因になっているのである．さらに「自分が欲しいと思っていた最新情報がB雑誌には載っているので，毎月購入するようになる」→「B雑誌はためになる雑誌だとファッションに興味を持つ友人に紹介する」→「ファッションの最新情報を知るにはB雑誌の購読が常識となる」など，ある行為に至った経験がその後の解釈にもフィードバックされる．集団ではこの過程が連続的に行われることで解釈が共有化され，それが蓄積されることによって常識が生まれるのである．

　シンボリック相互作用論では社会を理解するための方法として，人間の行為のプロセスを追い，何が意味を共有させるプロセスを働かせているのかといった事象に着目し，行為する人間の観点から明らかにしようとする．この理論では以下の3つの観点が理論的な前提となっている．① 人間は意味によって行為を行う．② 意味は社会的な相互作用の過程において生まれる．③ 意味解釈の主体は人間である．

　シンボリック相互作用論では，自我，役割，コミュニケーションなどの分野で，人間の内面的要因と社会との関係性についての実証的な分析や理論化が行われている．人間の行為の個人の解釈過程に焦点を当てるため，一般には量的調査ではなく参与観察やライフヒストリーなどの質的調査（第2章参照）を用いて研究が行われることが多い．

　非行や犯罪など逸脱について研究する場合，普通は非行や犯罪の原因を追究しようとする．しかしシンボリック相互作用論では，社会がどのように非行や犯罪を意味づけ，解釈を行うのかについて分析する．H. S. ベッカーの『アウトサイダーズ』(1963) のラベリング理論（第2章・第10章参照）はその代表的な研究の1つである．

参考文献
　ブルーマー，H. G.，後藤将之訳 [1991]『シンボリック相互作用論——パースペクティヴと方法——』勁草書房．
　ベッカー，H. S.，村上直之訳 [1978]『アウトサイダーズ——ラベリング理論とは何か——』新泉社．

（篠原清夫）

第4章　変容する家族のかたち

参照基準③イ　家族などの親密な関係性についての
　　　　　　　　基本的な知識と理解

学修のポイント

1　戦後日本の家族とその後
2　多様化する人生の歩み
3　少子高齢社会のケア問題

○家族のあり方は，その家族がおかれた時代や
　社会により変化することを，理解する．
○現代社会の課題となる虐待や未婚化，高齢者ケア
　について，その成り立ちと特徴を，家族社会学の
　視点から具体的に学ぶ．

予 習

▫ あなたにとって「家族である」と思う範囲のメンバーを，具体的に挙げてみよう．
　そして，あなたがなぜその人たちを「家族」と考えるのか，その根拠を考えてみ
　よう．
▫ 祖父母の世代に当たる方々から，その人たちが結婚したころの結婚式や披露宴のやり方
　（挙式や披露宴の場所，招待客の人数，内訳）について聞いてみよう．

1　戦後日本の家族とその後

(1) 労働集団から愛情集団へ

　伝統的な家族は，田畑を共に耕したり，店を運営したりするなど，共通の家業を営む労働集団であり，番頭や下男下女など非血縁者も寝食を共にする家のメンバーとして含まれていた．しかし私たちが家族としてイメージするのは，おそらく，結婚により夫婦となった男女が血のつながった子供たちとつくる関係，としてのものだろう．そのような今日の私たちが当たり前と思う家族は，農地を離れ生産手段をもたず，サラリーマンとなった男性と，そうした男性と結婚し専業主婦となった女性によりつくられた，極めて近代的な家族である．

　欧米の家族史や歴史人口学の成果をふまえ，近代化における日本の家族変動を明らかにした落合 [2004] は，女性が結婚，出産，育児をする時期にどのようにすごすかを年齢別女子労働力率曲線から確認している．女性が結婚，出産，育児期に仕事に就く割合は，1926〜30年（昭和元年から5年）に生まれた人々以降，世代が若くなるにつれて減少していく．終戦直後に生まれ1970年代に結婚をして家族を作ったいわゆる「団塊の世代」は，出産育児期に離職し家庭に入る割合が他世代とくらべて最も高い．この時期は産業構造の転換があり，女性がさまざまな家の職業についていた状態から，家庭のなかの主婦へと変化したため，落合は，「戦後，女性は**主婦化**した」と述べる．

　前近代の家族が労働組織という制度的な家族であるのに対して，近代化に伴い発生した友愛家族は，情緒的な絆（愛情）というきわめて不安定なものを前提としている．そうした家族の愛情には，夫婦愛，母性愛に代表される親子愛，他の関係よりも家族を優越したものとする家族愛があり，それらによって他の集団から区別される．

(2) 性別役割分業型家族とその現状

　では，戦後の日本に広がった家族の内部構造はどのようになっているのだろう．アメリカの文化人類学者のG. P. マードック（George P. Murdock）は，夫婦とその子供からなる家族を**核家族**とよんだ．そして家族は，核家族として単独で存在するか，もしくは複数の核家族が組み合わされた複合家族（その1つが**拡大家族**）の形態をとるため，いずれの社会においても核家族こそ普遍的にみられ

第4章　変容する家族のかたち　37

る家族の形態であると主張をしたこと（核家族普遍説）は，良く知られている．

マードックの家族理解を基盤に，T.パーソンズ（Talcott Parsons）は，家族は産業化によってその機能を縮小し，子どもの社会化と成人のパーソナリティの安定という2つの機能に特化する．そして家庭内では，家族機能を果たすために，男女それぞれは世帯主や主婦という集団内での地位にもとづいて役割を分担すると考えた［パーソンズ・ベールズ 2001］．

家族という1つの生活体を維持するために，男性（夫）は経済的責任を負い，稼ぎ手としての役割が期待される傾向が強い．また女性（妻）は，家庭において家事を行い，メンバーの話を聞いたり，相手をねぎらったりして，家族内の人間関係調整や，緊張処理を受け持つ役割が期待される傾向が強い．男性が外で働くのに対して，女性が家庭内において生命再生産労働を担う**性別役割分業**は，女性を無償労働に振り分け，女性を経済的にも社会的にも弱い立場に追いやるものとして，後にフェミニズムの立場から批判がなされた．

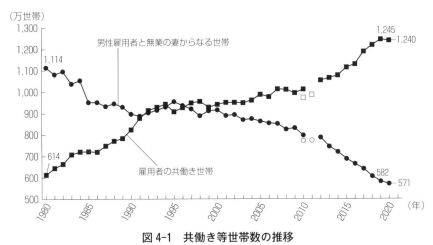

図4-1 共働き等世帯数の推移

注）1．「男性雇用者と無業の妻からなる世帯」とは，2017年までは，夫が非農林業雇用者で，妻が非就業者（非労働力人口及び完全失業者）の世帯．2018年以降は，就業状態の分類区分の変更に伴い，夫が非農林業雇用者で，妻が非就業者（非労働力人口及び失業者）の世帯．
2．「雇用者の共働き世帯」とは，夫婦ともに非農林業雇用者の世帯．
3．2010年及び2011年の［　］内の実数は，岩手県，宮城県及び福島県を除く全国の結果．
4．「労働力調査特別調査」と「労働力調査（詳細集計）」とでは，調査方法，調査月などが相違することから，時系列比較には注意を要する．

資料）1980～2001年は総務省統計局「労働力調査特別調査」，2002年以降は総務省統計局「労働力調査（詳細集計）（年平均）」．

日本においては，戦後の高度経済成長期に，性別役割分業にもとづく家族が多く成立し，核家族世帯の数が増加したため，核家族化したと言われる．今でも女性の年齢別就業率は20代後半でピークを迎え，出産，育児期である30代が底となり，再就職をする40代にむけて再び上昇する．北欧や中国などは，出産，育児を理由とした離職が少なく20〜40代の就業率がほぼ横ばいであるのと対照的である．それでも昨今は，出産育児期に仕事を離れた女性が再就職をするため，雇用者世帯の共働き化が進んでいる（**図4-1参照**）．

(3) 愛情にもとづく家族の難しさ

　愛情集団としての家族という捉え方は，学問上の理解だけではなく，広く一般社会に共有されている．内閣府「国民生活に関する世論調査」（令和4年度）において，「家庭の役割として期待するもの」（複数回答）として，「家族の団欒の場」や「休息・やすらぎの場」が6割を超える．しかし実態として，「しつけのため」として親から子どもへの体罰や，夫婦間での「愛ゆえの束縛」がまかり通ってきたのも事実である．家族内暴力には，夫婦や親密なカップル間に起こるドメスティック・バイオレンス（以下，DVと表記），親から子への児童虐待，（介護をする）子世代から親への高齢者虐待などがある．

　家庭内の暴力は，社会的関心の高まりにより「問題」とみなされた後に，対策強化として防止法などが制定されてきた経緯がある．たとえばDVについては，2000年の世界女性会議北京大会で女性に対するあらゆる暴力の禁止が宣言されたのを受け，日本では2001年に「配偶者からの暴力の防止及び被害者の保護に関する法律」を制定している．

　表面化した家庭内暴力は氷山の一角であり，実際におこっている数を把握するのは困難である．内閣府の実施したDV調査によれば，女性では25.9％，男性では18.4％が配偶者からの被害を受けたと認識している（内閣府「男女間における暴力に関する調査（令和3年度調査）」）．このように，程度の差こそあれ暴力は身近な現象であり，家族は必ずしも安全な場ではないのである．

　児童虐待は，児童相談所への通報・相談の件数をもって把握されるが，主たる虐待者は，実母が47.4％，実父が41.3％と続く（内閣府『令和4年度版　子ども・若者白書』）．もともと多かった身体的虐待にくわえ，近年は心理的虐待（言葉による脅し，無視など）が増加している．高齢者虐待の場合には，擁護者による虐待を受けている高齢者は約7割が要介護認定を受けている．関係性を見ると，息

第4章　変容する家族のかたち　　*39*

子が38.9％，夫が22.8％，娘が19％と続く．未婚の子どもと単身の親で暮らす場合や，老夫婦のみで暮らす場合など，高齢者が虐待を加える者と2人で暮らす世帯での虐待が約過半数を占めている（厚生労働省「令和3年度　高齢者虐待の防止，高齢者の擁護者に関する支援等に関する法律に基づく対応状況等に関する調査結果」）．

　本来は家族による保護やケアの必要な子どもや高齢者が，ケアの担い手となっている人から虐待を受けているケースが多い．被害者が自立できるだけの経済力を持っていなかったり，身体的な保護を必要としたりする状況にいると，被害者が自力でその家庭から逃げ出すことは容易ではない．愛情集団とみなされる家族には，児童養護施設や介護施設よりも，外部の人が侵入することを拒む正当性が与えられやすい．それ故に，家族による虐待は継続しやすく，解決が難しいと言える．

2　多様化する人生の歩み

(1) ライフコースでみる家族

　私たちは，いつの時代にも恋愛をしたり子供を産んだり親と死に別れたりするが，そうしたライフイベントを体験する時期や内容は，その人たちの生きた時代による共通性がみられる．近年であれば，東日本大震災が職業選択や結婚の時期に重なった場合，その若者たちは，震災がなかった場合とは違う人生を歩んでいることは想像に難くない．このような，その時代の出来事が個人の人生に与える（与えた）影響を重視するのが，**ライフコース**の視点である．ライフコースとは，個人が生涯でたどる道筋であり，その道筋は個人が取得する役割によって決まる．その点でどの人も同じ周期で人生を歩むとみなす傾向にあるライフサイクルと，ライフコースは区別される．

　日本において戦後の家族が安定した時代には，完全雇用と低い失業率，結婚適齢期の存在と高い婚姻率，結婚後の明確な役割分業，終身雇用制，年金制度などの社会制度や慣習により，生活のあり方が枠づけられていた．そのため個人は，社会がつくった人生の時刻表に従って，学校入学，卒業，就職，結婚，子育て，退職などのイベントを順次通過していくことができていた．しかし今日，若者や高齢者のライフコースには，そうした見通しの良さが失われている．

(2) 若者の離家・結婚・出産

　標準的ライフコースは，1990年代に終身雇用制に変化があらわれはじめたころから，実現しにくくなった．若年層を中心に，非正規・非典型雇用に従事する人が増え，離職者や転職者が急増した．それにより，ライフコースパターンの多様化が始まったと言われている［宮本 2006：30］．就労環境が変化するのと同時期に**結婚適齢期規範**が弱体化し，ある一定の年齢になれば，周囲が未婚者に対して結婚相手を斡旋する社会的慣習（お見合い）による結婚は，年々減少している．若者は「年齢だから」結婚するのではなく，「よい人に巡り合うまで」結婚を先延ばしする傾向がみられ，近年の生涯未婚率は著しく上昇している（**図4-2**参照）．一時期は「パラサイトシングル」と揶揄されたように，20，30代の未婚者は，就業していても親の経済力に依存して親の家に同居を続け，生活面の援助を受ける者も少なくない．そのため，親の家を離れる「離家」のタイミングも，一律ではなくなっている．

　未婚化の社会的要因として，農村居住の男性は家を継ぐ必要のあること，また都市居住の高学歴女性は仕事と家庭を両立できる環境にないことが大きいとされてきた．特定の年齢においてまだ結婚したことがない人が結婚する確率（初婚確率）を検討した筒井［2014］によると，30歳までに結婚しなかった高卒以

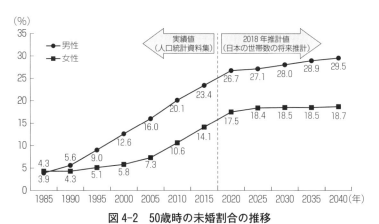

図4-2　50歳時の未婚割合の推移

注）50歳時の未婚割合は，50歳時点で一度も結婚をしたことのない人の割合であり，2015年までは「人口統計資料集」，2020年以降は「日本の世帯数の将来推計」より，45〜49歳の未婚率と50〜54歳の未婚率の平均．
資料）国立社会保障・人口問題研究所「日本の世帯数の将来推計（全国推計）（2018年推計）」，「人口統計資料集」．

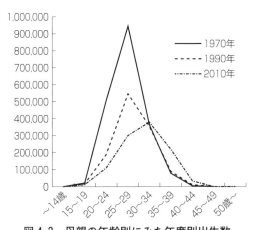

図 4-3 母親の年齢別にみた年度別出生数
出所)『平成25年人口動態統計 確定数 上巻』「出生 第4. 6表 母の年齢別にみた年次別出生数・百分率および出生率（女性人口千体）」より作成.

下の男性の初婚確率が低く，30代では，初職が大企業，専門職の男性の初婚確率はかなり高い，という結果が出ている．すなわち，就職，結婚などに際して自ら選択し，ライフコースの多様化を実現した層と，標準的ライフコースを歩めず多様化する層に分かれているのである．

　西欧諸国のような結婚前に同棲する文化のない日本では，パートナー関係の形成という点で，世界でも稀な晩婚社会である．また婚外子出生率が極めて低いことからも明らかなように，結婚から切り離された出産は広がっていない．そのため出産年齢のピークも20代後半から30代前半に移動し，晩産化がすすんでいる（**図4-3**参照）．出産年齢の広がりは，医療技術の進歩による生殖補助医療の普及に支えられている面もある．晩婚化にともなう晩産化で，妊娠を望む女性の年齢が上昇し，2000年以降，体外受精の治療件数は増えている．日本産婦人科学会のまとめによると，2019年は過去最多の6万598人（出生児数全体の約7％）が，体外受精による治療で生まれている．人生のスケジューリングという点でいえば，社会環境の変化に伴い離家，結婚，出産が，1つの型で収まらなくなっている．

(3) 少子高齢化社会の老年期

現在の日本は，国民の4人に1人が高齢者（65歳以上）という，超高齢社会である．社会が少子高齢化するなかで，ライフコースの多様化は高齢者にも及んでいる．死亡率が低下し平均寿命が延びたため，ライフコースの終盤に，かつてはごく短期間であった定年後の**夫婦連れ合い期**が10年以上（女性の場合には，その後に寡婦の時期が平均して約8年）と，長いライフステージが人生後半に出現している．前例のないこの時期をいかに過ごすのかが，老年期の大きな課題となっている．

かつては明治民法の規定として，老いた親の扶養は戸主の義務であった．年金制度が不十分な状況では，高齢者は働き続けるか，子どもの支援に依存するしかなかった．そのため，地域による差異はあるにせよ，多くの高齢者は**老親扶養規範**のもとで，主に跡取りとなる子どもとの同居を基本としてきた．戦後も1960年代までは，高齢者の住まい方は三世代同居が主流であり，老年期親子は「同居子との密接な関係と別居子との疎遠な関係」と特徴づけられてきた．

しかし今日では，年金制度など経済面での保障がある程度整備されたため，子どもから独立した生活も可能となり，典型的な住まい方が喪失している（**図4-4**参照）．子どもや孫との付き合い方も，「いつも一緒に生活できる」関係よりも，「ときどき会って食事や会話をする」関係を望む高齢者が，年々増えている（総務庁『第9回 高齢者の生活と意識に関する国際比較調査』2020年）．実態としても，

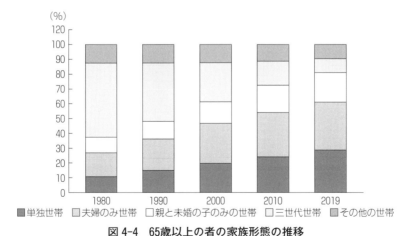

図4-4　65歳以上の者の家族形態の推移

出所）1980年は厚生省「厚生行政基礎調査」，1990年以降は厚生労働省「国民生活基礎調査」より作成．

第4章　変容する家族のかたち　　43

子育て支援や買い物や旅行など同伴行動を通じ，娘を中心とした別居子との間に多くの交流をもつ高齢者が見られる．老年期に子どもとどのように関係を持つか，高齢者が選択する面も出てきている．次節では，高齢期のケア問題に触れながら，今後の家族について考えたい．

3　少子高齢社会のケア問題

(1) ケアの社会化

　要介護の祖父と，祖父を自宅で介護する無職の孫を軸にストーリーが展開する小説『スクラップ・アンド・ビルド』(2015年)(羽田圭介著，第153回芥川賞受賞作)は，極めて現代的なケア問題の一面を切り取っている．三流大学を卒業し転職活動中の孫の健斗は，長くなった老後を「早う死にたか」とぼやきつつ生にしがみつく祖父のありさまや，老いによる肉体の衰え，介護のプロによる高齢者の能力を奪う「足し算介護」など，閉塞感をともなう現実に直面する．それらが陰惨でないのは作者の筆によるところが大きいが，自宅介護といえども介護の場が家族の外まで広がっていることも一因だろう．最も早い時期に高齢者介護をテーマにした小説に，有吉佐和子による『恍惚の人』(1972年)がある．当時大ベストセラーとなったこの小説は，認知症(当時の言葉で「痴呆」)という病気を世に知らしめた書として名高い．ここでは，舅(夫の父親)の介護を一手に担うのは嫁の昭子である．昭子の一人息子は徘徊する祖父を追いかけるなど協力的であるが，昭子の夫は最後まで実父の介護に関わらない．そして一家の主婦がいるならばと，老人ホームへの入居も見送られる．この二作からは，約40年の間に，いかに高齢者へのケアが家族の手を離れたのかが分かり，興味深い．

　年金制度により経済面で高齢者が子どもから自立したのに対して，身体面での**ケアの社会化**が実現したのは，2000年に介護保険制度が導入された後である．介護保険制度は40歳から介護保険料を支払い，自分が要支援や要介護の認定を受けた際には，そのレベルに応じて一定額を負担したうえでサービスを利用できる制度である．介護保険の導入により，身体面のケアにおいて社会的サービスの購入という選択肢を手にしたため，その後，高齢者の介護意識は大きく変化したと言われる．確かに，5年ごとに実施される国際比較調査を見ると「介護をしてもらいたい相手」として，子どもではなく配偶者や介護を職業とする

人を希望する割合が一貫して増加している．また「身体機能が低下した場合の
居住場所」は，「自宅派（「現在の自宅にそのまま留まる」と「改築の上自宅に留まる」，
の合計）」が6割を占め，「転居派（「高齢者用住宅への引っ越し」と「老人ホーム入居」
の合計）」は3割である（総務庁『第9回 高齢者の生活と意識に関する国際比較調査』）．

　高齢者の定住志向が強い一方で，若者の側を見れば，結婚直後から親と同居
することは減少しているが，親と同一市町村内に住む**近居**は都市部でも一般的
である．そして男性も女性も，配偶者の親よりも自分の親を優先する傾向があっ
たり，「自分たちの生活能力に応じて」という限定つきであったりするが，
親への扶養意欲は保持されている［中西 2009；春日 2010］．

　そうした時代の老年期親子を理解するには，**修正拡大家族**（E.リトワーク
（Eugene Litwark））の視点が役立つだろう．リトワークは，産業化にともない家
族は小規模化したが，それぞれの家族は親族と電話や訪問により頻繁に交流し，
相互に助け合っており，孤立していないと指摘する．家族と家族外部のつなが
りを重視するリトワークの考えにもとづけば，家族は，自分（の家族）の生活の
ために，外部に張り巡らしたネットワークから必要なサービスを調達する，資
源調達センターと見なすことができる．

(2) ケアの担い手としての子どもと地域

　在宅で暮らす高齢者にとって，介護保険が導入された後も，決められたケア
行為を行う**フォーマルケア**だけでは充分でなく，家族や友人，近隣などが行う
インフォーマルケアに頼る部分は大きい．そして1990年代以降のICT（情報通
信技術）の急速な普及により，子どもによるケアは変化している．たとえば家
電各社は，高齢者が利用するとその情報が離れて暮らす子供に届く機能が付い
た電気ポットなど，離れて暮らす子供が親の安否確認をできる，見守り機能付
き製品（見守り家電）を売り出している．小規模化する高齢者世帯は，そうした
メディアを生活に組み込むことで，地理的に離れて暮らす子どもをはじめ，家
族外部との関係を緩やかに維持できるようになった，と言える．

　それと同時に日本の各地で，地域として高齢者ケアにとりくみ，町内会や老
人会などの地縁を活用したり，新たに地域住民のNPO法人を設立したりする
動きがある．子どもや高齢者に対するケア活動は，本章1節で述べたように，
近代社会になって家族（より正確には，家庭のなかの女性）が担うことを期待され
たが，本来，担い手は家族に限定されたものではない［後藤 2013］．高齢者のた

めの買い物も，家族が行えば無償の家事労働であるが，近隣の住民や住民組織が自発的に行えば地域労働となり，また営利企業が行えば有料宅配サービスとしての企業労働となり，買い物難民対策として行政が行えば公務労働になるものである．

　それでは今日，子どもと地域はどのように高齢者ケアに関わるのか，事例をもとに考えてみよう．ここでは，茨城県常陸太田市の社会福祉協議会里美支部が運営する在宅福祉ネットワークに着目する．当地では，民生委員と地域住民が在宅福祉ネットワークとして組織化され，地域に住む虚弱高齢者・障がい者への見守り活動を20年以上継続している．見守り活動は安否確認や社会的孤立の予防を目的にしているが，活動の延長として，雪かきや買い物などの生活支援まで行う場合がある．

　在宅福祉ネットワークのメンバーが高齢者宅を訪問した際，家の軒下に蜂が巣を作っているのに気づき，駆除のための手配をした，というケースがあった．当事者である高齢者は蜂の巣に気づいていても問題とみなしていなかったが，周囲の人が「受け手にとって必要なこと」としてニーズの汲み取りを行った一例と言える．それは，高齢者の暮らしぶりを身近で目の当たりにしているからこそできるケアである．また必要な業者へと高齢者のニーズを媒介することは，地域生活者の強みが発揮される．そのため地域住民のケア活動は，離れて暮らす子どもなどによるケアとは競合せず，高齢者と対面接触できる強みを生かしている点に特徴がある．

(3) ケアする家族を支える時代

　私たちは見落としがちであるが，地域住民のケア活動は，高齢者だけを支援しているのではない．介護をする家族を支える息抜き支援（レスパイト・ケア）があるように，老親と離れて暮らす子どもは，地域による見守りや公的サービスなどが高齢者宅に入ることで，遠距離介護が可能となっている．そのため子どもは，親への直接的なケアをする以上に，親が暮らす地域での関係を維持するための挨拶回りや集落活動への参加，親の利用するサービスの調整などに，多くの時間と労力をかける必要が生じている．

　今後の超高齢社会において，都市部でも農村部でも，在宅高齢者はますます増加するだろう．在宅高齢者に対して，離れて暮らす子どもと対面接触のある地域住民はどちらもインフォーマルケアの担い手であるが，どちらか片方があ

れば充分というものではない．家族のなかの高齢者から地域に生きる高齢者へと変わっていくため，子どもと地域が互いの強みをいかしつつ，厚みある支援体制を作ることが求められている．

　日本の家族は5年に一度の国勢調査のたびに，一世帯あたりの世帯人員が少なくなり，小規模化（2020年は2.21人）している．とりわけ2010年の国勢調査は，「単独世帯」が「夫婦と子供から成る世帯」を上回り，最多の家族類型となった点で，人々に衝撃を与えた．こうした家族が世帯の内部で必要な資源を充足することは現実的でないため，家族は外部のシステムと連携し，相互依存の関係をつくらざるをえない．ここでは高齢者ケアを題材にしたが，支援を必要とする子育て期の家族なども同じ構図に位置づけられる．ゆえに家族の営みは閉じた空間ではなく，社会の中で論じられるべきなのである．その点で，私たちそれぞれの家族と外部のシステムは，これからも互いに互いを必要としながら，生きるうえでの基本的生活課題に向き合うことになる．

課題

- 自分の予定するライフコースを考え，その選択をすることのメリット，デメリットについて考えてみよう．
- 老いや高齢者に関する手記を読んだり，実際の高齢者の話を聞いたりして，高齢者はどのような支援を求めているのかを調べ，そのために私たちができることを考えよう．

参考文献

後藤澄江［2013］『ケア労働の配分と協働――高齢者介護と育児の福祉社会学――』東京大学出版会．
春日キスヨ［2010］『変わる家族と介護』講談社（講談社現代新書）．
落合恵美子［2019］『21世紀家族へ――家族の戦後体制の見かた・超えかた――〔第4版〕』有斐閣．
パーソンズ，T.・ベールズ，R.F.，橋爪貞雄・溝口謙三・高木正太郎ほか訳［2001］『家族――核家族と子どもの社会化――』黎明書房．
宮本みち子［2006］『人口減社会の生活像』放送大学出版局．
中西泰子［2009］『若者の介護意識』勁草書房．
筒井淳也［2015］「家族」，山田昌弘・小林盾編『データで読む現代社会――ライフスタイルとライフコース――』111-132ページ．

（水嶋陽子）

第5章　性の多様なあり方を考える

> 参照基準③ウ　ジェンダーとセクシュアリティについての
> 　　　　　　　　基本的な知識と理解

学修のポイント

1　セックスとジェンダー
2　セクシュアリティとは何か
3　教育・スポーツとジェンダー
4　労働とジェンダー

○ジェンダーやセクシュアリティなど，性にかかわる基本的な概念を知る．
○ジェンダーやセクシュアリティの観点から，社会事象を捉える必要性を理解する．

予 習

- 辞書で「女」「男」ということばの意味を調べてみよう．それを見てあなたはどのような感想を持っただろうか．
- ジェンダーやセクシュアリティということばを聞いたことがありますか．百科事典（書籍・ウェブ版でも，電子辞書の百科事典機能でも良い）で調べてみよう．

1　セックスとジェンダー

　私たちは日常生活のなかで，ある人を見て何らかの判断をするとき，あるいはその人の特徴を言い表すとき，どのようなものに目を留めるだろうか．性別，年齢，体格，髪や肌の色，服装などをあげるかもしれない．私たちは他者について判断したり説明したりするときに，ある一定のグループやカテゴリーに「分ける」という行為を，意識的・無意識的にすることがある．

　しかし，このグループやカテゴリーに「分ける」行為には問題もある．思い込みによるレッテルを貼ることになってしまう場合もあるし，差別や排除につながることもある．一定のパターンに沿って分けるといっても，そのパターンは絶対的ではなく，社会や文化によって異なることも多々ある．「分ける」ことで理解したつもりになって，何も見えていないということにもなりかねない．

　それでも私たちは，人をグループやカテゴリーに「分ける」のはなぜだろうか．物事を「分ける」ことは，それを理解するための思考の方法の1つだからである．一定のパターンに沿って「分ける」ことで体系化すると，理解しやすいと感じられるからだ．「分ける」ことには常に危うさがつきまとうものの，私たちがそれを必要とするのは，物事の把握のしかたと密接にかかわっているからである．

　性別，つまり人を性で分けるというのは，「分ける」行為の中で気づかれにくいものであると同時に，もっとも根深いものの1つである．たとえば，教室で着席するとき，電車内で席を選ぶとき，一瞬にして座っている人の性別を判別して，どこに自分が座ろうか決めることはないだろうか．あるいは，通りすがりの人の性別がどちらかはっきりわからないと，つい目が行くということはないだろうか．生まれてくる前から子どもの性別を気にかける人もいるし，性別によって親の育て方や期待が異なることもある．これらは，性別が私たちの社会の中で重視されていることを示す例である．家庭で，学校で，仕事場等で，性別がその人の人生に与える影響は計り知れない．

　さきほど，一定のパターンに沿って「分ける」といっても，そのパターンは文化によって多様であると述べた．では性別も人が作ったカテゴリーなのだろうか．「いや，人間が男女に分かれていることはあたりまえで，生まれながらに決まっている」と考える人も多いだろう．しかし，社会学やジェンダー論で

第5章　性の多様なあり方を考える　49

は，「性別（セックス）も社会的・文化的に作られている」という考えが広がってきている．

　このことを説明するために，少しさかのぼってジェンダー論の成果を概観してみよう．ジェンダーということばは，もともと人間の性別を表すことばではなく，文法上の性別を表すことばだった（ヨーロッパの言語には，単語にも性別がある場合がある）．それが1980年ごろまでには，生物学的な性差を**セックス**（sex），文化・社会的な性差を**ジェンダー**（gender）として区別する用語が用いられるようになった．ここにこめられた意味は，生まれながらの性別は変えられないし，男女で身体は異なるかもしれないが，男らしさや女らしさは育てられる過程で身につくものであり，変えていくことができる，というものである．セックスとジェンダーを区別したことで，それぞれの性に期待される役割や規範に縛られずに生きることが可能だとしたわけである．当時，家庭に入ることが女の幸せだとして生き方を制限されていた多くの女性にとって，大きな希望となった．ジェンダー研究は，女性解放運動である**フェミニズム**から生まれた．フェミニズムは，19世紀末から20世紀後半にかけ，世界中で起きた権利拡張のための思想と実践である．第一波フェミニズムとよばれる最初のうねりは，女性参政権の獲得を中心に行われ，第二波フェミニズムでは家族や経済活動における男女間の格差に対する異議申し立てが行われた．文化・社会的な性差であるジェンダーという概念が登場したのは，1960年代から1970年代にかけて台頭したこの第二波フェミニズム運動の展開の中においてである．

　現在では，ジェンダーだけでなくセックスも人間が作ったカテゴリーであるという認識が広がりつつある．人間の身体を性で分けるときに参照されるのは，性器やホルモン，性染色体など，生物学や医学の科学的な知であるが，そうした科学も不変ではなく，社会・文化の影響を受け，日々変化するものであることが，歴史研究から明らかになってきたからである．人間の身体の特徴のうち，生殖器に男女の差異を見出そうとするのは，昔から変わらず現在まで一貫して行われてきたことでは決してない．まず男女に差異があるという私たちの世界観や身体観があり，数ある特徴の１つを取り出して差異を見出そうとしているのだと考えたほうがよいだろうというのが，現在の考え方である．ここでのジェンダーは，男女の「肉体的差異に意味を付与する知」［スコット 2004：16］，つまり男女のカテゴリーに人々を身体的・文化・社会的に「分ける」作用のことと説明される．

この章の冒頭の予習においても，百科事典でジェンダーということばを調べる課題を出したが，そこではどのように説明されていただろうか．百科事典や辞書には，セックスは生物学的な性，ジェンダーは文化・社会的な性と記載されていることがある．これは間違いではないが，ジェンダー論ではもう一歩進んで考える．本書で社会学を学んだ学生は，「ジェンダーは文化・社会的に作られた性であるが，セックスも文化・社会的に作られている」というところまで理解を進めておこう．

2　セクシュアリティとは何か

人間の性にかかわる事象を解読するために，**セクシュアリティ**（sexuality）ということばをここでは考えてみよう．セクシュアリティとは，性と欲望にかかわる幅広い人間の活動を指す．先の項目で学んだジェンダーともかかわることばでもある．狭義には，性的指向，つまり性的な興味関心の方向がどこへ向くかという意味をもつ．セクシュアリティということばが使われる背景には，同性愛（ホモセクシュアリティ）と異性愛（ヘテロセクシュアリティ）の区別を問題とする考え方がある．性愛を同性同士のものと，異性同士のものとに明確に区分する考え方は，主に19世紀末以降の西欧に存在するようになったと言われている．同性に向けられる欲望や同性同士の性愛自体はそれ以前からも存在したが，性行為の対象が同性か異性かということによって，人々が同性愛者と異性愛者というカテゴリーに二分されるようになったのがこの時期だという［フーコー1986］．

セクシュアリティを表すことばには，同性愛と異性愛に加え，女性と男性の両方の性を好きになる両性愛（バイセクシュアル），恋愛感情や性的欲望を持たない無性愛／非性愛（アセクシュアル）なども用いられる．ただし，性的指向はこのようにはっきりと分けられるものではなく，段階的なものと考える人もいる．確かに，性的な興味といっても，広い意味での性的行動，ロマンティックな恋愛感情，親しみや愛着までいろいろな幅がある．さらには，実際に行動したのか，そういう願望があったのか，単に好奇心なのかという違いもある［中村2008：63-64］．セクシュアリティが生まれつきであると考える人もいれば，大人になってからもセクシュアリティが揺れ動くことがあると言う人もいる．このように考えてみると，人間の性的興味は非常に複雑でバラエティに富んだもの

第5章　性の多様なあり方を考える　51

であることが理解できるのである.

　現代社会においては，異性を好きになるのが「自然」で「正しいこと」とされていることが多いので，そうではない事例は見えなかったり，ないことにされたりする．社会の中で，多数派に属する人のことをマジョリティ（majority）といい，少数派の人のことを**マイノリティ**（minority）という．これは必ずしも数の上での少数派であるとは限らない．かつて選挙権はもちろん住居や教育，就労に至るまで厳しい人種隔離政策を行っていた南アフリカ共和国では，白人の人口は全体の1割にしか満たなかったが，マジョリティとして優遇されていた．一般的にマイノリティの人たちは社会的に弱い立場にあることが多い．性的指向でいえば，異性愛はマジョリティの性的指向であるため，そうではない人々は社会的な不利益を被ることがある．セクシュアリティの上でのマイノリティということで，セクシュアル・マイノリティ，最近ではLGBTと表現されることもある．

　LGBTとは，レズビアン，ゲイ，バイセクシュアル，トランスセクシュアル／トランスジェンダーの頭文字をとった総称である．これにインターセクシュアル，クエスチョニング（セクシュアリティを探している状態）を加えて，LGBTIQと称されることもある．LGBTもそれぞれに多様であるが，現代日本社会では差別・偏見にさらされやすいという共通点がある．家族にも受け入れられない孤独感や，学校でのいじめによる自己肯定感の低下など，生きづらさから自殺のリスクも高いと言われている［日高・木村・市川 2007］．異性愛を「自然」で「正しいこと」として特権化し，他のセクシュアリティを強く排斥する**ヘテロセクシズム**（heterosexism）が作用しているからである．

　1997年にスペインで開催された第13回性の健康世界学会では，私たちの性に関する権利が「性の権利宣言（Declaration of Sexual Rights）」として採択された［WAS 2014］．2014年版によると，ここでは性の権利は「すべての人間が，人間としてもって生まれた自由・尊厳・平等に基づ」く「普遍的人権」であるとされている．「性的指向，ジェンダー・アイデンティティ，ジェンダー表現および多様な身体のありようは人権保護を要する」として，差別や排除が人権侵害であると明記される．誰もがセクシュアリティに関する自由や安全を奪われたり制限を受けたりすることはあってはならないことである．生き方も価値観も多様な人がともに暮らす現代社会においては，これまで以上に多様な性，生のあり方に対する理解と尊重が求められているのである．

3 教育・スポーツとジェンダー

　私たちの社会には，ジェンダーという文化的・社会的な性差に沿って，人間を「女」と「男」という2つの性別カテゴリーに「分ける」システムや力がある（性別二元制）．学校という場も，1つの社会空間であるので，当然そこにはその社会のジェンダーを反映した営みがあると考えられる．学校内では生徒は平等に扱われる権利があるが，実際には男女が異なる扱いを受けたり，異性愛以外のセクシュアリティはないものとして扱われたりするということが起きている．ここでは，教育やスポーツの場とジェンダーのかかわりについて紹介していく．

　学校には，段階的に学習計画を示したカリキュラムがある．教育の目的に合わせて，科目を，いつ，どのように学ぶかについてのプログラムである．これに加えて，カリキュラム上にはない価値や信念，規範やルールなども，教師が意図する，しないにかかわらず，生徒が学びとっていくということがある．こうしたものは**隠れたカリキュラム**（hidden curriculum）という．たとえば，遅刻をしない，決められた課題を提出するなど，繰り返し強調されることで，生徒は学校の中での望ましいあり方を学んでいく．隠れたカリキュラムという概念によって明らかになるのは，単に学校教育には「表の」カリキュラムと「裏の」カリキュラムが存在する，ということではない．「なぜ平等主義が原則の学校において不平等が生じるのか」ということを，解明する手がかりになるというところにポイントがある．

　学校現場における調査から日本の学校では，性別カテゴリーやステレオタイプが多用されることが，明らかになっている［木村 1999］．たとえば，名簿は男女別になっており，さらに男子が先にされている．教室において，男子が女子よりも教師とやりとりをし，男子が発言する機会が多く与えられている．生徒会長は男子で，副会長は女子となることが慣例となっている．幼稚園や小学校では女性の教員が多いが，高校や大学では男性の教員のほうが多い．進路指導において，女子は浪人しないほうがいい，男子は理系のほうがいいなど，教師自身のジェンダー観が進路に影響することがある．こうした毎日を過ごす中で生徒は，2つの性別カテゴリーに分けられることはごく当然で，男性と女性に適した進路があり，男性のほうが優先されるのは当たり前であるというメッセ

第5章　性の多様なあり方を考える　　**53**

ージを学ぶ可能性がある．学校は本来，生徒の出自や性別等に関係なく，等し
く学習の機会を与える必要があるのだが，学校や教師のありようが生徒に対し
て隠れたカリキュラムとして作用し，不平等さを含むジェンダー観や体制が再
生産されてしまうのである．

　体育の授業の場合を考えてみると，近年では男女混合での授業や男女同一の
カリキュラムの導入・拡大がみられ，男女共習が浸透したかにみえる．しかし
実態としては，男女別は温存され別カリキュラムが組まれていたり，男女では
運動量の異なるプログラムが設定されていたりすることが明らかにされている
［井谷 2001：198-199］．男子に対して，運動やスポーツにおける高い成果を期待
しているからである．しかしながら，すべての男子が運動やスポーツを好み，
高い目標を達成することができるだろうか．「男子向け」，「女子向け」として
種目が設定されることで，個性を伸ばし，運動に親しむ機会を奪ってしまうこ
とがないだろうか．

　女性のスポーツ参加とそこでの達成を阻むのは，あからさまな排除によるも
のだけではなく，一見わかりにくい形によるものもある．たとえば，スポーツ
が男性競技者の「男らしさ」を強調するために，露出の高い服装をした女性や，
競技には参加しない女性を周囲に配置することはよく行われる．メディアが発
信する女性競技者に関するニュースは，選手の競技に対する姿勢や成果よりも，
「かわいさ」や「美しさ」，「セクシーさ」などを前面に押し出すことがある．こ
うした扱いは，競い合うことや結果を重視するスポーツの世界において，女性
を二流の競技者に押しとどめる働きをする．スポーツの意思決定や指導的な地
位に女性が極端に少ないことも，男性中心的な権威構造が絶えず再生産される
要因になる．また，スポーツにおける指導者から競技者へのセクシュアル・ハ
ラスメントが，しばしば報道されているが，スポーツの場ではそうした暴力が
起きやすいことが指摘されている［熊安・飯田・太田ほか 2011：33-41］．

　スポーツの世界では，女性の参加を阻むような性差別や暴力があるだけでな
く，性別二元制と異性愛主義にもとづく**ホモフォビア**（homophobia）の言動もよ
く見られる．ホモフォビアとは，同性愛や同性愛者に対する嫌悪や憎悪，偏見
や蔑視である．特にチームスポーツでは，男性同士の強いきずなにもとづいた
世界が作られるが，同性愛（ホモセクシュアリティ）とは異なることを示すため，
同性愛へのからかいや排除が日常的に行われているという［岡田 2004：124-127］．

　このように，教育やスポーツの世界は，人を男女のカテゴリーに明確に分類

する作用が特に強く働く場である．しかし，それ以外の世界では，人を男女に明確に区分することがそこまで重視される場面はそう多くない．職場などでは，性別や年齢，能力や経験もバラエティに富む人が一緒に働き，力を合わせて目標を達成する必要がある．あらゆるものが均質な集団はまれで，均質であるかのように見えるのは，そこにあてはまらないものが「ない」ものとされているからである．個人の自由や尊厳を尊重し，変化や問題に柔軟に対応できる集団・組織になるためには，多様な人のあり方を許容する雰囲気や文化を作り上げる必要がある．

4　労働とジェンダー

　歴史的に多くの社会において男性支配がみられ，女性の社会的地位は抑圧されてきたのは，家父長制という，一家の主としての男性が家族を統率し権力を握るシステムが社会に深く浸透し，機能し続けてきたからである．近代に入って産業革命が起きると，産業資本主義は人々の労働形態を変えていった．家の外に働きに行って賃金を得る賃金労働が男性に割り当てられ，家の中で行う家事やケア労働などの無賃労働は女性に割り当てられることになった．市場で利益を得ることが優先され価値づけられる社会の中で，女性は政治・経済的に不利益を被りやすい立場におかれる．現在，収入の良い仕事や社会的地位の高い仕事に男性が多くつき，出産や子育てのために退職するのはもっぱら女性が多いのは，このようなジェンダーによる分業がなされてきたからである．

　統計調査から見てみると，女性が働く環境がまだ十分には整っていないことがわかる．日本の男女の賃金格差は世界でも大きいほうだ．OECD（経済協力開発機構）に加入する34カ国に対し，正規雇用の女性賃金が男性賃金に比べて何％低いかを調べた男女間賃金格差（gender wage gap）を調査したデータによると，韓国36.60，エストニア31.50，日本26.59，オランダ20.46と続く．アメリカ，オーストラリア，イギリス，フランスなどのいわゆる先進国では10％台である［OECD 2014]．

　日本では出産を機にいったん正規雇用の仕事を退職して，子育てが一段落してからパート労働に就くケースが頻繁に見られる．これはM字型就労と呼ばれるが，年齢ごとに労働力率を示したグラフ（**図5-1**）が，男性は台形，女性はM字型になるためである．パート労働は柔軟で便利な働き方にみえるが，日本で

第5章　性の多様なあり方を考える　55

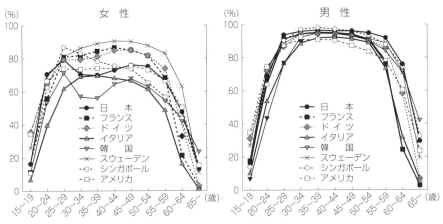

図 5-1　日本と諸外国における年齢階級別労働力率（男女別）

注）1.「労働力率」は、15歳人口に占める労働力人口（就業者＋完全失業者）の割合.
　　2. 日本は総務省「労働力調査（基本集計）」（平成25年）、その他の国は ILO 'ILOSTAT' より作成.
　　3. 日本とアメリカは2013（平成25）年、その他の国は2012（平成24）年の数値.
出所）内閣府編『男女共同参画白書』平成26年版（電子版）.

は年齢が上がるにつれて給与が上昇する慣行があり，育児休業や福利厚生は正規雇用だけに保障されているので，非常に悪い待遇で働くことになる．高度経済成長期のように安定した雇用と高い賃金が見込める状況でなければ，パート労働は労働者にとってというよりも雇用主にとって便利なものと言えよう．

　女性が育児期に仕事を辞めるのは，収入や年金の損失，キャリアの中断など，本人にとっては大きなマイナスとなる．また，雇用された夫の収入に頼ることを前提にしているので，離婚や夫の失業などの場合にリスクを負うことになる．母子世帯の平均年収は一般世帯の半分に満たず，ひとり親世帯の貧困率は5割を超える［水無田 2014］．企業にとっても，キャリアを積んだ生産性の高い人材の損失となる．また国にとっても財源の損失となり，経済の持続的な成長を阻む大きな足かせとなる．男女平等の視点から家庭と仕事の両立を可能とする社会経済システムの構築に努めたスウェーデンのような国は，少子化現象に歯止めがかかったという［高橋 2007：73-86］．労働環境を整えることは，女性にとってのみならず，男性にとっても，国や企業にとっても欠かすことのできない重要な課題である．

課 題

- ジェンダーやセクシュアリティの観点から見て，教科書に挙げられた事例以外で社会において平等や公平さが保たれていないのはどのような場面か考えてみよう．
- 「性の権利宣言」（日本語訳，2014年版）を読んで，内容について話し合ってみよう．
- セクシュアル・マイノリティやLGBTを支援する，国や地方自治体の施策，企業の方針や制度にはどのようなものがあるか調べ，当事者にどう受け取られているか探ってみよう．

参考文献

井谷恵子［2001］「第7章　学校体育と女性」井谷恵子・田原淳子・來田享子編『目でみる女性スポーツ白書』大修館書店．

岡田桂［2004］「Column 5 ロッカールームの倫理学――スポーツ文化・男らしさ・ホモソーシャリティ――」，飯田貴子・井谷恵子編『スポーツ・ジェンダー学への招待』明石書店．

木村涼子［1999］『学校文化とジェンダー』勁草書房．

熊安貴美江・飯田貴子・太田あや子・高峰修・吉川康夫［2011］「スポーツ環境における指導者と選手の適切な行為――セクシュアル・ハラスメントに関する男性指導者と女性選手の認識と経験――」『スポーツとジェンダー研究』9，33-41ページ．

スコット，J. W., 荻野美穂訳［2004］『ジェンダーと歴史学』平凡社．

高橋美恵子［2007］「スウェーデンの子育て支援――ワークライフ・バランスと子どもの権利の実現――」『海外社会保障研究』160（160），73-86ページ．

中村亜美［2008］『クィア・セクソロジー――性の思いこみを解きほぐす――』インパクト出版会．

日高儁晴・木村博和・市川誠一［2007］『厚生労働科学研究費補助金エイズ対策研究推進事業　ゲイ・バイセクシュアル男性の健康レポート2』（厚生労働省エイズ対策研究事業「男性同性間のHIV対策とその評価に関する研究」成果報告）．

フーコー，M., 渡辺守章訳［1986］『性の歴史Ⅰ　知への意思』新潮社．

水無田気流［2014］『シングルマザーの貧困』光文社（光文社新書）．

ウェブサイト

内閣府編［2014］『男女共同参画白書』（平成26年版）　http://www.gender.go.jp/about_danjo/whitepaper/h26/zentai/html/zuhyo/zuhyo01-00-13.html（2015年9月19日アクセス）．

OECD Gender Wage Gap　http://www.oecd.org/gender/data/genderwagegap.htm（2015年9月19日アクセス）

WAS（World Association for Sexual Health）［2014］"Declaration of Sexual health"（日

本語訳　http://www.worldsexology.org/wp-content/uploads/2014/10/DSR-Japanese.pdf，2015年9月19日アクセス）．

Column　　セクシュアル・フルイディティ（Sexual Fluidity）

吉田秋生『ラヴァーズ・キス〔新装版〕』小学館，2015年．

マンガ『ラヴァーズ・キス』は，吉田秋生が1995年に発表した作品で，鎌倉の県立高校に通う6人の高校生たちの恋愛や家族関係が描かれている．主人公の川奈里伽子と藤井朋章のカップルを除いて，あとの4人が好きな人は同性である．異性どうしの恋愛と同性どうしの恋愛が，ごくあたりまえに織り交ぜられていることが，この作品の魅力の1つである．好きな人にひかれる切ない気持ちやどうしようもない思いが，さわやかに描かれている点が，ファンに長く愛される理由ではないだろうか．

たとえば，小学生の頃，里伽子と同じピアノ教室に通っていた鷺沢高尾は，里伽子のことを好きだったが，高校に入ると朋章にひかれている自分に気づいていく場面がある．また，里伽子の妹である依里子と，鷺沢にひかれる緒方篤志は，叶わない思いを抱える者同士，また同性を好きになってしまった気持ちを理解しあえる友人として仲が良いのだが，篤志はあるとき依里子に「もしあの人に会う前におまえと会うてたら……」と言い，友人以上の気持ちをちらりとのぞかせる場面がある．依里子もそれを拒絶することなく受けとめているような表情をする．この作品からわかることは，性的指向は，いったん決まったら一生変わらない人もいるかもしれないが，必ずしも固定的ではないかもしれない，ということである．

Diamond, L. M., *Sexual Fluidity: Understanding Women's Love and Desire*, Harvard University Press, 2009.

性的指向は固定的か，それとも流動的かについては，これまではしばしば論争されてきた．固定的だとする人々は，性的指向や性的欲望は生まれながらのもので，変化することはないと考えるし，流動的だとする人々は，生涯の中で変化しうると考える．後者の人々は，特に性的指向やアイデンティティにはジェンダー差があり，一般的に変化に対して女性は男性よりも許容的であり，性的指向についても男性より流動性があると主張する．

近年，この流動性は，セクシュアル・フルイディティと呼ばれるようになった．セクシュアル・フルイディティという用語は，2008年にアメリカのフェミニスト心理学者

であるリサ・ダイアモンドが書いた同名の著書によって，広く知られるようになった．従来，性的指向の固定性・流動性に関する調査が，ほぼ男性に対して行われてきたことを指摘し，100名の女性の10年間の恋愛を調査してきたのである．ダイアモンドがインタビューした１人が，「私はその人に恋をするのであって，その人の性別にではない」と語っているように，セクシュアル・フルイディティが示唆するのは，性的関心は「状況依存性（状況しだい）」や「柔軟性」があるという点である．似たことばに，バイセクシュアルがあるが，こちらは「男女両方」の性が性的対象であることを意味し，流動性や柔軟性，状況依存性に焦点があるセクシュアル・フルイディティとは意味合いが異なっている．

　ハリウッドの映画俳優であるジョニー・デップの娘，リリー・ローズが自らをそう表現し，またマイリー・サイラスやクリスティン・スチュワートらの若いセレブリティたちも，同性愛か異性愛かというラベルを貼られることに違和感を表明し始めた．ダイアモンドはこの傾向を見て，多くの人が今後セクシュアル・フルイディティになっていくというよりも，むしろ自分たちのセクシュアリティや感覚・経験をぴったりと表現することばとしてセクシュアル・フルイディティを表明できるようになるのではと語っている．

（水野英莉）

第6章 「現実を生きる」ための社会学
―― 労働・産業・消費 ――

> 参照基準③エ　労働・消費などの活動と企業・産業などに
> 　　　　　ついての基本的な知識と理解

学修のポイント

1 現代社会の特徴――産業構造の変化――
2 生産と消費の関係
3 労働環境の変化
4 消費構造の変化
5 近年の変化――グローバル化と価値観の変化――

○労働，産業，消費の変化と近年の特徴について，
　理解する．
○労働，産業，消費の関係について理解する．
○人々の考え方の変化を把握し，グローバル化など
　今後の社会について考える．

予　習

□ 卒業後の自身の人生，働き方，余暇の過ごし方について，考えてみよう．
□ 興味関心のある産業の分野について，調べてみよう．

1 現代社会の特徴——産業構造の変化——

　私たちの社会ではほとんどの人が労働者・生産者であり消費者でもある．労働によって生産される「財やサービス」は人々の消費を前提にしている．また人々の生活は消費によって支えられているが，この消費は労働によって得られる収入にもとづいている．さらに消費のために，あるいは余暇を楽しむことによって労働が充実することもある．産業は労働と消費がなければならないし，両者がなければわれわれの日常は成立しないと言って良い．この産業や労働，消費，余暇を現代社会の特徴として考える，あるいは産業や労働，消費の側面から社会全体をとらえようとする社会学の領域が，産業社会学や労働社会学，消費社会論と呼ばれる分野である．これらの領域は私たちの日常の生活に関わる非常に広い領域である．この章では各領域に関する限定的な取り上げ方しかできないので，興味関心を持った各領域をさらに深く学ぶようにしてほしい．

　社会学では，個人の行動（**ミクロ**），個人と集団・組織の関係（**メゾ**），社会全体の特徴や構造（**マクロ**）として研究対象のレベルをわけることがある．

　社会全体（マクロ）の特徴は，なかなか目で見て把握することはできないが，人々が仕事に従事する割合，すなわち就業人口を見ていくと，近年そのかたちが第1次産業から第2次産業へ，さらには第3次産業へと大きく変化してきていることがわかる．産業に従事する個人個人（ミクロ）を集めて，マクロの社会全体の特徴を明らかにしようとするのである．

　W. E. モア（Wilbert E. Moore）によれば，産業が発達する段階である「**産業化**」の定義は，「経済的生産における非生物的動力源の広範な使用」であり［モア 1968］，これは人間の力や動物の力を借りて行ってきたことがらが機械にとって代わる「**機械化**」を示していると言える．つまり，工場における機械化，空間移動のために鉄道や自動車を利用すること，事務処理に関して人力で行ってきたさまざまな事柄をパソコンなどのコンピュータ機器によって行う OA（Office Automation オフィスオートメーション）も産業化の1つとなる．また，富永健一は産業化を「第1次産業から第2次産業への労働力の移行，それに伴う社会分業の変化，第3次産業の発達」としている［富永 1988］．

　図 6-1は国勢調査結果より産業分類別の就業者人口の比率を示したものである．これを見ると，1975年には5割程度であった第3次産業の就業人口が近年

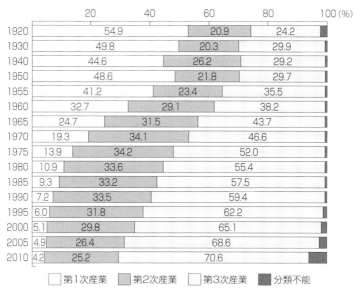

図 6-1　産業別就業者割合

注）なお，2002（平成14）年に産業分類の方法が変わっているために，2005年以降と単純に比較することはできないが大きな差はないであろう点を指摘しておきたい．
出所）「国勢調査データ」より筆者作成．

いっそう増加していることがわかる．

　日本では明治維新以降の殖産興業の流れの中でも，第1次産業の就業者比率が高かった．これが第二次世界大戦後の高度経済成長期に第2次産業，特に製造業の隆盛によって産業化が達成され，その後，第3次産業へと移行し，いわゆる**サービス産業化**社会が到来してきているのである．

　サービス産業とは，広義には産業分類において第3次産業を指すが，狭義には，第3次産業の中の「サービス業」という中分類のみを指す［平田 2002］．富永の定義によれば，広義の「サービス産業化」は「産業構造の中心が第3次産業へ移行」することとなり，狭義の「サービス産業化」は「第3次産業の中でもサービス業の従業員が増加し，経済活動が拡大」する状況を言う［富永 1988］．

　これらの産業化，サービス産業化は社会が進歩し，分化した結果であると考えられている．つまり，社会がより高度に細分化されて，専門分野が発達してきているために専門家が必要となってきているということである．その一方で，これまで人間が行ってきたサービスが機械にとってかわり「セルフサービス

化」しているところもある．近年日本の鉄道では IC カード化が進み，切符の販売も改札も無人化が進んでいる．今も残っているところはあるが，以前は改札口で駅員が切符を切り，切符を回収していた．スーパーマーケットでも自分で会計を処理する「セルフレジ」がある．このようにサービスの中でもその形態が変化してきている．

2　生産と消費の関係

　財やサービスが生産されるのはそれらが消費されることが前提にある．消費が見込めないようなものを生産しても，生産者にとってはあまり意味がないだろう．そのために，企業は事前にマーケティング調査を行い，また新たな市場を開拓するためのさまざまなプロモーション活動が行われる．

　一方で，販売した商品が思わぬ大ヒットとなる場合がある．育成型携帯ゲームである『たまごっち』は1996年にバンダイから発売され，当初は生産者が予想しなかった一大ブームを巻き起こすが，生産過剰となり大量の不良在庫を抱え大きな損失を出してしまう．そこで2004年に再発売する際には，新しく通信機能などをつけるとともに，市場からの情報を参考にしつつ生産をコントロールすることにした［マイナビニュース 2004］．その後，多少の波はあるものの，根強い人気を獲得している．

　人々は「生産者」の役割だけでなく，「消費者」の役割をも担っている．この2つの役割を合わせた**「生活者」**，あるいは A. トフラー（Alvin Toffler）が『第三の波』において指摘した生産に関わる**「プロシューマー**（prosumer：生産消費者)」という概念もある［トフラー 1982］．

　「生産」は「消費」を目的に行われるので，消費は産業の重要な構成要素である．近年「消費社会」についての議論が盛んになされるようになってきている．「消費社会」に対応する英語の術語が "Consumer Society" であることを考えれば，社会の主役が生産者から消費者へと移っていることを示す「『消費者』社会」というべきだろう［森 2010］．往年の歌手・三波春夫の名台詞「お客様は神様です」は社会に定着していると考えるが，この言葉が受け入れられたのは「お客様は神様ではなく，重視されていなかった」ことへの不満からだろう．1970年代に盛んになった**消費者運動**も，消費者に対して生産者側・企業側の立場が圧倒的に強かったことに対する異議申し立てである．

1980年代後半から1990年代にかけてのバブル経済以降，消費者は多くの声をあげるようになってきた．ネット時代ではSNSで多くをつぶやくことも可能になった．マイナス方向では何かの見返りを企業に要求する「クレーム」になってしまうが，多くの場合はプラス方向の消費者からの声として改善が施される．近年の「社会参加」，「DIY（Do It Yourself）論」［毛利 2008］なども，この議論とつながるものであろう．

3　労働環境の変化

かつての日本的経営の特徴は，定年まで1つの企業に勤める「終身雇用」，年齢とともに給与が上がる「年功序列賃金」，企業が労働者の退職後の面倒を見る「企業型年金」であった．しかし，これらは「期間雇用」「能力別賃金」「個人型社会保障」へと変化しつつある．期間雇用の労働者は非正規雇用と呼ばれることも多い．総務省の労働力調査によると，1984年に労働者の15.3％であった非正規雇用は，2014年には37.4％となっている．期間雇用の労働者は，個人の事情を考慮できたり，能力を活かしてさまざまな職場で活躍出来たりする「流動性」が高まる一方で，安定的な生活を送れる保証はない．また，労働に関しては「同一労働同一賃金」の原則があるが，正規雇用と非正規雇用では同じ労働内容，労働時間でありながら，賃金に格差が生じている．

また，利益のために，生産者に「ノルマ」と呼ばれる努力目標値が設定される場合がある．この努力目標値は労働に関する時間目標である場合もあるが営業の目標値である場合もある．営業の目標値は消費獲得の目標値である．私たちの多くは生産者でありながら消費者でもあるが，この営業目標値が過酷なものである場合，別の消費者を獲得できなければ，自らのノルマのために大量の消費を行う「自爆営業」を行わなければならなくなる．

いわゆる労働者に過酷な労働を強いる企業は「ブラック企業」と呼ばれるが，現在では学生のアルバイトの労働についても，過酷なシフトやノルマを強いる「ブラックバイト」が問題になってきている．場合によっては，アルバイトを辞めることさえできないともいう．また，少し状況は異なるが，就職内定者に卒業前にインターンとして労働を要求し，それを断ると内定を取り消すようなケースもあるという．学生の本分である勉学も出来なくなるような状況は，学生であっても産業や消費の仕組みに否応なく組み込まれているだけでなく，そ

れらへの対応策を考えていかなければならないような社会であることを示している．このように個人が生活をしていく中で，企業などの組織や，社会の仕組みに影響されているということを考えていかなければならない．

　私たちは，家族，学校，地域社会，国家などいくつかの集団に属している．それらを帰属集団（所属集団）と呼ぶ．多くの場合，帰属集団の判断基準に従うことになる．このように価値判断に影響を与えるような集団のことをR. K. マートン（Robert K. Merton）は「**準拠集団**（reference group）」と呼んだ［マートン 1961］（第１章参照）．多くの人が大学卒業後は就職するであろうが，職場も集団である．集団と組織の違いは，共通の目標達成のための協働意識があるかどうかである．職場においては，多くの場合共通の目標が存在するので，集団ではなく組織と言えるだろう．組織の代表的な仕組みに**M. ウェーバー**（Max Weber）のいう「**官僚制**（bureaucracy）」がある［ウェーバー 1962］．「官僚」という言葉を使っているが行政組織に限定されるわけではなく，私たちのまわりのあらゆる組織で有効とされる組織運営の仕組みである．そこでは，① 合理的な規則が支配，② 権限の階層性（ヒエラルキー：hierarchy），③ 非人格的な人間関係，④ 職務の専門化，といった特徴がみられる．このような集団や組織においては，「上意下達」によって命令に従うことが求められるが，準拠集団の判断とは異なるような場合，個人内部では葛藤がおきる．特に，善悪の価値判断の矛盾に関しては，その人に大きなストレスをかけることになる．「ブラック企業」「ブラックバイト」などと呼ばれる労働環境では，一般的な価値判断と異なる判断を強いるような場合が多い．

　一方では組織においては公的な組織体系である「**フォーマル・グループ**（formal group）」よりも，人間関係にもとづく非公式な「**インフォーマル・グループ**（informal group）」の存在が重要であることも古典的な調査研究である**P. E. メイヨー**（Patricia E. Mayo）らの「**ホーソン実験**」からも指摘されている［メイヨー 1967］．

　産業・労働に関しては，比較的多くの研究蓄積があるが，時代の変化とともに新たな問題が出現してきており，それらの解決が求められているのである．

4　消費構造の変化

(1)「若者の○○離れ」と消費のスタイル

近年，「車離れ」「酒離れ」「読書離れ」等等，特に若い世代の特徴として「若

者の〇〇離れ」と言う表現がなされることがある．これらは，かつて多く消費されていたものが売れなくなってきたことに関する危機感を示した言葉であろう．つまり，消費構造が変化してきているということを示している．しかし，若い世代が「離れ」ていると言われるが，幼いころから接していなければ「離れ」たとは言えない．むしろ，壮年以上の世代が現在とは異なる消費行動を見せていたのかもしれない．

1960年代〜70年代は，日本における高度経済成長期であるが，この時期の消費は高所得者ほど高価な買い物をする「階級消費」の時代であった．T. ヴェブレン（Thorstein B. Veblen）が『有閑階級の時代』で有閑階級と呼ばれる高所得者層がその「階級」を誇示するために消費を行う**衒示的消費・誇示的消費**（Conspicuous Consumption）」を行うとしたが［ヴェブレン 1998］，それとよく似た傾向があったと言えるだろう．この時期は客観的属性（デモグラフィック要因）が分析の主流であった．しかし，1980年代には中流意識が9割を占めるという「一億総中流」時代と呼ばれる時代となり，客観的属性による消費の特徴がみえなくなる時代でもあった（第11章も参照）．この時期には人々の多くが同じような消費傾向を示す大衆消費ではなく，少衆，分衆などと呼ばれる細かな差異にもとづく消費傾向分析も行われた．人々の消費が他者とのわずかな差異に重きを置いて行われるという分析であった．それらのわずかな差異は，他の立場の人からみれば，判読できず同じように見えるかもしれないほどのものだった．

一方，アメリカなどではWASP（White, Anglo Saxon, Protestant）やDINKS（Double Income No Kids：夫婦共働きで子どもなし）／DEWKS（Double Employed With Kids：夫婦共働きで子どもあり）など，**ライフスタイル**による分析が主流であった．居住地や民族，宗教などの属性，結婚しているかいないか，子どもがいるかいないかによって，生活の様式が変わってきて，消費のかたちも変わってくると考えられていたのである．しかし，これは客観的属性による分析の延長線上にある．

(2) 耐久消費財の保有率（全世帯）に見る「時代」

人々の消費構造，消費のスタイルを見るために，内閣府の消費動向調査から世帯における耐久消費財の普及率を見てみよう．**表6-1**は耐久消費財の世帯普及率を示しているが，統計がとられはじめた年代，普及率が50%，80%をこえた年代，現在の普及率を示している．カラーテレビは1970年代には9割をこえ，

表 6-1　主要耐久消費財等の普及率（一般世帯）

耐久消費財の項目	統計がとられ始めた年代	普及率が50%を越えた年代	普及率が80%を越えた年代	2015年3月の普及率
カラーテレビ	1966	1972	1974	97.5
携帯電話	2002	2002	2003	94.4
ルームエアコン	1961	1985	1998	91.2
乗用車	1961	1978	1995	80.1
パソコン	1987	2001	－	78.0
温水洗浄便座	2003	2003	－	77.5
デジタルカメラ	2002	2004	－	75.2
光ディスクプレーヤー・レコーダー	2002	2006	－	73.8
洗髪洗面化粧台	2003	2003	－	71.5
システムキッチン	2006	2006	－	68.6
ファンヒーター	1983	1991	－	59.1
温水器	1983	2005	－	58.9
衣類乾燥機	1983	2014	－	58.3
ファクシミリ	1992	2006	－	56.2
空気清浄機	2007	－	－	44.4
ビデオカメラ	1990	－	－	39.1
食器洗い機	2005	－	－	32.6
タブレット型端末	2014	－	－	28.3

出所）内閣府消費動向調査より筆者作成.

ルームエアコンも現在では9割をこえている．一方，乗用車の普及率は8割をこえているが近年下降傾向にある．公共サービスのみで生活できること，高齢者世帯の増加によるものかもしれない．これらは1960年代から統計がとられている「（新）三種の神器」とされるものである．

　1980年代からは，温水器，衣類乾燥機，ファンヒーターなどの統計がとられ，いずれも6割程度の保有にとどまっているが，衣類乾燥機の保有率は近年急上昇している．パソコンは8割弱の保有率である．

　1990年代からは，温水洗浄便座，洗髪洗面化粧台，システムキッチン，ファクシミリの統計がとられるようになった．ファクシミリは近年5割台を推移しているが，他のものは保有率が上昇傾向にある．

第6章　「現実を生きる」ための社会学　67

2000年代以降は，食器洗い機，空気清浄機，光ディスクプレーヤー・レコーダー，デジタルカメラ，タブレット型端末，携帯電話の統計がとられている．携帯電話の保有率が９割，デジタルカメラの保有率が７割をこえ保有率が高い．一方，食器洗い機，空気清浄機，タブレット型端末はまだ５割をこえていないが，今後高くなる可能性がある．

以上のように，世帯における消費財の保有率，また対象となる品物は時代によって変化してきている．これは生活の変化，消費と労働の変化を示している．普及率から言えば，９割をこえている「カラーテレビ」「携帯電話」「ルームエアコン」が現代の「真・三種の神器」と言えるかもしれない．

5　近年の変化——グローバル化と価値観の変化——

最後に，近年の生産と消費のグローバル化と人々の価値観の変化についてみておこう．

(1) 生産と消費のグローバル化

2000年以降の日本の産業において，重要な点に生産と消費の**グローバル化**がある（第13章参照）．グローバル化とは，世界がある基準に従って，共通の特徴を持つようになることであり，それに対するローカル化はその地域，土地が独特の特徴を持ち，それらを重視することである．これら両方の視点が重要であるとして「**グローカル**」と言う言葉も用いられる．

私たちの身の回りにも，多言語の説明書やタグが付いている製品がある．日本において売られている日本企業の製品であっても，企画は日本国内で行われるが生産拠点は外国である場合がある．また，販売も日本だけを念頭に置くのではなく，国際的な流通を視野に入れている．これらは人件費の安価な国で製造されていることが多い．私たちが買っているＴシャツも日本国内産のものもあるが，多くは海外で縫製されたものである［リボリ 2006］．これらは安価な国の労働力を搾取しているともいわれており，公平な取引が必要であるとして「フェアトレード」運動も展開されてきている．

(2) 価値観の変化

近代化や産業化の進展によって，人々の考え方の変化，価値意識の変化が指

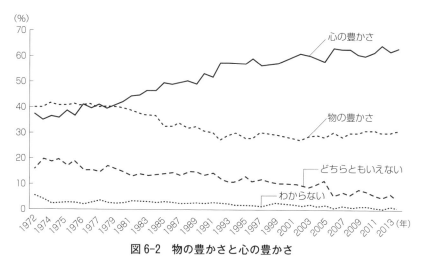

図 6-2　物の豊かさと心の豊かさ
出所）内閣府「国民生活に関する世論調査」より筆者作成．

摘されてきている．これらは近代化論，産業化論と呼ばれるが，D. ベル（Daniel Bell）は，「近代化，産業化に伴って人びとの意識が物質的なものから脱物質的なものへと変化する」ことを指摘している［ベル 1969］．「物」が充実することで，より精神や考え方といった「心」の部分が重視されるようになってくる．

内閣府が行っている「国民生活に関する世論調査」では，物質的な豊かさに重きを置くか精神的な豊かさに重きを置くかについての質問では，1970年代では「物の豊かさ」を重視すると答える人がやや上回っていたが，1980年代からは「心の豊かさ」を重視すると答える人が多くなってきている．

近年，物をいかに捨てるかという「断捨離」，物を持たない生活を目指す「ミニマリスト」など，さまざまな「物にこだわらない」現象がみられる［佐々木 2015］．これらは，「物の豊かさより心の豊かさ」を重視する様々な活動といってよいだろう．ただ，一方で「物にこだわらない『意志』」がなければ達成は難しいかもしれない．

(3) 経済的効率と社会学

私たちの生きている社会は，何かを生産する産業に関わりつつ，それを消費し，さらに生産・消費することの循環で成立している．生産は消費によって支えられているので，消費されるもの，儲かるもの・役に立つものが生産され産

業として成立する．儲かることに関しては，結局プラスとマイナスで相殺される「ゼロサムゲーム」かもしれない．しかし，すべての人が儲かるような Win-Win の関係ははたして可能であろうか．私たちが安い（と感じる）製品を購入するためには，どこかで自分たちの評価よりも安価な労働力を提供している人たちがいて，その恩恵を受けているのかもしれない．

役に立つという評価も誰にとって，どのような役に立つのかが問題である．**機能論**的に言えば，誰か（**主体**）にとって「はたらき」を持っている≒役に立つ（**正機能**）ものは，別の誰かにとっては全く役に立たない（**没機能**）あるいは有害なもの（**逆機能**）かもしれない．多くの人が認めるもの（**顕在的機能**）かもしれないし，特定の誰かだけが気づいているもの（**潜在的機能**）かもしれない．ある社会においては役に立つものが，他の社会では役に立たないこともあり得る．

私たちが暮らしている社会で，どのような産業が発達し，それらをどのように消費し，私たちの生活が成り立っているのかを考えていく必要があるだろう．これらの分野については，経済的合理性にもとづく経済学だけでなく，そのアンチテーゼとして**役割**や**相互作用**にもとづいて考える社会学の考え方が必要なのである．

課 題

- 身の回りの集団・組織にインフォーマル・グループが存在するかどうか観察してみよう．
- あなたの着ている服はどこで作られ，どのように手元に届いたのか，調べてみよう．
- 「若者の○○離れ」と言われる現象について，なぜ若者が「離れ」た（と言われる）のかを考えてみよう．
- あなたにとって，あるいは社会にとって，「役に立つ」とはどのようなことなのか，考えてみよう．

参考文献

ウェーバー，M．，世良晃志郎訳［1962］『支配の社会学Ⅱ（経済と社会）』創文社．
ヴェブレン，T．，高哲男訳［1998］『有閑階級の理論』筑摩書房．
佐々木典士［2015］『ぼくたちに，もうモノは必要ない．――断捨離からミニマリストへ――』ワニブックス．
トフラー，A．，徳岡孝夫訳［1982］『第三の波』中央公論新社（中公文庫）．
富永健一『日本産業社会の転機』東京大学出版会，1988年．

平田周一「情報化とサービス産業化」，岩上真珠・川崎賢一・藤村正之・要田洋江編
　　［2002］『ソーシャルワーカーのための社会学』有斐閣，80-99ページ．
ベル，D.，岡田直之訳［1969］『イデオロギーの終焉』東京創元新社．
マートン，R.K.，森東吾・森好夫・金沢実ほか訳［1961］『社会理論と社会構造』みすず
　　書房．
メイヨー，E.，村本栄一訳［1967］『産業文明における人間問題』日本能率協会．
モア，W.E.，松原洋三訳［1968］『社会変動』至誠堂．
森真一［2010］『「お客様」がやかましい』筑摩書房．
毛利嘉孝［2008］『はじめてのDiY　何でもお金で買えると思うなよ！』ブルース・インタ
　　ーアクションズ．
リボリ，P.，雨宮寛・今井章子訳［2006］『あなたのTシャツはどこから来たのか？──誰
　　も書かなかったグローバリゼーションの真実──』東洋経済新報社．

ウェブサイト

総務省統計局「労働力調査」　http://www.stat.go.jp/data/roudou/index.htm（2015年12月
　　4日アクセス）．
内閣府「主要耐久消費財等の長期時系列表」統計表一覧：消費動向調査　http://www.
　　esri.cao.go.jp/jp/stat/shouhi/shouhi.html#taikyuu（2015年12月4日アクセス）．
内閣府「国民生活に関する世論調査」（平成26年度）　http://survey.gov-online.go.jp/h26/
　　h26-life/（2015年12月4日アクセス）．
ネットで発見!!　たまごっち　公式ホームページ　http://tamagotch.channel.or.jp/index.
　　php（2015年12月4日アクセス）．
マイナビニュース「通信機能を付けて帰ってきたたまごっち──今度こそは息の長い商品
　　に──」　http://news.mynavi.jp/news/2004/02/03/004.html（2015年12月4日アクセ
　　ス）．

Column　　　　　　　　　　　　　　　人生と働くことの意味

　　働くことは人生にとってどのような意味を持つのだろうか．多くの人は大学を
卒業した後に就職をし，給与をもらい，それにもとづいて生活をするだろう．大
学生にとって就職は大きな関心事であろう．自分の望む業種・職種に就職する人，
あるいはそうでない人．就職したのちも，その職場で働き続ける人，あるいは転
職をする人．自ら転職する人もいれば，業績不振によるリストラなど，望まぬ解
雇や配置転換を受け入れざるを得ない状況が私たちを待っているかもしれない．
　　『マイレージ，マイライフ』は企業の代理で従業員に解雇を通告する「解雇通
告人」が主人公である．まず「企業にかわって解雇を通告する」職業があること
について，理解しなければならないだろう．本来解雇通告は従業員を採用してい
る企業の仕事であるが，それを代行する専門的なサービスが成立しているという

『マイレージ，マイライフ』
原題：up in the air
ジェイソン・ライトマン監督
2009年製作，アメリカ，パラマウント映画，発売元：角川書店．

ことである．企業にとっては解雇通告を行うことは大きな負担かもしれない．それまでの企業内の人間関係のしがらみもあるだろう．解雇の話をするときお互いに相手を全く知らないことは好都合でもあるのだ．通告人は解雇される人たちに泣かれ，怒鳴られ，悪態をつかれることもあるが，感情を持ち込まず，淡々と仕事をこなしていく．非人間的であると思われている通告人だが，「リストラによる解雇は，あなたにとって新たな仕事に就く『チャンス』である」として解雇を受け入れるように説得を続ける．コストカットのためにネットのウェブカメラによる通告も試されるが，結局コストがかかっても対面での「人間的」な通告が堅持される．

　この作品では，異なる意見を持っている仕事仲間が，お互いの意見を主張することによって，お互いを理解し，合意点を見つけ，信頼関係を築いていく姿が描かれている．組織内の人間関係が重要であることは万国共通と言って良いだろう．

　業績によって人員を整理していくアメリカ的な経営方法は，近年の日本的経営にも大きな影響を与えている．日本的経営の特徴は，終身雇用，年功序列賃金，企業型年金であったが，近年，期間雇用，能力別賃金，個人型社会保障へと切り替わってきている．今後日本においても「解雇通告人」という職業が一般化するかもしれない．

　アメリカにおいても，解雇は人生の大きな転機であることは間違いない．決してすべての人がポジティブにそれを受け入れるわけではなく，ネガティブなイメージによってストレスレベルも非常に高いことをこの映画は描いている．作品では，実際に解雇通告された人たちが当時を振り返ってインタビューに答えるシーンが挿入されている．リストラは誰にとっても受け入れがたい状況である．その状況をどのように人々が克服していったのかを想像するだけでも，労働とは何か，人生とは何かを考えることができるだろう．

（栗田真樹）

第7章　日本で進展する環境・災害社会学

> 参照基準③オ　人間と自然環境との関係や科学技術の影響に
> ついての基本的な知識と理解

学修のポイント

1. 見えないものを見る力
　——「緑豊かな長閑な牧場」の裏面——
2. 環境社会学の叢生と展開
3. 東日本大震災を契機とする環境社会学・
　災害社会学の邂逅

○日本で発展してきた環境社会学の歴史を学ぶ．
○復興の長い道のりに着目する災害社会学に
　ついて知る．

予 習

- 日本の高度経済成長期の公害の歴史を調べておこう．
- 災害大国・日本の，被災事例をいくつか紐解いてみよう（例：東日本大震災，阪神・淡路大震災など）．

1 見えないものを見る力——「緑豊かな長閑な牧場」の裏面——

　ひと昔まえの光景となってしまった感があるが，パソコン・Windows XP の
トップ画面に映っていた「草原」を思い起こして欲しい．緑の牧場に青い空・
白い雲．以前，ニュージーランドを旅した時，これととても似た風景を良く目
にしたのだが（この PC 画面の現地はアメリカとのことである），これを見てわれわれ
日本人観光客が「緑豊かな長閑な牧場!!」と歓声をあげていたところ，観光バ
スに同乗していた現地の大学教員が少し気恥ずかしそうな顔をして，「この風
景は，実は，外国の皆さんにお見せできるような誇らしいものではないので
す」と呟き，説明を始めた．

　イギリス人が植民してきて鬱蒼とした森林を切り拓いて，これを材木として
本国に輸出し，禿山に牧草の種を播いて広々とした牧場を営むこととなった
（牛と羊を飼育して肉と毛を本国に輸出する）．しかしながら，バス車窓に広がるこの
風景を凝視すると，牧場は真緑ではなく，ところどころに大きな岩が顔を見せ
てゴロゴロしている．全樹木伐採で保水力を失った丘は，雨のたびに表土を流
出させ，開拓以来この150年で数メートルも標高を下げているところもあると
いう．農地開発という人間の自然破壊の証左だとのこと．緑いっぱいでも，た
いそうな環境破壊!!

　このように説明されて考え始めると，何だか「見えないものを見る力」がつ
いてきたようには感じないだろうか．日本で生まれ発展してきた環境社会学は
このように，自らの足許（生活と社会）を内省する視覚を鍛えて現代社会を批判
的に検討し，「見えないものを見る力」を醸成してきた．

2 環境社会学の叢生と展開

(1) 水俣病への実践的アプローチから

　それは，水俣病の現地調査から始まった．もちろん，目の前の環境が損なわ
れる現場に対峙して，古今内外，さまざまな社会学的研究が重ねられてきてい
る．しかしながら，のちに定義されたように，環境社会学が，「人間をとりまく
自然的，物理的，化学的環境と，人間集団や人間社会の諸々の相互関係に関す
る研究を行う学問」［飯島 1995：7］として学際的にも実証的研究を地道に積み重

ねて着実に展開を示してきたのは日本であった.

　第二次世界大戦が終了して数年後,熊本県水俣市で魚が海面に浮いたり貝が死んだりするなどの現象が確認され始めた.昭和30年代に入ると原因の分からない「奇病」が発生したことで,地名をとってこれが水俣病と命名された(水俣病の公式確認).ほどなくこれが,地元の大企業・チッソの工場排水(工場製品であるビニールの原料・アセトアルデヒドを作る際に使用する強い毒性のあるメチル水銀が工場排水に混じっていた)によるものであることが分かり,患者とチッソの間で見舞金契約が結ばれることとなるが,以降,この公害はさまざまな問題を生みだし被害を重層的に拡大させていき,地元の諸社会関係を徹底的に破壊していくこととなる.その過程に実証的・実践的に取り組んできたところに環境社会学の源流がある.

　そして今,長い年月をかけて綻び・壊れた地域社会の諸関係性を取り戻そうと,水俣市では「もやい直し」運動が進められている.舫うとは漁師言葉で「船と船を綱で結んでたがいに近寄ること」を意味する.これが水俣地域再生の合言葉となっている.

(2) 高度経済成長期の環境問題──公害から薬害,開発の諸問題へ──

　第二次世界大戦後,急ピッチで復興を遂げた日本では,鉱工業化・大都市化が急進展し,人々の暮らしも豊かになっていったが,その一方で自然環境の汚染・環境破壊が多発する.既述の水俣病の他にも,第二水俣病(新潟,1960年代),イタイイタイ病(富山県・1950年代後半~),四日市公害ぜんそく(1960年代初頭~)などが続発して,これらは**四大公害病**と命名された.

　こうした健康被害をともなう事件は,有毒な化学物質が混入した食品によるものとしても発生した.それらには,森永砒素ミルク中毒事件(1955年),カネミ油症事件(1968年),サリドマイド事件(1960年代初頭~),スモン病(1950年代~)などがあげられる.

　戦災復興に続く高度経済成長(1955~1972年)は,1950年代から進められた大規模工業開発,特に,石油化学コンビナート工場群の建設に牽引された.それらは当初,愛媛県新居浜,三重県四日市,山口県岩国,神奈川県川崎市の4カ所に建設された.これら工場群からの排水・排ガスによる公害については前述したところである.

　おりしも,1960年代から**全国総合開発計画**(いわゆる「全総」(1962年~),次いで

「新（二）全総」（1969年〜），「三全総」（1977年〜）……と続く）にもとづいて，新産業都市・工業整備特別地域の指定が始まると，全国44自治体がこれを誘致しようと盛んに陳情合戦を繰り広げることとなった．その中で静岡県の沼津市・三島市・清水町の二市一町では，近い過去の全国各地の公害問題を学習し，静岡県内の石油化学コンビナート建設反対運動を組織化した．地元首長までもが参加した反対運動に阻まれる形で，当該企業は計画を撤回することとなった．

(3) 新たなタイプの公害問題，環境問題——環境社会学研究の主要テーマ群——

1970年代に入ると**オイルショック**（1973年，第四次中東戦争を機にアラブ産油国が原油減産・大幅値上げを行い，輸入国で深刻な失業・インフレが発生した）が起こって，日本では石油から原子力へエネルギーの転換が図られることとなる．60年代の各公害に対する異議申し立てが，たとえば四大公害裁判の勝訴（1970年代初頭）という形であったり，あるいは，大気汚染防止法の制定（1968年）から公害関係14法案の制定・改正が議論された「**公害国会**」（1970年），環境庁の発足（1971年）などとして現実化し，環境をめぐる社会的枠組みが力強く形作られてきた．

同時期，世界的には，アメリカを拠点に地球環境破壊を懸念する動きが起こり，それはアース・ディ行動（1970年）や，国連主催・第1回人間環境会議（1972年＠スウェーデン），ローマクラブ『**成長の限界**』（1972年）の刊行などにつながった．

1980年代に入ると，途上国の公害・環境問題が世界的に注目されるようになる．たとえば日本では，各種環境規制が厳しくなるにつけ，有毒廃棄物を排出する工場を規制の緩い途上国に建設（移設）する動きが出てくる．加えて，グローバリゼーション・為替相場の動向が影響して，工場を海外に移転する動きが続く．これは国内の工場が海外に移転する「産業の空洞化」として問題視されている．原材料を輸入して製品を製造・輸出する大規模工業国を「世界の工場」と呼ぶが，これは19世紀には産業革命によってこのような国家へと発展したイギリスのことを指し，20世紀になってからはアメリカと日本を，そして21世紀初頭は中国を，こう呼んでいる．現在，中国の廃液・排ガスによる環境汚染は深刻で，水質悪化によりがん患者が他地域より明らかに多発していることで「癌症村」と呼ばれる村が多数あることも広く知られている．また，中国の大気汚染の影響は，海を越えて日本にも及ぶ．**PM 2.5**（粒径2.5 μm 以下の粒子状物質で，喘息や気管支炎などの呼吸器系疾患への影響のほか，肺がんのリスクも懸念されて

いる）は日本メディアを連日賑わしているから，マスクを持ち歩いている人も多いことだろう．

(4) 環境社会学研究の主要テーマ群

ここまで環境社会学のさまざまな研究対象・テーマを眺めてきたが，これらは4つほどに分類できる（図7-1）．

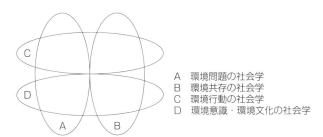

A 環境問題の社会学
B 環境共存の社会学
C 環境行動の社会学
D 環境意識・環境文化の社会学

図7-1 環境社会学研究の主要テーマ群の関係図式
出所）舩橋・飯島編［1998：3］．

「A 環境問題の社会学」では，環境問題が作り出される社会的仕組みや原因を追及し（加害論・原因論），被害の実相をその階層的・地域的・人種的特徴から紐解き（被害論），解決に向けた具体的対策や取り組みを検討していく（解決論）．こうした環境問題解決に向けた人々の行動，たとえば反公害運動や環境保護運動など，具体的な環境行動を扱うのが「C 環境行動の社会学」で，そこから発展してリサイクル運動などを扱うのもこの研究群である．日本ではその歴史的社会的状況から，これらA，Cの蓄積が厚い．

これに対して，自然環境と人間環境の調和・共存に関する研究「B 環境共存の社会学」は，アメリカを中心に発展してきた．環境との共存が図られてきた地域（社会）を取り上げて学び，環境破壊が進む地域におけるその復元のあり方や，環境に配慮したまちづくりなどを研究する．そしてそのような価値意識や文化を専らに扱うのが「D 環境意識・環境文化の社会学」で，環境との真の共存を成功させていくためにどのような環境意識や環境文化を形成していくべきか，その現状や課題が検討される．

こうした枠組みで実証的・実践的な研究を蓄積してきた環境社会学であるが，今のところ，これら研究動向を俯瞰して以下のように**四大理論**と呼んで分類さ

れることがある.

　その１つが，1950年代の生活破壊（鉱毒問題と地域社会・生活の変容）の実証的研究に続く①「被害・加害構造論」で，水俣病被害の諸調査，公害・労災・職業病などの研究実績が厚い.

　２つ目が②「受益圏・受苦圏論」で，これは（東海道）新幹線公害として言説化されてきた．新幹線の場合，利益を享受するのみの JR 利用者，建設業界，地元商業関係者などに対して，騒音・震動等の辛苦を被るだけの沿線地域生活者がいて，ここではこれらの受益・受苦が分離・独立しているものとして分析された．ところが一般廃棄物清掃工場を例にとると，ゴミ排出者は受益圏に属するが，これらの中にも工場付近の居住者として受苦圏に位置づけられる者もあるように，（「分離型」のみならず）「重なり型」という形態もあることがわかってくる．また，分離・重なりに着目することに加えて，参入・離脱の「障壁」に着目する視角もあって，そこではたとえば，ハンディキャップを持つ人は，恵まれた受益圏への参入を拒否されたり，受苦圏から脱出できないことによって，社会的弱者に位置づけられることなどが分析されている［舩橋 1999：467］.

　３つ目は，③「社会的ジレンマ論」で，現実社会で発生する環境問題の構造を分析する．個々の主体が，自分の利益を求めるという私的に合理的な行動を取っている結果，集合財の悪化という破滅的な結果をもたらすというものである（環境問題での典型例として，経済学における法則から採った「共有地の悲劇」があげられる）．前述の新幹線公害の例では，東京から名古屋に向かうには，一見さまざまな選択肢があるように見えるが，コストとベネフィットを考えれば，新幹線利用が最良の選択肢で，乗客のほとんどは沿線住民を苦しめようなどといった悪意をもっているわけではない．がしかし，新幹線の利用が，公害に加担しているという事実は厳に存在するのである.

　そして４つ目が，日本独特の環境社会学研究の蓄積から提唱された理論としてあげられる④「生活環境主義」である．環境問題に対するスタンスのとり方には３つあるとされる．１つは近代技術主義・人間中心主義で，自然は人のための資源・利用開発すべきものと位置づけられる．２つ目は自然環境中心主義で，人の手が加わらない自然がもっとも望ましいとする立場で自然保護運動などがこれにあたる．そして３つ目が生活環境主義で，地域社会に生活する居住者の立場に立って，生活の必要に応じて自然環境の「破壊（利用）」を認める立場である．日本では伝統的に里山の懐に抱かれて入会地を利用するなど，集落

での約束事のもと，環境との共生を図ってきた．そこで環境問題は，そこを熟知する地域の生活者の視角を軸に考えたほうがよいのではないかというのが，生活環境主義の立場である．

　その後，新しいタイプの環境運動，その実践的，実証的研究が重ねられつつある．それらにはたとえば，歴史的街並み保存運動，主婦の生協リサイクル運動，そこから展開する一般ゴミ自区内処理運動など，実にさまざまな展開が見られる．2010年に編まれた『環境総合年表』には，第1部の「重要事項統合年表」に次いで第2部にこれらを詳細に記した「日本国内トピック別年表」があるので，当時の新聞の縮刷版を傍らに読み進めるといいだろう．

3　東日本大震災を契機とする環境社会学・災害社会学の邂逅

　2011年3月11日，三陸沖を震源として地震規模マグニチュード9を示す東北地方太平洋沖地震が発生して，東北から関東にかけて東日本一帯に激甚な被害が発生し，戦後最大の自然災害となった（**東日本大震災**と命名された）．

　環境社会学会では偶然，その直前の2010年秋に，学会誌『環境社会学研究』(No. 16) で「特集『災害』──環境社会学の新しい視角──」を組んでいて，そこでは「災害」という主題を環境社会学において的確に捉えていこう，そうすることで，地域社会の環境ガバナンスのあり方の検討に新たな方向性が見いだせるのではないかとして，災害社会学との交流を図り始めていた．

　そこに東日本大震災が発生した．環境社会学サイドではすぐに，『環境社会学研究』(No. 18) において再び災害に関わるテーマで特集を組んだ．今度は，「特集　環境社会学にとって『被害』とは何か」と題して，環境社会学で被害がいかに扱われてきたかと，この機に再び自問して四大理論の諸研究を振り返ったところで，東日本大震災の現場に対峙して取り組まれている実証的研究を掲載した．ここではまず，津波被災者が惨禍を被った海のそばへ再び帰ろうとするのはなぜか [植田 2012]，この一見，非合理に見える人々の判断を読み解いて見せる．そこでは人々が，「目の前の海が喰わせてくれること」の意味を十二分に理解したところで「地域社会の作法」にそって覚悟を決めて惨禍を享受する生活を送っていることを描き出している．

　扱われたもう1つのテーマは，福島第一原発（1 F）事故である．環境社会学では，1970年代のオイルショック後のエネルギー転換時からこの原発問題を取

り上げていて，当時はこれを「トイレなきマンション」と批判してきた．原子力発電の使用済み核燃料を最終処理するシステムを日本は持たず，フランスに処理を委託している．このたびの１Ｆ災害に際してはたとえば，被害構造論・加害構造論の立場から，原発避難に関わる諸選択過程で，家族関係や社会関係が分断・破壊される実像が析出されている．こうした多様な被害の実像については，環境社会学と併走しつつこうした災害現場の実証的・実践的研究に携わる災害社会学において蓄積が厚い．そこでここでは次に，日本の災害社会学について，その経緯を振り返りつつ，取り組みの現状を俯瞰してみることとする．

(1) ドラスティックな生活・社会環境の変容——災害社会学の経緯——

東京大空襲，ヒロシマ・ナガサキへの原爆投下，これらを導いたアメリカの**戦略爆撃調査**は，主にドイツと日本の諸都市をいかに効果的に空爆・破壊するかを検討するため，学際的メンバーを招集して行われた．この都市破壊研究が戦後，災害対応・防災研究に引き継がれ，その拠点はオハイオ州立大学・災害研究センター（DRC：Disaster Research Center）に置かれた．東京オリンピック（1964年10月10日：開会式のこの日を記念して「体育の日」が制定された）は，終戦後20年で戦災復興した首都東京を世界にアピールする機会であったが，その直前６月，マグニチュード7.5の都市直下型の新潟地震が発生して，信濃川旧河道一帯で甚大な被害が出た．昭和大橋が落橋し，鉄筋コンクリートづくりの県営アパート群が横倒しになった．新潟空港の滑走路が津波と液状化により冠水し，新潟港内では火災が発生した．そして空港と港の間にある石油製油所ではガソリンタンクの配管損傷で漏出したガソリンが海上に広がって炎上し，これが燃え移って周囲のタンクが次々と誘爆炎上した．さながら映画の都市地獄絵のようで，これが広く海外に報じられた．この国でオリンピックが開催できるのかと……．

DRCはこの調査に緊急来日した．DRCは当時，アメリカ国内のみならず世界各国の被災地の実証的研究を重ねていて，アジアでもその拠点・パートナーを模索していた．この機に，日本では当時の東京大学新聞研究所，早稲田大学社会科学研究所・都市研究部会などがこれに応じた．その後，この交流は日米災害研究者会議（1972年），国際社会学会議・災害部会（1978年）などとして展開をみる．

日本では東大新聞研が中心となって災害と情報研究が重ねられ，パニック研究などが深められた．1978年，前年の伊豆大島近海地震の際の「余震情報騒

ぎ」を契機として，**大規模地震対策措置法**が制定され，翌79年には同法にもとづき地域防災対策強化地域の指定，テレメーター観測網，判定会・**警戒宣言発令システム**が整備され，東海地震対応の予知システムがナショナルプロジェクトとして発動した．災害情報研究に加えて，防災システム工学がこれで大きく前進した．

　その頃，日本で災害研究に携わる社会学者の多くは，当時のシンクタンクを充実させようとする国家的機運・戦略のもと，シンクタンクの政策科学的な現地調査に参画して，頻発する地震災害（伊豆大島近海地震（1978年），宮城県沖地震（1978年），日本海中部地震（1983年））の調査に赴いた．そこでは学際的研究体制が組まれていて，そこに参加する社会学者は，社会心理学，医学・看護学，社会工学などの隣接分野から，地球物理学，土木・工学・都市計画など，さまざまな研究分野の研究者と交流を図り，また，行政各部局（各省庁や県庁・市町村），メディア各社と協働してこれに取り組んだ．こうした社会学者の参画する政策科学的な調査研究は，社会学関連の学会で直接取り上げられることは少なかったが着実に蓄積されていて，特に緊急対応に関しては調査のマニュアル化・体制整備を含めてかなりの充実を見た．大島三原山噴火災害（1986年），雲仙・普賢岳噴火災害（1991年），北海道南西沖地震（奥尻島津波災害）（1994年），などの調査現場では，こうしてそれまでに培われてきた人的あるいは財政的ネットワークが役立った．

(2) 緊急対応から生活再建への視角の延伸

　長崎県・島原半島の中心に位置する雲仙・普賢岳が約200年ぶりに噴火し，火砕流および土石流被害（1991年）が島原市・深江町（現・南島原市）で拡がった．風水害はたとえば台風対応では，その進路予測にもとづき事前に時系列的に，これを迎えうつ準備をしておくことができる．これを昨今ではアメリカに倣って**タイムライン**（事前防災行動計画）と呼ぶが，いつ収まるとも再開するとも定かでない噴火現象を前にすると，これはいわばタイムラインが複数同時に走っているようなもので，そうした状況を想定してこなかった日本の防災対策法制度・行政システムでは，その対応に逡巡することとなる．

　雲仙・普賢岳噴火災害では，このような災害因長期化についての認知からはじまり，災害対応の長期化，特に，復旧から復興過程の時間軸の長さが認識されて，社会学サイドによって長期的復興過程の研究が興った．住み慣れた古里

第7章　日本で進展する環境・災害社会学　*81*

を追われて（噴火危険，堆積物や大型砂防ダム建設による家屋・地区の埋没・喪失）新た
な地で**生活再建**を模索しなくてはならない人々を，災害社会学で丹念に追った．

　そうした研究が重ねられているところで，阪神・淡路大震災（1995年）が発生
した．この大都市直下型の震災では**木造老朽家屋密集地区**（略して木密）で発生
した大延焼火災で多くの犠牲者が生まれたことから，その教訓（燃えない・倒れ
ない家々の街を造るべき!!）を活かすべく復興策として，（復興）**都市計画事業**（特
に，土地区画整理事業，都市再開発事業）が被せられることとなった．震災で何とか
生き残ったものの，しかしながら復興事業で竣工した瀟洒な街には二度と住み
戻ることのできない層が見いだされることとなった．その高い家賃を払えない
ゆえに，従前居住地を追われそれまでの地域諸関係が分断されて，分散させら
れてしまったのである．この実状が「災害復興における**復興災害**」として批判
的に検討されることとなった．

(3) 減災サイクルと事前復興，レジリエンス

　阪神・淡路大震災時には多くのボランティアが集い（1995年はボランティア元年
と言われた），こうした難局に寄り添い着実な成果を上げたことで，その後，**災
害ボランティア**は防災行政によって災害対応の一主体として位置づけられ，全
国の各自治体・社会福祉協議会にはボランティア・コーディネート・センター
が設置されるようになった．

　また，前述の雲仙の事例研究を含めて，その後の阪神・淡路大震災において
も，生活再建や復興過程に寄り添うこれらボランティアとともに，災害社会学
者による長期的な実証的・実践的研究が行われるようになった．そして，この
ように現場に関わり続けていることで，その長いプロセスは，次の災害に備え
る防災の位相に相当することが見えて来た．これが「**減災サイクル**」である
（**図7-2**）．復旧・復興，そしてその延長に位置づけられる次の災害に向き合う防
災対策までを，1つの円環の中で統合的に捉える考え方として，「防災対策サ
イクル」（Disaster Management Cycle：通称「DMC 時計モデル」）があるが，昨今では
これに，現場に真摯に対峙するボランティアの，その意志と活動をそこに重ね
合わせて，各象限における取り組みのスローガンを添えつつ，「減災サイクル」
として構想されてきている．

82

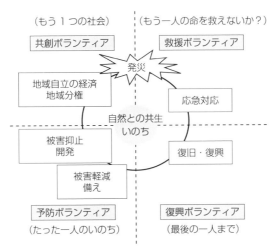

図 7-2 減災サイクル
出所）村井［2008：212］．

(4) 事前復興とレジリエンス

　復旧・復興と防災を 1 つの円環としてとらえて，新たな社会のあり方を構想する試みは，こうしたソフトの制度設計のみならず，ハードの領域においてもまた構想されてきた．「**事前復興**」と呼ばれる考え方である．

　阪神・淡路大震災の復興都市計画事業における被災者の厳しい現実（「災害復興における復興災害」）に直面して，ここに実践的に関わり続けた防災工学研究者らは，被災地復興の舵取りの難しさを痛感・内省して，「災害が起こる前に考え準備しておくことで，事後の都市復興における迅速性・即効性を確保するとともに，諸施策・計画の総合性とその過程での住民参加をより実効性のあるものにするはずである」と考え，ここに仮説として「事前復興都市計画」を提唱することとなった．これがいち早く東京都で採用されて，『都市復興マニュアル』と『生活復興マニュアル』が策定（1997年度）され，その後，この 2 つのマニュアルは統合・改訂されて『東京都震災復興マニュアル』（2003年）となる．「事前復興」概念を盛り込んだ震災復興マニュアルづくり，その具体的展開としての復興まちづくり模擬訓練が現在，東京では豊島区上池袋 2・3 丁目地区をはじめ，各地で重ねられている．

　このような事前復興・防災まちづくり，それは官学民協働・**マルチステーク**

ホルダー(多様な利害関係者)参画型の息長い営みとして進められることとなるが,これによって地域防災力の底上げが図られることであろう.おりしもこの数年,地域防災を考える際に,被害を何とか乗り切ろうというコミュニティの力,すなわち,「地域や集団の内部に蓄積された結束力やコミュニケート能力,問題解決能力」などに目を向け,'地域を復元=回復させていくその原動力を,その地域に埋め込まれ育まれて来た文化のなかに見出そう'ととらえる**レジリエンス**という概念が注目されている〔大矢根・浦野・田中ほか編 2007:35-41〕.

環境社会学で昨今注目されることの多い環境ガバナンスという考え方に通底する災害社会学のレジリエンス概念,これをここに併記して紹介するところで本章を閉じることとしよう.

課 題

- 開発による生活・社会環境の破壊を扱った環境社会学の論文を手にとって読んでみよう.
- 生活環境主義で扱われる事象を想像し,それを扱った文献を渉猟してみよう.
- 最近の被災地におけるボランティアの活躍あるいはその問題点を,新聞等のメディア情報から集めてみよう.
- 日常的な防災対策におけるレジリエンスの意義を,実例をあげつつ考えてみよう.

参考文献

秋元律郎編 [1982] 『現代のエスプリ 181号 都市と災害』至文堂.
飯島伸子 [1995] 『環境社会学のすすめ』丸善(丸善ライブラリー).
石川淳志・佐藤健二・山田一成編 [1998] 『見えないものを見る力』八千代出版.
植田今日子 [2012] 「なぜ被災者が津波常習地へと帰るのか」『環境社会学研究』18.
大矢根淳・浦野正樹・田中淳・吉井博明編 [2007] 『シリーズ災害と社会 第1巻 災害社会学入門』弘文堂.
環境総合年表編集委員会編 [2010] 『環境総合年表――日本と世界――』すいれん舎.
ソローキン, P. A., 大矢根淳訳 [1998] 『災害における人と社会』文化書房博文社, 1998年.
ひょうご震災記念21世紀研究機構・災害対策全書編集企画委員会編 [2011] 『災害対策全書』ぎょうせい.
舩橋晴俊 [1999] 「受益圏/受苦圏」庄司洋子他編『福祉社会事典』弘文堂.
舩橋晴俊・長谷川公一・畠中宗一ほか [1985] 『新幹線公害――高速文明の社会問題――』有斐閣(有斐閣選書).
舩橋晴俊・飯島伸子編 [1998] 『講座社会学12 環境』東京大学出版会.

Column　　　　　世紀末に描かれていた『天空の蜂』

　防衛庁の発注した巨大ヘリコプターが，正式納入を間近に控えた領収飛行のその直前に，何者かによって自動無線操縦により奪取され，ヘリコプターは敦賀半島（福井県）の原子力発電所「新陽」の真上，800メートル上空でホバリングを始める．「現在稼働中，建設中の全ての原発を使用不能にしなければヘリコプターを落とす．燃料切れ・墜落まで8時間が期限」との犯行声明，要求が届く．政府は原発停止に難色を示し，タイムリミットが迫る中，事態はいかに展開するか……．
　2015年9月，封切られたパニック・サスペンス映画『天空の蜂』の一コマである．ベストセラー作家・東野圭吾の同名小説が1995年に刊行されてから20年後の2015年，製作・上映となった．小説が刊行された1995年は，1月17日に阪神・淡路大震災が発生し，その直後，オウム真理教・地下鉄サリン事件（同年3月20日）が，原発関連では福井県敦賀市にある高速増殖炉もんじゅ・ナトリウム漏洩事故（同年12月）が発生して，世間では世紀末イメージの中で「安全神話」の崩壊が語られた年であった．東野は，小説執筆に向けて5年にわたり「もんじゅ」の取材を重ね，関西出身の彼は阪神・淡路大震災の発生を同小説の背景に据えている．そして東日本大震災（2011年3月11日）が発生して福島第一原発事故（1F（イチエフ）災害）が発生したところで同小説が映画化された．

東野圭吾『天空の蜂』講談社（講談社文庫），1998年．

　軍隊と原子力．第二次世界大戦を教訓に，日本が問い続けてきた二大テーマである．1995年に東野は，戦後50年を機に，小説でこれを問いかけた．1F災害と安保法案（歴代内閣が否定してきた集団的自衛権の行使容認を含む10関連法案）可決（2015年）のもとで，あらためて今，このことを考えておくべきだろう．
　東日本大震災・1F災害が発生して，多くの報道がなされ解釈・議論が重ねられてきた．社会学では出来事を多面的にとらえる視角の醸成に努めている．参考になるいくつかの視角を紹介しよう．
　ジャーナリストが丹念・克明に現場に密着して追い続けた力作，『朝日新聞』の調査報道による連載記事「プロメテウスの罠」（プロメテウスとはギリシア神話に出てくる神族の名で，人類に火を与えた）．「原発」に関連するさまざまな事象をテーマとして設定し，関連する個人に焦点を当てて原則実名で報じ，各テーマのルポを10数回で1シリーズとしてまとめられている（朝日新聞特別報道部『プロメテウスの罠』GAKKEN刊）．
　1F災害については，その出来事を調査する4つの事故調査委員会が置かれ報告書が刊行された．いわゆる「4つの事故調」である．それらは，報告書提出順に，民間＝福島原発事故独立検証委員会，東電＝福島原子力事故調査委員会，国会＝東京電力福島原子力発電所事故調査委員会，政府＝東京電力福島原子力発電所における事故調査・検証委員会，である．それぞれは数百頁にのぼる膨大な報告書であるが，それらを要約してまとめたものに「ISSUE BRIEF 福島第一原発

事故と4つの事故調査委員会」（『調査と情報　第756号』国会図書館，インターネットで閲覧可）がある.

　また，原発サイト内の労働者の側から，その実像を描いたものもある（漫画『いちえふ　福島第一原子力発電所労働記①-③』竜田一人著，講談社，2014-2015年）.

　1つの事象をさまざまな立場・視角でとらえるところに社会学の醍醐味がある.

（大矢根 淳）

第8章　社会学から医療を見つめる

参照基準③カ　医療・福祉・教育についての
　　　　　　　　基本的な知識と理解

学修のポイント

1　医療社会学とは
2　病気があるから病人なのか
3　健康維持は個人によるものか，社会によるものか
4　ソーシャル・キャピタルと健康
5　ジェンダーと医療
6　日常生活の医療化

○社会学の立場から医療を捉える意義について理解する．
○社会関係の中での病人の特徴について捉える．
○ソーシャル・キャピタルやジェンダーと健康との
　関連性について理解を深める．
○医療化の概念と現代社会について考察する．

予　習

□病人と健康な人との違いについて考えてみよう．
□健康とは何か考え，自分は健康といえるかどうか，理由を挙げて説明できるようにしよう．
□あなたがどのような病院で生まれたのか親に聞いて確認してみよう．またどこで死を迎え
　たいか，それはなぜか考えてみよう．

1 医療社会学とは

　私たち人間の寿命はどのように決まるのだろうか．長命の人もいれば短命の人もいる．K.マルクス（Karl Marx）の友人で共に科学的社会主義の理論を構築したF.エンゲルス（Friedrich Engels）は，イギリスの労働者の状態を調査分析した結果，労働者階級の人々の平均寿命は上層階級の人々よりもはるかに低いことを19世紀の中頃に明らかにした．人種的に同じ人々の平均寿命に大きな違いが生じるのは，遺伝的・体質的なものではない．彼は**社会階層**格差により平均寿命が大きく違ってくることを指摘した．細菌学や病理学だけを研究していたのでは人々を救えない．社会の観点から医療に関する現象を考慮する必要性を訴えたのである．人々の健康に関わる労働者の貧困状況は，イギリスにおいてC.ブース（Charles Booth）のロンドン調査（1889-1902年）やB.S.ラウントリー（Benjamin S. Rowntree）のヨーク調査（1901年）で明らかにされ，肉体をも維持できなくなるような貧困は個人的な要因が問題ではなく，社会が生み出していることを明らかにした．

　同じ人間なのに，長命な人とそうでない人が存在したり，同じ地域に住んでいるのに，感染症にかかる人とかからない人がいる．同じ人間なのに社会的要因によって生や死が規定されてしまう．このような病気の社会的な要因を明らかにしようとした動きが19世紀中頃から出てきたのである．

　医療と社会学を結び付けようとする「**医療社会学**（medical sociology）」という言葉は，アメリカの医師C.マッキンタイア（Charles McIntire）の講演で初めて使用されたと言われている．「医療社会学研究の重要性」（1894年）の中で，彼はたびたび「医療社会学」という言葉を用い，病気を防ぐことが貧困を抑止すると唱え，医学と社会学との関連性について探求する学問の必要性を訴えた．

　その後，医療社会学は欧米を中心として広がっていき，1959年にアメリカ社会学会は「医療社会学部会」を創設，学問として認知され発展してきた．医療社会学には，「**医療に内在する社会学**（sociology in medicine）」と「**医療を対象とする社会学**（sociology of medicine）」がある．前者は医学の要請にもとづき医療に貢献するための社会学で，後者は医療という社会事象の構造や機能について客観的に分析する社会学である．後者は医療に対して批判的な目を向けることもあり，「あたりまえを疑う」社会学らしい視点とも言える．

近年の医療社会学においては医療や病人だけを扱うのではなく，健康な人も扱うようになってきており，研究対象が多様化している．そのため近年は「医療社会学」ではなく，「保健医療社会学」という言葉が定着しつつあり，1986年に国際社会学会では研究部門が「医療社会学」から**保健医療社会学**（sociology of health）」に変更された．

2　病気があるから病人なのか

　病人とはどのような人のことを言うのか．多くの人は「病気あるいは疾患のある人」と答えるだろう．国語辞典でもそのように書かれている．しかし果たしてそれで説明がつくのであろうか．

　ある家庭での朝の一場面を想定しよう．子どもが学校に行く前に「お腹が痛いよ〜」と言い出したとする．その時，親から「じゃあ，今日は学校を休みなさい」と言われれば，その子は「病人」として認められたことになる（**図8-1**）．しかし同じ状況で，親から「気のせいだから，学校へ行きなさい」と言われれば（冷たい対応かもしれないが，筆者も身近な経験がある），その子は病人とは認められていないことになる（**図8-2**参照）．

図8-1　病人としての地位（その1）
出所）筆者作成．イラスト：いらすとや．

　このように「病人」であるかないかは，病気があるかどうかで決定されるのではなく，社会的関係性の中で生じるのである．ある人を取り巻く集団が病気であると認めることによって，その人は「病人」としての地位を得て（「地位」については第3章2節参照），はじめて「病人」となることができるのである．

　アメリカの社会学者**T. パーソンズ**（Talcott Parsons）は，病気もまた1つの社

第8章　社会学から医療を見つめる　89

図 8-2 病人としての地位（その 2）
出所）筆者作成．イラスト：いらすとや．

会的に制度化された役割タイプであるとしている（「役割」については第 3 章 2 節参照）．彼は，病人としての地位を得た人には**病人役割**（sick role）が発生し，以下の 4 つの特徴が存在すると述べている．① 病人は能力の損なわれた状態に対して責任を取らされない．② 正常な時に課せられていた役割を免除される．③ 病気の状態であることは望ましくないため，良くなろうと努める義務がある．④ 自然に治っていく力が働いていない場合には，病院など適切な機関に援助を求め協力する義務がある．社会から「病人」としての地位を得ると，社会関係の中で ①，② のような権利，③，④ のような義務の関係が生じるのである．このように考えると，病人とはきわめて社会的な関係性の中に存在していることがわかる．

このパーソンズの病人役割理論は，急性疾患のみに当てはまり，慢性疾患，精神疾患，生活習慣病には当てはまらないこと，またこの概念自体が中産階級志向であるため，全ての人々には当てはまらないなどの批判があり，E. フリードソン（Eliot Freidson）が病気類型に応じた病人役割の展開もしている．

3 健康維持は個人によるものか，社会によるものか

私たちは健康について，個々人が健康に注意することによって維持されるものだと考える傾向が強いのではないだろうか．「食事の栄養のバランスに気をつけよう」「健康のために毎日運動をしよう」などの標語は，個人の行動や努力によって健康が保たれることを示しているとも言える．また健康診断を受け心身に問題が発見されると，医師や保健師から生活を改善することが求められる．

日常生活において，私たちの健康は個人の努力によって左右される要因が大きいことを意識させられている．はたして健康は個人的な問題だと片づけられるのであろうか．

　そもそも健康とは何か．WHO（世界保健機関）憲章（1948年）の定義によれば，「健康とは，病気でないとか，弱っていないということではなく，肉体的にも，精神的にも，そして社会的にも，すべてが満たされた状態にあること」（日本WHO協会訳）とされている．健康を考える上で，「肉体的」「精神的」だけでなく「社会的」があることに着目しなくてはならない．つまり体や心の調子が良いだけでなく，社会的に安定し安心して暮らせる状況にあることも含まれている．（この定義を見ると，これら全てが満たされ，「健康」である人が世界に何人いるのか疑問に思うが……）．WHOが「社会的」な事象も健康の概念に含めたことを考えれば，健康を維持するためには個人的なものだけではなく，社会的なものも考えなくてはならない．

　健康維持には社会的事象が重要であることを示すカナダの公衆衛生機関（Public Health Agency of Canada）が作成した話がある．

> 「なぜジェイソンは病院に入院しているの？
> それは彼の脚に悪い感染症があるからだよ．
> でもなぜ，ジェイソンは感染症にかかってしまったの？
> それは彼が脚を切ってしまい，それで感染してしまったからだよ．
> でもなぜ，ジェイソンは脚を切ってしまったの？
> 彼は住んでいるアパートの隣のガラクタ置き場で遊んでいたんだが，彼が滑り落ちたところに鋭いギザギザの金属があったからだよ．
> でもなぜ，ジェイソンはガラクタ置き場で遊んでいたの？
> 彼の住んでいるのは荒廃した地域でね．そこに住んでいる子どもたちの多くはそういった場所で遊んでいるけれど，それを監督する人が誰もいないんだ．
> でもなぜ，ジェイソンはそのような地域に住んでいるの？
> それは彼の両親がより良い場所に住む余裕がないからなんだよ．
> でもなぜ，ジェイソンのお父さんお母さんはもっと良い場所に住む余裕がないの？
> それは彼のお父さんが失業中で，お母さんが病気だからだよ．
> でもなぜ，ジェイソンのお父さんは失業中なの？
> 彼は多くの教育を受けていないため，仕事を見つけることがなかなかできないんだよ．
> でもなぜ，…？」

（カナダ公衆衛生機関ホームページより〔筆者訳〕）

第8章　社会学から医療を見つめる　*91*

この話の中では怪我をしたためジェイソンは健康を維持できなくなったが（物理・生理学的問題），それは荒廃した地域で遊んでおり，監督する人もいなかったからであった（地域・文化的問題）．そのような地域に住んでいたのは，両親により良い場所に住む余裕がなく（経済的問題），その理由は父親が失業中で，母親も働けない状況にあったからである（職業問題）．父親に仕事がないのは高い教育を受けていないため（教育問題）であると述べられている．

以上のように地域，文化，経済，職業，教育問題が1つの感染症に関わっているのである．これらはいずれも社会学で扱う問題であり，健康について「社会的」な事象の側面から考えることは社会学においても重要な課題の1つとなっている．

4　ソーシャル・キャピタルと健康

近年，ソーシャル・キャピタルという言葉が，社会学だけでなく公衆衛生学など医療の分野でも注目されている．R. D. パットナム（Robert D. Putnam）によれば，**ソーシャル・キャピタル**（social capital：社会関係資本）とは，社会的ネットワークとそこから生じる互酬性と信頼性の規範のことである（第12章参照）．つまり友人，家族，地域での人間関係の豊かさと言ってもいいであろう．彼はアメリカの殺人率，健康度，死亡率，幸福感などさまざまなデータを分析し，ソーシャル・キャピタルが人々の健康に影響を与えていることを明らかにした．

ソーシャル・キャピタルが高い社会で生活しているとなぜ人々は健康でいられるのか．その理由の1つは，いざとなった時に金銭，病後の介護，移動などといった実体的なサポートを供給してくれるためである．2つめは健康上の規範を強化してくれるためである．社会的に孤立した人々は喫煙，飲酒，過食など健康を損なう行動を行いやすいが，周りに人がいる場合は悪い生活習慣を注意してくれる．3つめに，生理学的トリガー機構として働き，人間の免疫システムを刺激して病気に抵抗し，ストレスを緩和している可能性があるからである．動物でも人間でも孤独が免疫反応を低下させることが判明しているとパットナムは述べている．ソーシャル・キャピタルについては欧米をはじめ日本でも研究が進められてきている．その結果，家族，友人，地域との密接なつながりがない人々は，ある人々と比べたときに，あらゆる原因について2～5倍の確率で死亡しやすいとされている．

私たちの日常を振り返った時，はたしてソーシャル・キャピタルが健康に影響を与えていると言えるのだろうか．それを考えるのはなかなか困難なので，漫画やアニメから考察してみよう．1つは『砂時計』(図8-3) という漫画で，もう1つは『秒速5センチメートル』(図8-4) というアニメである．これらの作品は比較的有名な漫画，アニメであり，『砂時計』はその後，連続ドラマ化，映画化がなされている．また『秒速5センチメートル』についても小説化と漫画化がなされている．ごく簡単に内容を紹介すると，いずれも幼なじみとの遠距離恋愛を描いている．小学生の時に転校してきたという設定も似ている．一方は，主人公である女性が母親の自殺や婚約破棄などさまざまな困難を経験するが，最後はハッピーエンドで終わる．一方は，主人公である男性が遠距離恋愛関係にあった女性を忘れられず，孤独で不健康そうな生活を送る結末を迎える (ように見える)．ハッピーエンドに終わる物語では，危機に陥った時に祖母，友人，幼なじみなど周りに助ける人が現れる．もう一方は恋愛関係であった女性以外の人間関係がほとんど描かれておらず，相談する人物も出てこない．つまり主人公のソーシャル・キャピタルの差が，物語の結末の差になっているように考えられる (いずれがハッピーエンドで，そうでないのかは作品を観て確認を)．

　以上のように，ソーシャル・キャピタルの観点から漫画やアニメなどのメディアを観てみると，これまでと違った視点から作品を見つめることができる．

図8-3　芦原妃名子『砂時計①』
　　　小学館，2003年

図8-4　『秒速5センチメートル』
　　　新海誠監督，2007年，日本，
　　　発売元：コミックス・ウェーブ・フィルム

5 ジェンダーと医療

　ジェンダーという側面から医療を考えてみよう．私たちには性差があり，その中で社会的・文化的性差のことを一般的にジェンダーと呼ぶが（第5章参照），ジェンダーに関わる疾患として**性同一性障害**（Gender Identity Disorder）がある．セックスとジェンダーが一致しない，すなわち身体と心の性が一致しない場合があり，それを性同一性障害という．自分は男だと思っているのに女の身体がついている，女だと思っているのに男の身体がついているという状態である．

　日本では長い間，性同一性障害者に対し法的問題から性別適合手術を行うことができなかったが，1998年に初めて倫理審査を経た合法的手術が行われた．2001年のドラマ『3年B組金八先生（第6シリーズ）』（TBS）では性同一性障害がテーマとして挙げられ，話題となり徐々に認知されるようになった．また日本では戸籍の性別を変更することが困難であったが，2004年に成立した「性同一性障害者の性別の取扱いの特例に関する法律」（通称 特例法）で，一定要件を満たせば戸籍の性別変更が可能になり，パスポートや免許証などの証明書の性別を望む性にすることができるようになった．

　性別の違和感が疾患として認知され治療を受けることができるようになり医療的問題は改善され，戸籍変更などの法的問題も見直されてきた．しかし法的問題も含め，性同一性障害者の社会的問題については現在もさまざまなかたちで存在する．戸籍問題としては，子どもがいる場合は20歳以上にならないと変更ができなかったり，戸籍をみると性別を変更したことがわかるようになっている．また性同一性障害の治療におけるホルモン療法や手術療法は基本的に健康保険が適用されず，自費で払わなければならない．そのため医療費は高額になるという医療制度上の問題を抱える．さらに性同一性障害を診察治療できる医療機関が日本には少なく，近くに機関がない患者は多くの時間と交通費とを費やして治療を受けなくてはならないなどの問題も指摘されている．最も大きな問題は，疾患と認知されるようになっても性同一性障害者のようなセクシュアル・マイノリティの人たちに対する偏見のまなざしは現在もあり，場合によっては就職先が限定されるというような事実があることだ．

　近年は，男女という2つのカテゴリーに分けること自体に疑問が持たれるようになってきたが，皆さんはテレビ番組などに登場するセクシュアル・マイノ

リティのタレントをどのようなまなざしで見つめているだろうか.

* なお，アメリカ精神医学会が定めた精神障害に関するガイドライン（DSM-5, 2013年発行）では「性同一性障害」という疾患名がなくなり，「性別違和」に変更されており，今後日本でも呼称が変わるかもしれない.

6　日常生活の医療化

　私たちは医療が発展すればするほど人々は健康になり，幸福になるだろうと思う傾向にある．しかし社会学者の**I. イリイチ**（Ivan Illich）は，発展してきた現代医療に批判的な目を向け，医療機構そのものが健康に対する主要な脅威になりつつあるとし，それを「**医原病**（iatrogenesis）」と名付けた．人々は医療が発展，高度化することによって，医療行為により被害を受けることがある．また医療の対象とされてこなかった日常生活の分野に対し医療が入り込み，人々が医療にコントロールされることによって自分の身体や健康に関しての自律性や主体性を失い，医療従事者任せになっていくこともある．このような状態を医原病と呼び，これを現代社会の病だと考えた.

　たとえば，かつては出産時にトラブルが予想されない限り自宅で出産することが日常であったが，現在では病院で医療従事者に囲まれて出産することが日常のこととなった．日本においても戦前までは自宅出産が主流であったが，1960年頃に自宅出産と病院出産の逆転現象が起こり，現在では99％以上が病院などの施設出産となっている．また死についても，かつては自宅で身近な人に囲まれての死が日常であったのが，日本では1960年代以降病院での死が多くなり，医療従事者に囲まれての死が疑問を持たれなくなってきた．さらに近年では，老化という病気ではない自然現象もアンチエイジングとして医療の対象となってきている．このように，私たちの日常生活における身体や健康にかかわる多くの事象が医療によって囲い込まれてきており，そのような現象を社会学では日常生活の「**医療化**（medicalization）」と呼んでいる.

　医療が進歩することによって健康が維持され，助からなかった命が助かり，平均寿命が延びた側面は確かにある．しかしイリイチが指摘するように，日常生活の医療化の負の側面も考えられる．出産でいえば，病院では分娩台の上での出産が日常になり，妊婦が自由なスタイルで産んだり，家族や近隣の人たちが出産に関わるといった文化が失われてきた状況がある．また病院で迎える死

第8章　社会学から医療を見つめる　　95

の増加により，人が生を全うする経過や瞬間を間近に体験することが少なくなり，生や死を実感として考える機会が減少してきたとも言える．

以上のように，批判的な立場で医療や健康について考えていくのも社会学の立場なのである．

課 題

- パーソンズの病人役割理論において，当てはまる事例とあてはまらない事例を考えてみよう．
- 日本において「健康」という言葉が使われるようになった経緯について調べてみよう．
- ジェンダーが関わる他の病気を調べ，社会的問題点について考えてみよう．
- あなたの身の回りにある日常生活の医療化の具体例を挙げてみよう．

参考文献

イリッチ，I.，金子嗣郎訳［1979］『脱病院化社会——医療の限界——』晶文社．
エンゲルス，F.，浜林正夫訳［2000］『イギリスにおける労働者階級の状態（上・下）』新日本出版社．
進藤雄三［1990］『医療の社会学』世界思想社．
パーソンズ，T.，武田隆一監訳［1973］『社会構造とパーソナリティ』新泉社．
パットナム，R.D.，柴内康文訳［2006］『孤独なボウリング——米国コミュニティの崩壊と再生——』柏書房．
ラウントリー，B.S.，長沼弘毅訳［1956］『貧乏研究』ダイヤモンド社．
McIntire, C. [1894] "The Importance of the Study of Medical Sociology," *Bulletin of the American Academy of Medicine*, 19, pp. 425-434.

ウェブサイト

カナダ公衆衛生機関ホームページ　http://www.phac-aspc.gc.ca/ph-sp/determinants/index-eng.php（2016年1月14日アクセス）．

Column　　　　　　　　　　　　　　　医原病——I. イリイチ——

　I. イリイチ（Ivan Illich, 1926-2002）は，オーストリアのウィーン生まれの社会学者で，現代社会批判で知られる．彼は，『脱学校の社会』(Deschooling Society, 1971) や『シャドウ・ワーク——生活のあり方を問う——』(Shadow Work, 1981) などを著し，現代社会の問題点を痛烈に指摘した．

『脱病院化社会』（Limits to Medicine：Medical Nemesis: The Expropri-ation of Health, 1976）の中では，現代医療に疑問を投げかけ，医原病（iatro-genesis：イアトロゲネシス）を，段階的に臨床的医原病，社会的医原病，文化的医原病に分けて考察し，保健医療社会学の展開に少なからぬ影響を与えた。『脱病院化社会』は以下の序によって始まる．

　　　医療機構そのものが健康に対する主要な脅威になりつつある．専門家が医療をコントロールすることの破壊的影響は，いまや流行病の規模にまでいたっている．医原病（イアトロゲネシス）というのがこの新しい流行病の名であるが，これは医師をあらわすギリシャ語のイアトロス，起源をあらわすゲネシスが結合してできた．医学の進歩によって生じた病気については，すでに医学会議の議題にものぼっており，診断と治療が病気をつくり出すことに研究者は注目し，病気の治療によってひきおこされる逆説的な障害に関するリポートは，医学消息欄でスペースをますますふやしてきている．（金子嗣郎訳，11ページ）

イリイチの考える医原病とは以下の3つである．
　① 臨床的医原病
　医療行為自体が原因となって発生する病のことで，たとえば薬物による副作用や，手術ミスなどの医療過誤や，検査による被害などによって生じる病がこれにあたる．イリイチはこれらを「過度の医療的副作用」とも呼んでいる．
　② 社会的医原病
　日常生活の中に当たり前にあったことに対しても医療が介入していくことである．たとえば，かつて出産は自宅でなされたが病院での出産が日常になった．同様に死についても自宅で迎えるのが日常であったのが，病院での死が大多数を占めるようになった．このように，私たちの健康にかかわる多くのものが医療によって囲い込まれる現象を指している．イリイチはこれを「社会的な過医療化現象」とも呼んでいる．
　③ 文化的医原病
　これまで日常生活の中にあった健康に関する事象が，医療の対象が拡大することによって医療介入が普通になり，医療機構が人々の思考を無意識に支配するようになる．その結果，人々は医療によって管理されることについて当たり前と感じ，自分の健康に対する自律性，主体性を失い，医療従事者任せになる状態となることである．

　以上のような3段階を経て，医原病は現代の私たちを侵食する病だとしている．

（篠原清夫）

第9章　社会学は教育とどう向きあうのか

> 参照基準③カ　医療・福祉・教育についての
> 　　　　　　　基本的な知識と理解

学修のポイント

1　教育を社会学的に考えるとは
2　日本の教育の現状
3　人間関係をとりまく問題
4　学力をとりまく問題
5　教育社会学にできることは何か

○教育社会学における問題について，その特徴と必要性を理解する．
○現在の日本における教育のあり方を，社会学的に理解する．

予　習

- 教育という言葉からどの様なことを連想するか，あなたの経験を含めて具体的にまとめてみよう．
- 教育における問題として考えられるものを挙げてみよう．それに対してあなたが考えたことをまとめてみよう．

1　教育を社会学的に考えるとは

　これまで，教育にまったく関わらずに社会で生きてきた人に，出会ったこと
はあるだろうか．何かを知る，教わる，習う，身につける，できるようになる，
表現の仕方や含まれる意味は多少異なるが，どれも人間が社会の中で生きてい
くために必要な教育に関わる言葉である．

　何を教わるかや身につけるかは，個人が自由に選択していると考える人も多
いだろう．そして，そのような選択の結果，個性が作り上げられていくのだと
主張する人もいるかもしれない．しかし，一定の文化や社会，地域の中で生活
していくためには，ある程度共通した知識や態度を理解し，解釈して，身につ
ける必要がある．好きなことだけ，興味のあることだけ，その時に必要なこと
だけを習得した集団の中では，安心して生活できなくなってしまう．人間は，
好きなことを自由に学んでいるのではない．生まれ落ちた社会に合わせた文化
を身につけ，その社会の一員となっていくために学んでいくことが必要なので
ある．ならば，人間は，教育なしに社会で生きていくことは困難であり，習得
する内容も共通したものが必要となってくると考えられる．

　このように，人間が，社会の一員としての知識や態度を身につけることを，
社会化（socialization）という．社会化とは，「子どもなど社会の新しいメンバー
に，その社会の価値や規範を学習させる過程をいう．それは，社会化の担い手
（親や教師など）から社会的役割を学習することを通じて行われる」［岩井・近藤
2010：233］とされる．子どもは，ただ元気に遊びながら成長しているように見
えるが，その過程の中で，自分が関わっている社会において必要な知識や守ら
なくてはならないルールを習得している．さらに，社会全体の中で自分がどの
ような役割を担っているのか，今後どのように担うべきなのかも学んでいるの
である．

　また，成長に伴って，社会化を担う集団は異なってくる．**図 9-1**は，各成長
段階で社会化の主体を担う集団を示したものである．

　図 9-1をみると，生まれたばかりの乳児期の子どもは，関係する集団は家族
が主体であるため，社会化の大部分を家族集団が占めていることがわかる．そ
して，幼児期以降，保育園や幼稚園，小学校，中学校，高校へ通うようになる
と，社会化を担う集団も多様化し，家族集団よりも教育機関やそこで出会う仲

図 9-1　社会化過程と社会化を担う集団
出所）牧野［1980］をもとに濱名［2000］が作成．

間からの影響が大きくなっていることがみてとれる．その後，青年期になると，学校を卒業し，就職して職場で必要となる知識や態度を身につけていき，退職後は地域集団や再び家族集団からの影響が大きくなるのである．

このように，人間は，時期によって対象は異なるものの，常に社会化されながら生きていることがわかる．その中でも，一番知識を獲得しやすい初期の社会化を担っているのが，家庭と学校である．人間は，それぞれの個人の内に能力や個性の種があり，それがすくすくと育って一人前の大人になるわけではない．周囲から大きな影響を受けながら，その内容について理解し，解釈し，対応していくことによって，個人差が生まれるのである．よって，家庭環境が大きな影響力を持つのは当たり前であるが，同様に学校教育も子どもの価値観や規範意識に少なからず影響を与えていると考えられる．

2　日本の教育の現状

それでは，現在の日本での教育の現状について確認していこう．

まず，先程確認した**図 9-1**では乳児期から幼児期，児童期になるにしたがって，教育機関や仲間からの影響が増加していたが，実際はどうなのだろうか．

図 9-2は，就学前教育・保育を利用している割合を子どもの年齢順に示したものである．すると，出生後間もない0歳の時点では，「自宅・知り合いの家など」が94.9％となっており，家族集団またはそれに属する場所が圧倒的多数を占めていることがわかる．ところが，1歳になると「保育所」(29.9％)＋「その他の保育施設」(3.1％) が33％となり，3人に1人の割合で家族集団だけでな

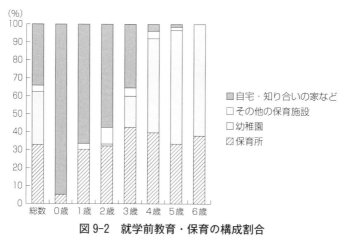

図 9-2 就学前教育・保育の構成割合
出所）厚生労働省「全国家庭児童調査」[2009].

く教育機関にも属するようになっていく．年齢があがるにつれて，この割合は増加していき4歳以上になると9割以上の子どもが保育所または幼稚園に通っているのが現状である．

　このような，就学前教育の割合を見て驚いた人も多いのではないだろうか．3，4歳で幼稚園に通うまでは，家庭が子どもを育てていると思っていた人もいるだろう．ところが，現在の日本では，仕事を持つ母親が増えたことや核家族化，早期教育を求める親の拡大などによって，年々，就学前教育の割合が増加するだけでなく，早期化しているのである．

　つぎに，小学校以降の教育機関についてみてみたい．現在の日本の義務教育は，小学校と中学校である．この期間は，病気等で学校へ通うことが困難な子どもなどの例外を除いて，ほぼすべての子どもが何らかの形で学校に所属していると考えていいだろう．では，高等学校以上の教育機関への進学率はどうなっているのだろうか．

　図 9-3は，高校の進学率を示したグラフである．結果，2012年の時点で，通信制高校も含めると98.3％が高校へ進学しており，通信制高校を除いても96.5％が高校へ進学している．このグラフは，1975年からのものであるが，その時点でも9割以上の子どもが高校へ進学しており，近年の日本の高校進学率は，一定して高い水準を保っていることがわかる．

　さらに，**図 9-4**をみると，大学と短期大学への進学率は56.2％となり，過半

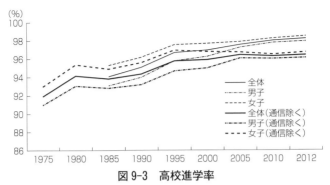

図 9-3　高校進学率

出所）文部科学省「学校基本調査」[2012].

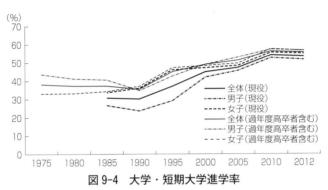

図 9-4　大学・短期大学進学率

出所）文部科学省「学校基本調査」[2012].

数が進学している．加えて専門学校への入学者数も年々増加し2015年時点で17%［文部科学省 2015］となっているため，合計すると，現在，7割以上の子どもが高校以降に高等教育機関へと進学しているとすることができるだろう．

　ここまで，就学前教育から高等教育機関までの間に，子どもがどの程度教育機関に所属しているのかを簡単に確認した．結果，現在の日本では，大部分の子どもが，義務教育と高校の12年間だけでなく，就学前教育の3年間と高等教育機関の少なくとも2年間を含めると17年間以上教育機関に所属している．しかも，その時期は，人間の基本的な知識や能力，価値観や態度が培われる人生の初期の段階のほぼすべてを占めているといっても過言ではない．

　このように考えていくと，学校教育のあり方や学校生活における経験が，子どもの社会化に，ひいては価値観や規範意識に大きな影響を与えていることは

想像に難くないだろう.

3 人間関係をとりまく問題

それでは，実際の学校教育や学校での生活は，どのように子どもに影響を与えているのだろうか.

たとえば，少女マンガ，『キラキラ100％』（図9-5）では，主人公の「最近気づいたこと．女子の仲良しグループって　タイプ別にまとまってる感じがする．『類は友を呼ぶ』ってやっぱり本当なのかな」というモノローグからはじまっている．この描写を見て不思議に感じた人は，ほとんどいないのではないだろうか．どちらかといえば，こんなのは当たり前，女子だけでなく男子にだってこんな関係はあり得るという意見の方が多いかもしれない．また，数年前に大きく取り上げられた「スクールカースト」[鈴木 2012]という言葉を思い出す人もいるだろう．

前節でとりあげた日本の教育の現状では，現在，9割以上の子どもが高校以上へと進学していたが，学校内では，全ての子どもが同じ学校生活を送っているわけではない．

「社会」や「集団」は，初めから存在しているのではなく，個々の人の集まりによって作り上げられているにすぎない．ならば，「社会」や「集団」は，人々の**相互作用**によって，常につくられ続けていると考えられる．『キラキラ100％』では仲良しグループが「キラキラグループ」「ギャルグループ」「まじめグループ」「地味グループ」と表現されているが，これらのグループは，初めからグループとして存在していたのではない．共に行動するという活動を，学校での日常生活において，繰り返していくことによって，実際に存在するように感じられているだけなのである．

このような相互作用についての研究は，G. ジンメル（Georg Simmel）[1994]やE. ゴフマン（Erving Goffman）[1980]が有名であるが，ここでは，ゴフ

図9-5　水沢めぐみ『キラキラ100％①』集英社，2003年

マンの研究について紹介していきたい．ゴフマンは，人々の相互作用が行われる共在場面には，固有の秩序があるとして研究を行った．この共在場面とは，無限に続く相互行為によって，社会的経験が実感されることである．

　私たちは，周囲がそうしているであろうと信じる前提により，周囲の動きに適応しようとする．この周囲の動きは，**プラクティス**というこれまでの習慣の中で，一定程度パターン化された，行動様式，外見，言語行動，価値意識などにもとづいて判断される．そして，既存の相互行為であるプラクティスを習慣的に採用するという，人々の日々の絶え間ない行為を通して，相互行為秩序が形成されていくのである．

　しかし，相互行為秩序は，グループ内にいる子どもたちの「ふさわしい」行動によって支えられているため，安心して人間関係を維持していくためには，常に外見や動作によって表出される相互行為プラクティスをくり返し続けることが必要となってくる．そうでないと，人間関係は簡単に崩れてしまうことになる．共有する経験が増えいくら親密そうにみえても，それだけでは人間関係は維持されない．その関係は，日々共に生活していく中で，相互に友人として選択していることを確認する作業の上に成り立っており，一瞬一瞬の親密さの発露の結果として長期的な親しさがあるかのようにみえているだけなのである．

　これまでみてきたように，社会や集団における人間関係は予定調和的に安定しているのではなく，破綻する危うさを常にはらみ，私たちは，他者に対して一定の役割を示し，演じていくことによって，友人関係における自分の位置を確保していると考えられる．

　学校や社会において自分の位置を確保するために演じ続けることは，社会においてふさわしい行為を身につける意味では，社会化の１つとして機能しているだろう．しかし，反対に，自分の居場所を確保するために，常に周りの「空気を読み」ながら自分自身を価値づけし，型にはめて息苦しくなってしまうという問題もはらんでいることを忘れてはならない．

4　学力をとりまく問題

　教育に関する社会学では，社会化だけでなく学校におけるさまざまな問題が研究対象とされている．先に挙げた人間関係だけでなく，教育社会学において学力問題は，常に関心を持って研究されているテーマの１つである．

日本では，どの様に教育を行うかについての大きな方針は，中央教育審議会で決定され，ほぼすべての学校がその決定に従って教育を行っている．そのため，ある学校だけ先生の手作りの教科書を使用して国による検定を受けた教科書は使用しない，ということは認められない．さらに，1年間の各教科の授業時間数や科目名なども統一されている．

　よって，国家が決定した教育方針次第で，子どもの学習内容はめまぐるしく変化することが余儀なくされているのである．図9-6のように，戦前の日本の学校教育は，例外は許されない統一された教え込み教育であったため，戦後，教育方針が見直されることになり，子どもの自由な発想や想像力を中心に教育を行うことが決定された．その後，一転して1950年後半に高度経済成長期となり，諸外国に負けない学力を身につけるために，教師の指導力や子どもの学力向上が求められるようになっていった．ところが，1970年代から非行やいじめなどのさまざまな教育問題の発生を受けて，もっとゆとりを持たせ，子どもの個性を重視した教育が求められるようになったため，また一転して子ども中心の教育へと転換することになる．このゆとり教育に関しては，記憶に新しいだけでなく，実際経験した人も多く，「ゆとり世代」などと呼ばれて嫌な思いをした人もいるのではないだろうか．その後，2000年に入り，子どもの学力低下が問題視されるようになった結果，現在はふたたび授業時間や学習内容を増加し，高度な科学技術にも対応できる人材育成に力点が置かれるようになってき

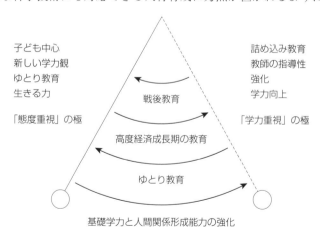

図9-6　学力観変遷の振り子

出所）志水［2003］を参考に筆者作成．

第9章　社会学は教育とどう向きあうのか　　105

ている.

　それでは，この学力観の変遷によって，本当に子どもの学力が変化したのだろうか．表9-1は，大阪大学と東京大学の調査チームが，ある地域の同じ小中学校へ調査を依頼して12年ごとに行った学力調査の結果である．この結果から，まだ高度経済成長期の学力を重視していた教育の余韻が残っていた1989年と，本格的に新しい学力観によるゆとり教育が行われていた2001年，ゆとり教育への反省から基礎学力重視へと転換した2013年の学力の変化を確認することができる.

　結果は，1989年が一番点数が高く，2001年に低下したものが2013年には回復傾向にあることがわかる．さらに，表の標準偏差とは，各受験者の成績の散らばり具合を示す値である．同じ平均点であっても，標準偏差の値が大きければ各受験者の点数のばらつきが大きく，小さければばらつきが小さく平均点に近い成績が多いということになる．表9-1の標準偏差についてみると，2001年に大きくなった値が2013年には減少していることがわかる．これは，点数が回復傾向にあるだけでなく，子どもたちの点数差も縮小されてきているということである.

　この結果からは，学力観の変遷によって，子どもたちの成績が変化することを再確認することができる.

　しかし，学力に関しては，点数の変化という表面的な問題だけでなく，さらに深刻な問題も明らかになっている.

　表9-1では，国の方針の変化によって，子どもの学力が変化することを示したが，同時に学力格差も変化することが標準偏差の値で示されているのである．教育社会学のさまざまな調査で明らかにされている結果からは，学校での教育

表9-1　学力の変化

	小		中	
	国　語	算　数	国　語	数　学
	平均（標準偏差）	平均（標準偏差）	平均（標準偏差）	平均（標準偏差）
1989年	75.6 (16.4)	79.0 (18.5)	69.4 (20.3)	68.8 (21.5)
2001年	70.3 (18.7)	66.6 (21.3)	63.8 (21.3)	62.6 (25.3)
2013年	73.9 (15.5)	73.6 (19.0)	67.1 (19.0)	61.8 (22.9)

出所）志水 [2014].

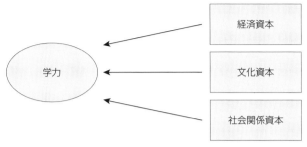

図 9-7　各資本が学力に与える影響
出所）志水［2014］.

方針の変化によって成績のばらつきが大きくなっただけではなく，点数が低下したとしても数点にとどめ好成績を保っている子どもたちと，大幅に低下してしまった子どもたちがいることがわかっている．加えて，それぞれの子どもたちには，共通点があるのである．この共通点とは，子どもの家庭環境の違いである．

　家庭環境の違いとして一番想像しやすいのは，経済的な格差だろう．しかし，近年明らかにされている学力に影響する家庭環境の違いとは，**図 9-7**に示されているように，**文化資本**といわれる各家庭環境における親の行動や趣味，子どもに対する態度からの影響の方が大きいとされている．

　この文化資本とは，P. ブルデュー（Pierre Bourdieu）［1991］が提唱した概念であり，貨幣が銀行などに預金して貯めることができるように，文化も幼い頃からそれぞれの家庭でどの様な経験をしたかが貯金と同じく子どもの中に蓄積されるとする考えである．ところが，この蓄積されたそれぞれの家庭の文化は，学校での学業成績において不平等に機能するのである．たとえば，学校に適応しやすい文化を持つ家庭環境の子どもと，そうでない子どもは，学校での成績や評価が異なるとされる．ブルデューはフランスの社会学者であるが，実際，日本でも同様の結果が学力や進路選択においてみられることが，多くの研究結果により明らかになっている．

　現在の日本において，子どもが学校で受ける教育は，国家の方針によって大幅に変化するものであるが，それ以上に，どの様な家庭に生まれるかということによって，教育の成果が変化することを私たちは再確認する必要がある．

5 教育社会学にできることは何か

それでは，学校教育にはどのように関わっていけば良いのだろうか．

子どもは，生まれた瞬間から，周囲の影響を受け社会化されながら成長していく．その結果に対して，教育がどのように関係しているのか，できるだけ多くの調査結果をもとに明らかにしていくのが教育に関する社会学である．今回とりあげた人間関係も，いじめや居場所，非行などに応用され多くの研究が行われている．

つぎにとりあげた学力に関する問題に関しては，教育の方針が変化すれば教育格差を減少させることが可能である．さらに，教師の子どもへの関わり方や，授業における工夫，学校組織の運営方法などさまざまな工夫によって，家庭環境による教育格差を減少することが可能であることも，教育社会学の調査結果から明らかとなっている［志水 2009］．

本章では，人間関係と学力に関して詳しくとりあげたが，他の教育問題においても多岐にわたる研究が行われている．

教育は，全ての人が経験しているものであるために，ともすると自分の経験だけで答えを出してしまいがちである．しかし，客観的な研究結果や理論をもとに分析を行い，結果を蓄積し，社会学の他の成果もいかしながら，今後よりよい教育を考えていくことが重要かつ必要である．

課 題

- 社会化について，自分の経験や身近な例を挙げてまとめてみよう．
- 教育問題について自分の関心のあるテーマにもとづき調べてみよう．
- 教育における社会学は，社会学の他の領域とどのような関係があるのか考えてみよう．

参考文献

岩井八郎・近藤博之編［2010］『現代教育社会学』有斐閣．
厚生労働省［2009］「全国家庭児童調査」．
ゴフマン，E., 丸木恵祐・本名信行訳［1980］『集まりの構造——新しい日常行動論を求めて——』誠信書房．
志水宏吉［2003］「カリキュラムと学力——学力低下論からカリキュラムづくりへ——」苅谷剛彦・志水宏吉『学校臨床社会学——「教育問題」をどう考えるか——』日本放送

出版協会.

志水宏吉［2009］『力のある学校の探究』大阪大学出版会.

志水宏吉・伊佐夏実・知念渉・芝野淳一［2014］『調査報告「学力格差」の実態』岩波書店.

ジンメル，G.，居安正訳［1994］『社会学——社会化の諸形式についての研究——』白水社.

鈴木翔［2013］『教室内カースト』光文社.

濱名陽子［2000］「家庭教育と幼児教育の変化」，苅谷剛彦・濱名陽子・木村涼子・酒井朗
　　　『教育の社会学——〈常識〉の問い方，見直し方——』有斐閣.

ブルデュー，P.，宮島喬訳［1991］『再生産』藤原書店.

文部科学省［2012］「学校基本調査」.

文部科学省［2015］「学校基本調査」.

（池田曜子）

第10章　逸脱行動と社会問題

> 参照基準③キ　逸脱行動，社会病理あるいは社会問題についての
> 　　　　　　　基本的な知識と理解

学修のポイント

1. 殺人者と英雄の違い
2. 社会構造から逸脱を考える
3. 逸脱者とは誰か——ラベリング理論——
4. 社会問題は本当に問題なのか
5. アニメ『サイコパス』からみる社会病理
6. 社会問題の何に着目するか——構築主義アプローチ——

○逸脱行動は個人の問題ではなく，社会で生起する現象であることを理解する．
○社会問題とは何か，私たちの周りにある社会問題のタイプについて知る．
○ラベリング理論の考え方や社会病理の概念を知る．
○構築主義アプローチについて理解する．

予　習

□ 逸脱とは何か辞書で調べ，あなたや周りの人が行ってきた逸脱と思われる行動について具体例を挙げてみよう．
□ わたしたちの社会の中で，どのような現象が社会問題だといえるか考えてみよう．

1　殺人者と英雄の違い

　喜劇俳優 C. チャップリンの「一人を殺せば殺人者だが，百万人を殺せば英雄となる」(映画『殺人狂時代』1947年) という有名な言葉がある．多くの場合，人を殺すことは犯罪で，その行為を行った人は殺人者と呼ばれる．しかし人を殺しても犯罪にはならず，殺人者と呼ばれない場合がある．それは戦時中である．敵兵士をたくさん殺した軍人は，殺人者とは言われず英雄となり勲章をもらうことができるのだ．ただし死亡させた人数によって，殺人者かそうでないかが判断されるわけではない．社会がそれを決めるのである．死刑執行を行う刑務官の行為は犯罪にはならず，殺人者とは言われないのは，社会がそれを認めているからである．

　ある社会集団の既存の価値体系や社会規範から外れる行動を**逸脱行動**(deviant behavior) と呼ぶ．一般的に犯罪は逸脱行動だと言える．人を殺すことは普通の社会状況下では逸脱行動である．しかし戦争中に敵兵士を殺すことは犯罪ではないので，逸脱行動にはならない．日本では大麻 (マリファナ) などの麻薬を所持するのは違法であり，逸脱行動である．しかしオランダなど一部の国では大麻を所持したり吸ったりしても違法ではない．そのため，大麻を吸引した人が奇妙な香りを漂わせふらついていても警察に連れて行かれることはなく，逸脱行動とはならない．日本でいえば，酒に酔った人が街中を歩いていても，飲酒は合法なので多くの人が特に問題視することがないのと同じである．要するに社会集団が異なれば，行動として全く同じことをしていても逸脱と認識されるか否かは異なるのである．

2　社会構造から逸脱を考える

　アノミー (anomie) とは，フランスの社会学者 **É. デュルケーム** (Émile Durkheim, 第1章参照) が社会学の概念としたもので，伝統的秩序が崩壊したり，行為の目標を喪失することによって社会が混乱する状態のことを指す．この概念をアメリカの社会学者 **R. K. マートン** (Robert K. Merton) が発展させ，アノミーが発生する理由を「文化的目標」と「制度的手段」という社会構造の側面から分析した．

第10章　逸脱行動と社会問題　*111*

ある社会には経済的成功，高い社会的地位の獲得，社会的貢献の高さなど一般に認められている目標が存在する．それを**文化的目標**（cultural goals）という．ある文化的目標を達成する際に，暴力や権力の乱用などではなく，社会から承認された制度上許される合法的な手段があり，それを**制度的手段**（institutional means）という．たとえば競争によって高い学歴を得，社会的評価が高く，高収入が得られる会社に採用試験を通して入社することは，文化的目標を達成するために正当な制度的手段を用いていると言える．マートンは文化的目標が過度に強調される一方，それに到達する制度的手段があまりない場合に社会が混乱すると考えた．すなわち文化的目標と制度的手段とのバランスがとれていない社会がアノミーを引き起こすとしたのである．その例としてアメリカ文化を挙げ，金銭的な成功を過度に強調する文化的目標に対し，人種・民族の違いなどによって成功するための制度的手段が少ないということが高い比率の逸脱行動を生み，犯罪の引き金となっていることを指摘した．

　人々がある社会の文化的目標を達成するためには，他者との競争が発生する．競争に敗れ文化的目標を達成できない人は，別の手段でその目標を達成しようとする場合がある．一方，制度的手段は守っているが，文化的目標自体をあきらめる人もいる．また文化的目標や制度的手段に背を向ける人もいる．社会には，文化的目標と制度的手段を受容する人々ばかりでなく，現実にはさまざまな方略をとる人々がいるのである．マートンは，文化的目標や制度的手段それぞれを受容するのか，拒否するのかによって5つの個人的適応様式があることを示した（**表10-1**）．

　将来の仕事に役立てるために進学するという学生は多いことだろう．進学することにより有用な知識を得，就職や昇任に有利になると考え，入試という手

表10-1　マートンによる個人的適応様式の類型

適応様式	文化的目標	制度的手段	具体的事例
Ⅰ．同　　調	＋	＋	一般の人々
Ⅱ．革　　新	＋	－	詐欺行為を行う人・ヤクザ etc.
Ⅲ．儀礼主義	－	＋	やる気のない公務員・窓際社員 etc.
Ⅳ．逃避主義	－	－	麻薬常習者・引きこもり etc.
Ⅴ．反　　抗	±	±	革命家・テロリスト etc.

（＋：受容　－：拒否　±：一般に行われている価値の拒否と新しい価値の代替）
出所）マートン［1961：129］を参考に筆者作成．

段を用いて入学した学生は，文化的目標と制度的手段を受容していることになる．これは「同調（conformity）」という適応様式で，社会が安定していればこのように文化的目標と制度的手段を受容する人が多数となる．しかし，その社会で成功するために，一般的に受容されている手段を取らない人もいる．経済優先の文化的目標がある社会で金もうけをしたいとする場合，正当な方法でなく振り込め詐欺などにより金銭を得ようとする人がいる．このような適応様式を「革新（innovation）」と呼ぶ．また文化的目標をあきらめたり低く設定しながらも，違法なことはしないで生きていこうとする人もいる．それを「儀礼主義（ritualism）」という．高邁な目標がなく，ただ与えられた仕事だけを果たすような公務員がこれにあたるだろう．社会の文化的目標と制度上許された手段の両方を拒否し，放棄する人も存在する．麻薬常習者や引きこもりなどはそれにあたり，「逃避主義（retreatism）」と呼ばれる．文化的目標を全く新しいものに変え，別の手段でそれを叶えようとする人もいる．これは「反抗（rebellion）」と呼ばれ，革命家やテロリストがそれにあたる．

　「同調」以外は基本的に逸脱と見なされるが，逸脱行動は社会にとって悪いことばかりではない．マートンは，さまざまな社会の歴史をみると，英雄の中には当時の集団的規範から逸脱する勇気と先見の明をもっていた人々が数多く存在し，逸脱行動は必ずしも集団の有効な作用や発展にとって逆機能的ではないことを指摘している．

　マートンの理論は，逸脱行動が心理学的要因だけでなく，社会構造上の問題という社会的要因にあることを指摘した点で，後の逸脱行動研究に影響を与えた．

3　逸脱者とは誰か――ラベリング理論――

　社会構造や社会集団が異なれば，同じ行動をしていても逸脱と認識されるかどうかが異なることは前述した．ここではアメリカの社会学者 H. S. ベッカー（Howard S. Becker）の**ラベリング理論**（labeling theory）についてみていく．

　1960年代頃までの逸脱行動論は逸脱者の属性や行動に注目し，その原因を中心に分析を行ってきた．しかしベッカーは著書『**アウトサイダーズ**』の中で，「逸脱」というラベルを貼る社会の側に注目した．ある社会集団から特定の行動が逸脱であると判定され，その行動を行った人が逸脱者とラベリングされる

第10章　逸脱行動と社会問題　　*113*

ことによって逸脱者が発生するとしたのである.

　「社会集団は，これを犯せば逸脱となるような規則をもうけ，それを特定の人々に適用し，彼らにアウトサイダーのレッテルを貼ることによって，逸脱を生み出すのである」（17ページ）とベッカーは述べ，ある行動が逸脱であるか否かは，行動それ自体の性質によって決まるのではなく，その社会集団によって規定されることを示した．前述したように，同じ行動であっても社会・文化・時代が異なれば逸脱となったりならなかったりするのである.

　違法な行動をすれば社会規則から外れたことになり逸脱となるが，ラベリング理論によれば違法行為のみが逸脱なのではない．法律を破らずともある社会集団の中で通常ではないと判断される行動をとる場合も逸脱となる．ベッカーはこの研究の際にマリファナ使用者とダンス・ミュージシャンを調査している．マリファナ使用は違法のため逸脱とするのは妥当だが，当時の前衛的なダンス・ミュージシャンは地域社会に住む因襲的な人々から受け入れられなかったため逸脱としたのである．さらに違法行為をしても，社会状況や人間関係という文脈によって逸脱とはならない場合があることを示している．彼は，「ある逸脱行為を犯した人間が実際に逸脱者のレッテルを貼られるかどうかということは，彼自身の現実行動とは無関係な数多くの要因にかかっている.」（233ページ）と主張した．たとえば自動車を運転中，一時停止が不十分で警察官に止められたが，違反を取り締まっていたのは町内会で顔見知りの警察官で，注意で済まされ罰金はなかったという（最近はなくなったと思われる）例がこれに当たるだろう．要するにラベリング理論では，逸脱者とラベリングをする側との**相互作用**（interaction）の過程として逸脱を捉えるのである.

　逸脱者は一度ラベリングされると社会集団から逸脱者として見られ，これまであった人間関係を維持することや社会的評価の高い職業を得ることが困難になることがある．すると，それを受け入れてくれるような逸脱的な社会集団の中にコミットしていくことになり，さらに逸脱者として行動をしていくようになる．社会集団が逸脱者としてのまなざしを向けることによって，逸脱者としてのアイデンティティが強化されていくのである．たとえば，大した行動はしていないのに「非行少年」というラベリングが周囲からなされると，「非行少年」としての行動をますますしていく可能性がある．このように根拠のないうわさや思い込みが流布し，人々がそれを信じて行動することによって結果としてそのとおりの現実がつくられる現象をマートンは**予言の自己成就**（self-fulfilling

114

prophecy）と名付けた.

4　社会問題は本当に問題なのか

　社会問題（social problem）とは何かを定義することは難しい. それは, ある社会現象を問題だとする人もいれば, 問題ではないと見る人もいるからだ. たとえば, 日本の少子化は社会問題だとされる. それは将来人口が減少することによる高齢者の増加, それに伴う社会保険料負担の増大や介護の問題, 労働力不足, 地域のコミュニティ機能の弱体化など, さまざまな社会生活上の問題が発生すると予測されるからである. しかし, これまで日本で述べられてきた言説をさまざまなデータから検討した結果, 少子化問題に大騒ぎすることは時間と労力の無駄と考えている社会学者もいる. むしろ世界的な人口増加問題から考えれば, 少子化は望ましいことだと考える人もいる［赤川 2012］.

　前述のマートンによれば, 社会問題には以下の3つがあるとされる（**表10-2**）. 世間一般の人々と専門家がともに問題とは思わないのが通常の社会状態であるが, 一般の人々と専門家がともに社会問題だと見るのは顕在的社会問題ということができる. これは問題解決のために専門家のみならず, 多くの人たちがその事象について考えていく必要があるだろう. しかし一般の人々が社会問題とは気づいていなくても, 専門家が問題であると認識する場合があり, それを潜在的社会問題と呼ぶ. 知られていないけれども社会問題として存在している事象で, 社会学者が掘り下げなくてはならない問題だとマートンは考えた. また, 一般の人々が社会問題であると思っていても, 学術研究の観点からは社会問題ではない偽の社会問題もある. 以上のように理論的には3種類の社会問題が存

表10-2　マートンによる社会問題の諸相

		専門家（社会学者）	
		社会問題である	社会問題でない
世間一般の人々 （社会の成員）	社会問題である	顕在的社会問題	偽の社会問題 例）少子化問題・児童虐待の増加
	社会問題でない	潜在的社会問題 例）セクシュアル・マイノリティへのまなざし	通常の社会状態

出所）キツセ・スペクター［1990：56］を参考に筆者作成.

第10章　逸脱行動と社会問題　*115*

図10-1 梶原一騎原作・川崎のぼる画『巨人の星①』講談社（講談社漫画文庫），1995年．

在すると考えられ，社会問題と呼ばれる事象がいずれに当たるのか検討することは必要だろう．

ここで社会問題とされる「児童虐待」について考えてみよう．かつて1960年代にスポーツ根性物の漫画・アニメが流行し，その一つとして『巨人の星』（図10-1）があった．野球少年がプロ野球に入って活躍，引退までを描いた作品で，多くの少年たちが心ときめかせて読んでいたものである．その中では主人公が父親に殴られたり，ボールをぶつけられるなど児童虐待とも思われる場面が見られた．しかし，当時それを「児童虐待」だと言う人はいなかった（スパルタ教育とは言われていた）．日本において児童虐待という言葉が定着するようになったのは1990年代に入ってからであるし，そのような行為が逸脱であるとあまり感じられていなかったからである．

現在の私たちの多くは児童虐待を社会問題だと認識しており，その問題は深刻化していると考えている．それは厚生労働省の児童虐待件数推移に関わるデータとして，全国の児童相談所に寄せられた虐待の相談件数が取り上げられ，年々増加していることが示されるからである．また児童虐待により死亡したり病院に搬送される事件があった場合に，テレビや新聞などで大きく報道されることも，児童虐待増加を感じさせる要因となっていると考えられる．児童虐待に対する社会的な関心の高まりが，相談件数の増加に結びついていることを多くの人たちは理解しているが，実際に児童虐待数も増加していると思っている人は多い．しかし各種統計データの読解から，子どもに対する攻撃（身体的虐待）や子どもの放置（ネグレクト）は減少していると主張する社会学者もおり［内田 2009］，児童虐待の「増加」というのは，偽の社会問題である可能性も浮かび上がるのである．

当然，個々の児童虐待自体は考慮しなくてはならないし，なくしていかなくてはならない問題である．しかし児童虐待は増えていると疑問なしに解釈し，都市化や現代化による親としてのあり方や子育て環境の悪化などを社会問題として祭り上げ，間違った方向へと議論が進んではいないだろうか．ここで私た

ちが考えなくてはならないことは，確かなデータにもとづかない社会問題についての議論をしてもあまり有用でないということである．社会学の視点で物事を見る際は，常識と思われていることを再度データや観察などで確認し，社会問題について考察していく必要があるだろう．

5 アニメ『サイコパス』からみる社会病理

社会学には**社会病理（学）**（social pathology）という用語がある．病理という言葉を使ってはいるが，医学的な研究をするのではない．人間という有機体に病理が発生するように，社会も有機体であると想定し，不健全な状態の社会にも病理現象が発生すると考えるのである．すなわち社会が病んでいる状態を示す概念である．たとえば犯罪や非行や自殺が多い社会，いじめの日常化，ホームレスが大量に出現する状況，ネット依存若者の増加，政治の混乱のため制度的な秩序がなくなる社会は社会病理とみなされる．1980年後半からの日本のバブル経済のように加熱しすぎた状況も社会病理とされることがある．

社会病理と社会問題の違いは何であろうか．日本で社会病理を扱う学術団体の日本社会病理学会の英語名は Japanese Association of Social Problems なので，社会病理を社会問題と置き換えて良い場合がある．しかし社会病理は社会問題よりも大きな概念で，社会病理の中でも社会生活に脅威や不安を与えると判断されたものだけを社会問題とする考えもある［大橋 1966］．

アニメ『PSYCHO-PASS サイコパス』（図10-2）は，社会が人間の心理状態や性格的傾向を測定，数値化し，その値から最適な職業の傾向がわかるような近未来の管理社会の物語である．シビュラシステムという測定システムにより犯罪係数が測定され，犯罪をしていなくても一定値を超えると潜在犯として取り締まる．このような社会は安心できる社会で好ましいのだろうか，病理的な社会なのだろうか．

この物語では，犯罪傾向がありながらシビュラシステムに反応しない人物が現れ，システム

図10-2 『PSYCHO-PASS サイコパス』
本広克行総監督・虚淵玄原作，2012-2013年，日本，発売元：東宝．

第10章　逸脱行動と社会問題　*117*

自体を破壊することを企図し，それを阻止しようとする警察組織公安局との戦いが描かれている．しかし，公安局メンバーの中にもこのシステムに疑問を感じ始める者が現れ，葛藤に陥る場面が出てくる．システムを破壊しようとする側が正常なのか，システムにもとづいて社会の安定のために取り締まる側が正しいのか．マイナスの結果をもたらす作用を**逆機能**（dysfunction）とマートンは呼んでいるが，このような社会は身に覚えがなくても取り締まり対象となる不安が付きまとう逆機能があると言えよう．

　社会問題と同じように，社会が病理的かどうか判断することは困難なケースがある．近年，監視カメラ映像によって犯人を特定し逮捕に至るケースが増加している．そのため，街角に監視カメラをもっと多く設置することを推奨する人たちがいる．一方，どこにでもカメラがある監視されたような社会は病的だと感じる人もいる．『PSYCHO-PASS サイコパス』の終末には，人々が知らないシステムの全貌が明らかにされるが，この物語から何が社会病理的であるのかを考えさせられることが多くある．

6　社会問題の何に着目するか──構築主義アプローチ──

　逸脱行動，社会問題，社会病理を考える際に，社会構造，観点の主体者，相互作用という点に重要性があることを述べてきた．ラベリング理論によれば，逸脱や社会問題ははじめからそこにあるのではなく，ある状態を逸脱や社会問題として定義するところから発生するとされる．その理論を発展させると，ある状態を誰かが逸脱や社会問題として定義し，その問題への対処が論議されるため，それが問題として構築されると考えることができる．そのため，社会問題だと主張する人たちに着目し研究すれば良いのではないか．このような発想をしたのがアメリカの社会学者 **J. I. キツセ**と **M. B. スペクター**（John I. Kitsuse & Malcom B. Spector）で，**構築主義**（constructionism）アプローチという．構築主義では，ある人々が逸脱や社会問題とされる状態について苦情を述べ，クレイム申し立てをし，改善を求める活動自体について着目する．

　たとえば，いじめによる子どもの自殺があったとしよう．心理学者であれば，いじめを受けた側の心やいじめをした側の心の問題としてこの現象をみるであろう．教育学者であれば，教師の日常における子どもへの接し方の問題や相談体制のあり方の問題について議論するだろう．社会学者であれば，いじめを生

む教室という社会の構造と機能について分析するかもしれない．しかし，構築主義をとる社会学者は，子どものいじめの問題について提言をしている人々に着目し，その活動のプロセスなどを研究しようとする．

構築主義は社会の仕組みと特徴を解き明かすのが主たる課題なので，問題解決の提示がなされないという批判を浴びることもある．しかし逸脱や社会問題といった定義が困難な分野の研究を行っていく際に，構築主義は分析対象や研究課題を明確化できるというメリットがあり，他の方法ではなしえない知見を得ることができる．

当たり前を疑う学問である社会学において逸脱行動や社会問題を考える場合，病理的とされる社会的事象そのものの研究を行うこともあるが，一般的な見方から一歩引いて考え直す．ある社会や集団において逸脱行動とされる事象は，別の社会や集団では必ずしもそうではない．なぜある事象が逸脱行動や社会問題として扱われるのか，なぜそれが問題だとされるのかを問い直すことで，私たちの社会がどのように機能しているのかを再考することができよう．

社会学において逸脱行動，社会問題，社会病理を見つめる視点はさまざまあるが，これらを学ぶことで，テレビのワイドショーなどで犯罪や社会問題だと言われる事件が起こった場合，コメンテーターの言説を新たな視点で判断できることを期待したい．

課 題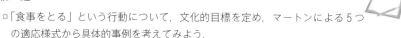

- 「食事をとる」という行動について，文化的目標を定め，マートンによる5つの適応様式から具体的事例を考えてみよう．
- 逸脱行動，社会問題，社会病理とされる現象について，具体的データを収集し，その現象が本当に問題なのか分析してみよう．
- 小説，アニメ，ドラマなどに出てくる逸脱行動，社会問題，社会病理と考えられる事例を取り上げ，なぜそう言えるのか社会学的に説明してみよう．

参考文献

赤川学［2012］『社会問題の社会学』弘文堂．
内田良［2009］『「児童虐待」へのまなざし──社会現象はどう語られるのか──』世界思想社．
大橋薫編［1966］『社会病理学』有斐閣（有斐閣双書）．
キツセ，J.I.・スペクター，M.B.，村上直之・中河伸俊・鮎川潤ほか訳［1990］『社会問題

の構築——ラベリング理論をこえて——』マルジュ社.

ベッカー, H.S., 村上直之訳 [1978]『アウトサイダーズ——ラベリング理論とはなにか
——』新泉社.

マートン, R.K., 森東吾・森好夫・金沢実ほか訳 [1961]『社会理論と社会構造』みすず
書房.

Column　　　　　　　　　　　　　　　　　　　　　ラベリングと構築主義

『アウトサイダーズ』——H. S. ベッカー——

H. S. ベッカーはアメリカの社会学者で,『アウトサイダーズ——ラベリング理論とはなにか——』("Outsiders: Studies in the Sociology of Deviance", 1963) の中で,「ラベリング理論 (labeling theory)」を提唱した. それまでの逸脱行動論は, 逸脱の原因を追究するといったマートンをはじめとする機能主義社会学者の研究が中心であった. しかしベッカーは逸脱の原因というより, 逸脱者に「ラベリング」する社会の側に注目した.

「社会集団は, これを犯せば逸脱となるような規則をもうけ, それを特定の人びとに適用し, 彼らにアウトサイダーのレッテルを貼ることによって, 逸脱を生み出すのである. この観点からすれば, 逸脱とは行為の性質ではなくして, むしろ, 他者によってこの規則と制裁とが『違反者』に適用された結果なのである. 逸脱者とは首尾よくこのレッテルを貼られた人間のことであり, また, 逸脱行動とは人びとによってこのレッテルを貼られた行動のことである.」(17ページ) と彼は述べ, 逸脱行動研究に対して発想の転換を提示した点で画期的なものであった. それ以降, 機能主義による研究が大多数を占めていた社会学分野において, シンボリック相互作用論 (第3章コラム参照) などさまざまな理論が台頭することとなったのである.

この研究を行う際, 彼自身プロのダンス・ミュージシャンのバンドの一員として演奏旅行に参加していた. 仕事で出会ったマリファナ使用者や, 逸脱者と見られていたダンス・ミュージシャンに対し**参与観察法** (participant observation) を駆使することで, マリファナ文化やジャズメンの世界を生き生きと描写することができた. そのため, 社会調査における**質的調査法**の手本として紹介されることも多い.

『社会問題の構築』——J. I. キツセと M. B. スペクター——

社会学において**構築主義**アプローチの必要性を唱えたのが J. I. キツセと M. B. スペクターである.『社会問題の構築——ラベリング理論をこえて——』("Constructing Social Problems", 1977) で, 社会問題を望ましくない状態として定義し, 改善策を探ってきた従来の社会学的研究に対し, そもそもそれが社会問題といえるのかどうか疑問を提示するとともに, これまでの社会問題研究は方法論的に困難性があると主張した. 彼らは社会問題を「ある状態が存在すると主張し, それが問題であると定義する人びとによる活動」(117ページ) と定義し, 社会状態そのものを研究するのではなく, そのような社会状態に対して行う苦情や

主張などのクレイムに着目した．そして，「社会問題の理論の中心課題は，クレイム申し立て活動とそれに反応する活動の発生や性質，持続について説明すること」（119ページ）とし，「**クレイム申し立て活動**」（claims-making activity）を行う人々が，その問題をどのように定義しているか，活動にはどのような特徴があるか，どのようなプロセスをたどっていくかなどを明らかにしようとする．またそれに対する意見を持つグループが現れると，従来のグループとの相互作用について調べることで，社会問題構築のプロセスを解明しようとするのである．

　日本の社会学分野では1990年代に紹介され，これまでのアプローチとは異なった視点で児童虐待など社会問題とされる事象を取り扱った研究も増えてきている．

（篠原清夫）

第11章 「格差」の社会学

> 参照基準③ク 階層・階級・社会的不平等についての
> 基本的な知識と理解

学修のポイント

1 「階級」「階層」とは何か
2 日本は本当に「一億総中流社会」だったのか
3 新たな格差社会へ

○近年の格差拡大論について考えるための
　基礎知識を理解する.
○日本人の階層意識が「一億総中流社会」から
　「格差社会」へと変化してきた経緯を知る.

予 習

- 「格差社会」についてどのような印象を持っているか,考えてみよう.
- 「階級」や「階層」という言葉から何をイメージするか,書き出してみよう.

はじめに

　2000年代以降の日本では「格差」について論じられる機会が格段に増えた．もはや「一億総中流社会」という日本の平等神話は崩れ去った，日本もアメリカ型の格差競争社会に突入した，といった言説がしばしば聞かれる．非正規雇用の拡大，ワーキングプアの増加，ニューリッチの出現など，「格差」や「貧困」をめぐるニュース報道にも日々事欠かない．2006年には「格差社会」が流行語大賞トップテンに選ばれ，山田昌弘『希望格差社会——「負け組」の絶望感が日本を引き裂く——』(2004年)，三浦展『下流社会——新たな階層集団の出現——』(2005年)，橘木俊詔『格差社会——何が問題なのか——』(2006年)，など「格差」を問題とした複数の著書が話題になった．

　また最近では，「教育格差」「職業格差」「恋愛格差」「友達格差」「コミュニケーション格差」など，やや過剰とも思えるほど，「○○格差」といった言い方がなされる機会も増えている．「勝ち組」「負け組」という言い方が流行した時期もあった．これらのこともまた，現在の日本で「格差」が強く意識されるようになっていることの証左であろう．なぜこれほどに現代の日本で「格差」が問題とされる機会が増えているのだろうか．

　本章では，こうした「格差」の議論に焦点を当て，現代社会の「格差」問題について考えるための手がかりを提供することを目指したい．そのためにまず「階級」と「階層」という概念の意味を確認する（1節）．次に，「一億総中流社会」と呼ばれた戦後日本の階層意識を扱うとともに（2節），近年，「格差社会」化が進んでいると言われる現代日本の階層構造を俯瞰する（3節）．これらの問題について考えることで，「階級」「階層」「格差」についての理解を深めてもらうことが本章の目的である．

1　「階級」「階層」とは何か

　社会的不平等（格差）について論じられる際には，「**階級**」と「**階層**」という概念がしばしば用いられる．「階級」と「階層」という言葉は誰もが聞いたことがあるだろうが，その違いを正確に説明することは意外に難しい．そこで，ここでは「階級」と「階層」理論の発展の歴史を振り返りながら，その違いを考

第11章　「格差」の社会学　　*123*

えてみよう.

　まず，「階級」の理論を初めに確立させたのは，言わずと知れた **K. マルクス** (Karl Marx) である．マルクスによれば，近代の資本主義社会は資本家階級と労働者階級という2つの階級によって構成されている．資本家階級が資本（生産手段）を独占的に所有しているのに対して，労働者階級は資本（生産手段）を所有しておらず，自らの労働力を売って生きていくほかない．資本家階級は独占的に所有した資本（生産手段）にもとづきながら労働者階級を搾取することによって，ますますその資本（富）を増殖させ豊かになっていくのに対し，労働者階級はますます窮乏化していく．こうした資本主義社会の矛盾が極限に達したときに共産主義革命が起こり，労働者が主役であるような共産主義社会への移行が生じる．このようなマルクス主義的な階級図式は，現実の歴史にも大きな影響力を持ち，その後の階級理論の基礎を提供した．

　しかしこうした強力なマルクス主義の階級理論は，時代を経るにつれて，徐々にその有効性を失っていくこととなった．「資本家階級と労働者階級への二極分化」「労働者階級の絶対的窮乏化」「自営層の消滅ないし縮小」「階級闘争の激化」などの理論が，現実社会に当てはまらない場面が増えていったからである．資本主義経済の発展にともなって，資本家階級／労働者階級という単純な二項対立図式にはおさまらない「新中流階級」（いわゆるホワイトカラー層）や経営層・中間管理職などが出現するとともに，「旧中流階級」としての自営層や農民層なども労働者階級に吸収されずに残存するという社会状況が，マルクス主義的な階級理論とは異なる新たな理論枠組みを要請するようになっていった．

　そのような背景を受けて，マルクスの階級理論に新たな要素を付け加えたのが **M. ウェーバー** (Max Weber) であった．ウェーバーは力・地位・権力などの複数の要素が，人々の間に経済的な格差を生み出し，階級の基盤になることを指摘した．このようなウェーバーの多元的な階級理論は，資本家階級 vs 労働者階級という単純な二項図式では捉えきれない社会の現実を説明するための重要な土台を提供した．とりわけ企業の経営者や管理職など，従来の資本家とは異なるホワイトカラーが台頭し始めた20世紀の社会構造を考察するにあたっては，ウェーバーの階級理論が重要な役割を果たした．

　さらに **P. A. ソローキン** (Pitirim A. Sorokin) は「階級」(class) と区別される「階層」(social stratum) という概念を新たに提唱した．産業社会を固定化された階級図式ではなく，開かれた階層構造として捉え，成層間の社会移動のメカニ

ズムを明らかにしようとしたのがソローキンの試みであった．ソローキンは，社会的空間を垂直的次元と水平的次元から成る複合的な空間として捉え，この両者の構成によって「社会成層」が生み出されると考えた（ソローキンのモデルでは，経済的成層・政治的成層・職業的成層という3つの原則的な成層が想定されている）．こうして，従来の「階級」理論とは異なる，「階層」理論の基礎が築かれることになった．

　一般的に言えば，「階級」が身分や地位などの歴史的・質的要因によって区分されるのに対し，「階層」は収入・財産・学歴・職業などの非歴史的・量的要因によって区分される．たとえば，「年収○○万円以上は上流階層，それ未満は中流階層」，といった数量的区分を行うのが「階層」の概念であり，現在，多くの社会調査や統計調査などで用いられているのもこうした「階層」の区分である．また「階級」が，階級のあいだに半ば固定化された支配─服従関係（上下関係）を前提としているのに対して，「階層」は，必ずしも階層のあいだに支配─服従関係を想定しておらず，階層間の移動も流動的なものであることが多い．1つの世代内でも階層間の移動は起こりうるし，世代間をまたいだ階層間の移動が生じることもしばしばある（図11-1）．

　このように社会の格差（不平等度）を分析するための社会理論は，マルクスの階級理論から出発して，その欠点を批判しながらそれを補う理論枠組みを新たに考案することによって発展してきた．今日の社会学では，社会の格差や不平等を分析するにあたって，「階級」よりも「階層」の概念が用いられることが多い．それは，「階級」という言葉につきまとうマルクス主義的なイメージを避け，

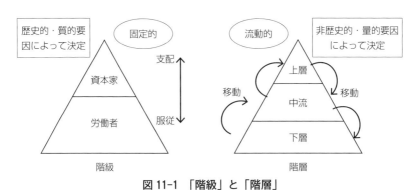

図11-1　「階級」と「階層」

出所）編者（篠原）作成．

歴史的・質的要因のみならず，収入・財産・学歴・職業・社会的地位などの多様な尺度から社会的不平等（格差）を考察しようとする意図があるためだと考えられる．ではこうした基礎理論を前提としたうえで，階級・階層・格差に関する我が国の社会学研究はどのような歩みをたどってきたのだろうか．そのことを次に見てみよう．

2　日本は本当に「一億総中流社会」だったのか

　もし「あなたの生活は上・中・下，どのレベルにありますか？」と聞かれたら，あなたなら何と答えるだろうか．

　内閣府が毎年実施している『国民生活に関する世論調査』の中には実際その通りの質問項目がある．「お宅の生活の程度は，世間一般からみて，どうですか．この中から1つお答えください」という質問文に対して，「（ア）上，（イ）中の上，（ウ）中の中，（エ）中の下，（オ）下」という5つの選択肢のなかから回答者が答えを選ぶというものである．その回答調査結果は**図11-2**のグラフのようになっている．

　たとえば2014年の調査では，「上」が1.2％，「中の上」が12.4％，「中の中」が56.6％，「中の下」が24.1％，「下」が4.6％，「わからない」が1.1％という結果になっている．まずこの調査結果から分かることは，自らの生活水準を「中」レベルと認識している人々が圧倒的に多いということである．過去数十年間の推移を見ても，多少の変動はあるものの，「中の上」「中の中」「中の下」と回答する人の合計がほぼ常に9割前後を占めており，そのなかでも「中の中」と回答する人の割合は常に5割を超えている．

　こうした調査結果を見ると，日本はいまだに「中流」意識の強い国なのだな，という印象を多くの人が持つかもしれない．しかし事はそう単純ではない．日本に限らず，社会調査によって測られる階層帰属意識については，回答者の回答が「中」に集中しがちになる，という特徴が存在することが知られているからである［数土 2009］．それゆえ，世論調査で「中」の回答が9割を超えたからといって，日本がそのまま平等度の高い「中流」社会であると判断するわけにはいかない．

　さらに，先の質問に「中」と答えた人が実際に客観的に見て「中流」レベルの生活を営んでいるかどうかは分からない，という問題もある．「**階層帰属意**

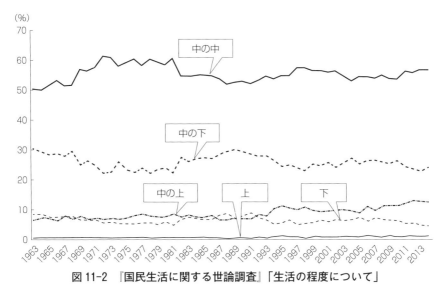

図 11-2 『国民生活に関する世論調査』「生活の程度について」

出所）内閣府ホームページ「国民生活に関する世論調査」（http://survey.gov-online.go.jp/h26/h26-life/2-1.html（2016年1月25日アクセス）（一番下の図29と表16-2））より筆者作成．

識」（「自分は社会のどの階層に位置づけられるのか」という自己意識）と，客観的な指標から見た階層帰属の結果のあいだにはしばしばズレが生じる．たとえば，先の質問に「中」と答えた人が，客観的な指標からすれば「上」または「下」の階層に分類される，ということがありうる．また，この世論調査における「中」の回答を「中流」と置き換えて解釈してよいのかどうかにも慎重な吟味が必要である．

この世論調査のなかで，「中」意識が初めて9割台に達したのは1972年のことであった．その後も「中」意識が9割の状態が長らく続いたために，日本は「**一億総中流社会**」である，という理解が広く普及することになった．しかし1970年代は二度の石油危機を経て，それまでの高度経済成長が終焉し，成長率が低下に転じた時期でもあった．にもかかわらず，なぜほとんどの国民が「中」意識を保ったままなのか，そうした「中」意識に対応する実体としての中間層は本当に存在するのかどうか，などの論点をめぐって，1970年代後半にはいわゆる「新中間層論争」が展開されることになった．

この論争の火付け役となったのが村上泰亮の「**新中間大衆論**」である．村上[1984]によれば，高度成長期を通じて生活水準の向上と所得格差の縮小が進む

第11章 「格差」の社会学　127

とともに，マスコミと大衆教育の発展によって人々の意識が均質化した．これによって「上層でも下層でもない中間的な地位」に「生活様式や意識の点で均質的な巨大な層」，すなわち「新中間階層」が出現した．この「新中間階層」は，いわゆるホワイトカラーだけでなく，ブルーカラー，自営業主，農民など多様な職層の人々を含んだ「新中間大衆」とでも呼ぶべき存在である，と村上は提唱したのである．

　これに対して，岸本重陳［1978］は「一億総中流社会」などは幻想であり，その実態はほとんどがマルクス主義でいう「労働者階級」にすぎないと反論した．表面的な現象において人々の均質化が進んでいるとしても，日本社会の構造原理そのものは依然として階級社会から変化していない．資本家（雇う側）と労働者（雇われる側）の区別は厳然として残っており，その豊かさの基盤は危ういものでしかない，と岸本は主張した．

　また富永健一［1979］は，日本人の多くが自分を「中」と考えるようになったとしても，それはあくまでも意識の問題であり，日本人の大半が中間階層になったと考えるのは行き過ぎであると反論した．富永は SSM 調査（正式名称「社会階層と社会移動全国調査」．日本の社会学者によって，1955年以来，10年ごとに行われている，社会階層や不平等，社会移動，職業，教育，社会意識などに関する社会調査）データの分析結果を参照しながら，大部分の人々が中間階層になったように見えるのは，所得は高いが威信の低い人，学齢は高いが所得の低い人など，地位尺度のそれぞれの側面で高低の違いがある人々が増えたこと，すなわち「地位の非一貫性」の増大によるものであると論じた．つまり人々の均質化が進んだわけではなく，「多様な中間」が存在すると解釈すべきだというのが富永の主張であった．

　正直なところ，こうした「新中間層論争」を経て，論争に参加した社会学者のあいだで共有される明快な結論が導き出されたとは言い難い．なぜ経済成長率が低下したにもかかわらずほとんどの国民が「中」意識を持っているのか，このような「中」意識に対応する実体としての中間層が本当に存在するのか，といった問いに明確な答えが出されたわけではなかったからである．しかし，村上泰亮，富永健一，盛山和夫，今田高俊，原純輔など，日本の名だたる社会学者たちが論争に参加し，SSM 調査をはじめとする各種の社会調査が実施されたことによって，日本の「格差」「階級」「階層」をめぐる社会学研究は大いに発展した．これによって，経済格差のみならず，職業格差・教育格差・ジェンダー格差など，多様な格差分析を行うための土台が準備された功績は大きい

と言えよう.

3　新たな格差社会へ

　しかしこうした「一億総中流」をめぐる議論も，1991年のバブル崩壊以降は大きく様相を変えることになる.それまで「ジャパン・アズ・ナンバーワン」と持ち上げられていた日本型経営や日本型雇用慣行が一転して批判に晒され，今後は日本も欧米型の市場競争原理を取り入れるべきだといった議論が沸き起こることとなった.いわゆる「構造改革」論が盛んに叫ばれるようになったのもこの時期からである.1997年には山一証券や北海道拓殖銀行など大型金融機関の倒産・経営破綻が相次いで，多くの国民に衝撃を与えた.これを機として，日本経済は本格的な長期不況へと突入していき，いわゆる「失われた10年（20年)」の危機も深刻化していくことになる.年間自殺者数が3万人を超えたのもこの時期からであった.

　こうした社会状況を背景として出版されたのが，橘木俊詔の『日本の経済格差』(1998年）であった.橘木は**ジニ係数**をはじめとした複数の指標をもとにしながら，日本の経済格差が80年代から拡大傾向にあり，今では欧米諸国と比較してもかなり大きい格差が生まれていると論じた（ジニ係数とは，所得の不平等を測る代表的な指標であり，0から1までの範囲内で，係数の値が大きいほどその集団における格差が大きいことを示している).**図11-3**に示されるように，1980年頃を境にして，当初所得におけるジニ係数が右肩上がりに上昇しており，また再分配所得も同じく1980年頃を境としてじわじわ上昇していることが分かる.この指摘は「日本は格差の小さい中流社会だ」という従来の常識を覆すものであり，大きな驚きをもって受け止められた.

　また佐藤俊樹は『不平等社会日本――さよなら総中流――』(2000年）のなかで次のように主張した.戦後の高度成長期には，日本は戦前に比べて「努力すればなんとかなる」＝「開かれた社会」になっていたが，近年，その開放性が急速に失われつつある.社会の10〜20％を占める上層をみると，親と子の地位の継承性が強まり，戦前以上に「努力してもしかたない」＝「閉じた社会」になってきている.それは選抜のシステム，つまり学歴や職業上の地位を得るための競争のシステムが飽和したためであり，その結果，戦後の産業社会を支えてきた重要な基盤が掘り崩されつつあるというのである.

第11章　「格差」の社会学　　*129*

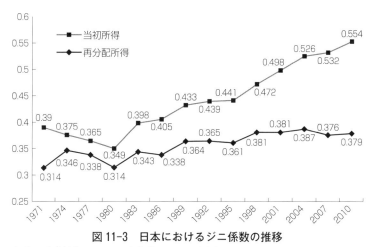

図 11-3　日本におけるジニ係数の推移

出所）厚生労働省ホームページ「所得再分配調査」(http://www.e-stat.go.jp/SG1/estat/NewList.do?tid=000001024668（2016年1月25日アクセス）（各年の報告書および統計表））より筆者作成.

　こうした橘木や佐藤の議論は，日本社会にも「格差」が広がりつつあることを国民に知らしめ，その後の「格差」議論を開始させるきっかけとなった．これに対して，大竹文雄，原純輔，盛山和夫などが，橘木や佐藤の格差拡大論に異議を唱えた．たとえば，大竹文雄［2005］は近年の格差拡大の主要因は人口高齢化の進行による「見せかけ」のものであると主張した．年功序列・終身雇用を慣行としてきた日本企業の賃金体系では，若年期には格差が小さく，中高年期には格差が大きくなりやすい．したがって社会の高齢化が進むと，実質的な社会構造が変化していなくても，表面的には経済格差が拡大したように見える．また収入の少ない高齢世帯が増えると，統計上は低所得世帯が増加したことになる．近年のジニ係数の増加はこうした人口構成の変化に伴うものであり，日本が本質的に不平等な格差社会になったわけではない，というのが大竹らの主張であった．当時の政府もまたこのような「格差は見せかけ」論を採用した説明を行っている．

　これに対し，橘木［2006］は大竹らの主張を大筋で認めながらも，だからといって高齢化に伴う貧困世帯が増加したことはまぎれもない事実であり，これを放置してよいことにはならないはずだと主張した．大竹も近年では，現在の日本において格差が拡大していること自体を否定しているわけではないと述べ，

高齢化による格差拡大とは別に若年層を中心とした格差の拡大が生じていることを認めた議論を展開している．格差拡大の原因をどこに認めるか，格差拡大の事実をどこまで問題として捉えるかといった点で意見に差異はあれど，今日の日本において格差が拡大しているという事実自体は広く共有されるようになったと言ってよいだろう．

さらにこうした「本当に格差は拡大しているのかどうか？」という論争に続けて，「格差が拡大しているとしても，それは悪いことなのかどうか？」という論争も生じた．2006年の参議院予算委員会で小泉純一郎首相（当時）が「格差が出ることが悪いとは思わない．成功者をねたんだり，能力ある者の足を引っ張ったりする風潮を慎まないと社会は発展しない」と答えたことも大きな話題となり，賛否両論の議論を引き起こすことになった．「格差の拡大社会の閉塞感を高め，不幸な人々を多く生み出す」という批判の声が強くあるいっぽうで，「正当な競争の結果として格差が生まれるのであればそれは仕方がない」「むしろ格差の拡大は市場競争が有効に機能している証拠である」といった反論の声も聞かれるようになった．

また「カネで買えないものはない」と豪語してIT時代の寵児となったホリエモンこと堀江貴文氏が2006年に証券取引法違反で逮捕されたことや，自動車工場で派遣社員として働いていた加藤智大氏が携帯電話の掲示板サイトに多くの書き込みを残しながら2008年に秋葉原殺傷事件を起こしたことなど，2000年代には「格差」をめぐる社会問題が頻発し，それらの問題をめぐる論争・言説も急増した．こうした「格差」をめぐる論争や社会問題の経緯は，文春新書編集部編『論争　格差社会』（2006年）や上村敏之・田中宏樹編『検証　格差拡大社会』（2008年）などに詳しくまとめられているので，関心ある読者はそちらをご参照いただきたい．

おわりに

ここまで見てきたように，今日の日本で格差が拡大傾向にあること自体はもはや否定しがたい事実である．こうした傾向を受けて，今日の日本は新たな**「階級社会」**に向かいつつあるのではないか，といった危惧の声も聞かれるようになっている．もし我が国の社会構造が，健全な流動が生じる「階層」社会ではなく，固定的な不平等が支配する「階級」社会へと変質しつつあるのであ

第11章　「格差」の社会学　*131*

れば，それは大きな問題であろう．

そのことを踏まえたうえで私たちが考えるべきは，「私たちはどのような格差ならば受け入れることができるのか」という問いであろう．完全に格差や不平等が根絶された社会という理想を簡単には実現することができない以上，私たちは程度の差はあれ，格差や不平等の存在という現実に向き合っていかねばならない．そのうえで，どのような格差ならば私たちは受け入れることができるのか，どの程度までの格差ならば許容可能なのか，格差はどの程度まで補正されるべきなのか，という問いを考えていく必要がある．それは最終的には，私たちがどのような社会を望むのか，どのような社会を「良き社会」として構想するのか，という「価値」に関わる問題でもあろう．

市場競争の結果として生まれた格差であれば容認されてよいのか，あるいはいかなる理由でも格差の存在は認められるべきではないのか，限られた財政のうえであるべき再配分や社会保障の仕組みとはどのようなものか，などなど，「格差」「階級」「階層」をめぐって私たちが考えるべき問題は山のようにある．「格差」は私たちにとってごく身近な問題であると同時に，私たちの社会にとって極めて重要かつ深刻な問題でもあり，議論のテーマとしても格好のものである．本章で見てきたように，日本の社会学には「格差」「階級」「階層」に関する充実した研究の蓄積があり，社会学を学ぶにあたっても格好の研究テーマの1つであると言えよう．本章を読まれた読者の皆さんも，「格差」「階級」「階層」をめぐる社会学研究に足を踏み入れてみてはいかがだろうか．

課 題

- 「階級」と「階層」はどう違うのか，自分でも調べてみて，その違いをまとめよう．
- 「格差」についてどのような報道がなされているか，新聞やテレビでチェックしてみよう．
- 近年の「格差拡大」についてどのように感じているか，身近な人と議論してみよう．

参考文献

ウェーバー，M., 世良晃志郎訳［1960-1962］『支配の社会学Ⅰ・Ⅱ（経済と社会）』創文社．
上村敏之・田中宏樹編［2008］『検証　格差拡大社会』日本経済新聞出版社．
大竹文雄［2005］『日本の不平等——格差社会の幻想と未来——』日本経済新聞社．
岸本重陳［1978］『中流の幻想』講談社．
佐藤俊樹［2000］『不平等社会日本——さよなら総中流——』中央公論社．
数土直紀［2009］『階層意識のダイナミクス——なぜ，それは現実からずれるのか——』勁

草書房.

橘木俊詔［1998］『日本の経済格差——所得と資産から考える——』岩波書店.

橘木俊詔［2006］『格差社会——何が問題なのか——』岩波書店.

富永健一［1979］『日本の階層構造』東京大学出版.

橋本健二［2013］『増補新版「格差」の戦後史——階級社会　日本の履歴書——』，河出書房新社.

原純輔編［2008］『リーディングス戦後：日本の格差と不平等　第2巻　広がる中流意識：1971-1985』日本図書センター.

文春新書編集部編［2006］『論争　格差社会』文藝春秋社.

マルクス，K.・エンゲルス，F.，大内兵衛訳［1971］『共産党宣言』岩波書店.

三浦展［2005］『下流社会——新たな階層集団の出現——』光文社.

村上泰亮［1984］『新中間大衆の時代——戦後日本の解剖学——』中央公論社.

山田昌弘［2004］『希望格差社会——「負け組」の絶望感が日本を引き裂く——』筑摩書房.

Sorokin, P.［1937-41］*Social and Cultural Dynamics*, American Book Company.

Column　　　ピケティの警告——『21世紀の資本』が訴えかけるもの——

　もはやすっかり忘れ去られてしまった感があるが，2014年の終わりから2015年の初めにかけて，トマ・ピケティの『21世紀の資本』という本が大きなブームを巻き起こしていたことを覚えている人はいるだろうか．日本語の翻訳書で700ページを超えるぶ厚い経済の専門書がベストセラーになり，ビジネス雑誌がこぞって特集を組むほどの大きな話題を呼んだのは異例の出来事であった．2015年1月にピケティ本人が来日した際には，テレビをはじめとして多くのメディアが取材にかけつけ，まるでアイドルのような扱いであった．

　世界的にもベストセラーになったこの本のなかでピケティが主張していることは，至ってシンプルである．現在，世界中で経済格差が拡大している，このままこの経済格差を放置しておいてはマズい，という主張である．実際，この主張は世界中の多くの人々の実感に訴えるものだったらしく，とりわけこの本が最も経済格差の激しいアメリカで大きな反響を引き起こしたということは象徴的である．ピケティによれば，2000年代のアメリカでは，上位10％の富裕層が国民所得の50％を独占しており，さらに上位1％が国民所得の25％を独占している．これは20年前よりもずっと大きな数字である．収入面で見ても財産面で見ても，上位の富裕層が富を独占する割合が年々高まっているのである．

　ピケティはこれまで（意外にも）注目されることが少なかった世界中の格差データを過去200年間分にわたって収集し，それを国際比較可能なかたちで分かりやすくまとめあげてみせた．その研究結果から明らかになったのは，1980年代以降，世界各国で経済格差が拡大していること，とりわけ上位数パーセントの富裕層が急速にその豊かさを増しているということである．ピケティの警告によれば，このままでは21世紀の資本主義は，19世紀のような「階級社会」または「世襲型資本主義」へと回帰してしまう危険性がある．20世紀をつうじて縮小してきた格

差がふりだしに戻って，再び格差・階級の固定化が進んでしまう恐れがある，というのである．

　これは下手をすれば，かつてのマルクスが描いた「資本家階級 vs 労働者階級」という階級闘争が復活しかねないことを意味している．ピケティ自身は，私はマルクス主義者ではない，とインタビューなどで繰り返し断っており，実際にその主張はマルクスのそれとは根本的に異なるものであるのだが，「格差の拡大と固定化」という主張においては，「19世紀の資本論」を書いたマルクスと，「21世紀の資本論」を書いたピケティに共通する側面があることもまた確かである．実際にニューヨークで発生して世界中に広がった「オキュパイ・ウォール・ストリート」運動などは，21世紀における「マルクス的なもの」の復活を思わせるところがある．

　ピケティは，この世界的な「格差拡大」の傾向に対して「グローバル資産税の導入」という提案を行っている．すなわち，たくさんの資産をもっている富裕層にグローバルなレベルで税金をかけ，そこで徴収した税金を格差是正のために使っていく，というアイデアである．そのようなアイデアが実現可能なのかどうかについてはさまざまな議論があるが，このまま格差の拡大を放置しておけば，世界の民主主義と資本主義の両方が危機に晒されることになる，という強い問題意識がピケティにあることは確かである．マルクス的な「革命」や「資本主義の転覆」ではなく，あくまで資本主義という枠組みのなかで格差を是正する解決策を探っているのがピケティの方針である．こうしたピケティの提言がどこまで現実の社会に取り入れられるか，それは私たち1人ひとりの努力に懸かっていると言えよう．

（百木　漠）

第12章　生活空間としての地域社会

参照基準③ケ　都市・農村などの地域社会・コミュニティに
ついての基本的な知識と理解

学修のポイント

1　社会集団としての地域社会——都市と農村——
2　近代化の産物としての都市
3　日本農村の特質と変貌
4　ローカルコミュニティの現在
5　脱地域化と再地域化

○人間にとって，身近な「社会」である
　地域社会の特徴を理解する.
○社会変動の中での地域社会の変容について知り,
　その変容にどう対応するのか，社会学的に思考する
　力を深める.

予 習

▫ これまであなた自身が，地域社会とどのように関わってきたのかを発表しよう.
▫ 地域社会に関して報道された新聞記事を持ち寄り，現在の地域社会に何が起こっているの
　か，まとめよう.

人間は，ある一定の空間の中で生活している．私たち自身がどのような空間で生活しているかを考えてみると，たとえば自宅を起点として，学校までの通学の範囲（通学圏），アルバイト先（通勤圏），買い物先（購買圏）と，さまざまな空間の中で生活が営まれていることがわかる．これにかかりつけの医療機関（医療圏）が加わるかもしれない．これら個人が生活を営む空間を生活空間とよぶが，地域社会とは，これらの生活空間をはじめとして，その空間でなんらかの「共同生活」が営まれているものをさす．

　ある一定の**地域性**（空間の広がり）をもって，かつそこでなんらかの「共同生活」が営まれている場面を考えてみたい．ここでいう共同生活とは寝食を共にする，ということだけではなく，広い意味での**共同性**を意味する．社会的動物である人間は，個人やその家族での対応が難しいとき，他者と共同して問題処理にあたり，社会を形成している．身近な場面で考えてみても，水道，ゴミ処理，消防，警察，防衛……と，さまざまな領域で，共同性に依存することによって私たちの生活は可能になっていることがわかる．

　地域社会は，私たちが社会と繋がる上で，その足場となる存在である．本章では，地域を手がかりとして，私たちの日常がどのように確保されているのかをみていくことにしたい．

1　社会集団としての地域社会──都市と農村──

　人間は一人では生きていけない存在である．衣食住といった生物としての生存の根本に関わることについてすら，他者の助けがなくては確保できない．人間として生きていくことは，社会に依存することでもある．

　そのため人間は，さまざまな社会関係を形成し，さまざまな社会集団に所属することによって生存を可能にしてきた．地域社会はそのうち，家族とならんでもっとも身近な社会集団として位置づけられてきた．

　社会集団とは，共属感情を持つ人々から構成され，持続的な相互作用が展開される社会的結合をさすものであるが，結合の原理や集団の目標のあり方によって，これまで類型化が試みられてきた．たとえば，**F. テンニース**（Ferdinand Tönnies）は，集団を形成する個人の結合のあり方に注目して「**ゲマインシャフト**」と「**ゲゼルシャフト**」の2類型を提示している［テンニエス 1957］（第3章参照）．前者は，地縁や血縁，あるいは精神的連帯によって自然発生的に形成した

集団を示し，後者は目的の遂行や利益の追求のために作為的に形成された集団を示す．あるいは，**C. H. クーリー**（Charles H. Cooley）らは，「**第一次集団**」と「**第二次集団**」を設定した［クーリー 1970］（第3章参照）．前者は，対面的で日常的接触が図られ，連帯感を有する集団であり，後者は成員間が間接的に繋がっている集団である．

　近隣や村落といった地域社会は，ゲマインシャフトや第一次集団，すなわち家族や友人と同様，きわめて基礎的な集団として位置づけられる．一方，同じく地域社会の範疇に含まれる都市は，ゲゼルシャフトや第二次集団に位置づけられる．社会集団論では，同じ地域社会にあっても都市と農村は対極的な存在として位置づけられている．

　都市と農村の性格の違いについての代表的な議論として**P. A. ソローキン**（Pitirim A. Sorokin）と**C. C. ジンマーマン**（Carl C. Zimmerman）による**都市—農村二分法**や，**L. ワース**（Louis Wirth）による**都市—農村連続法**が知られる．二分法は，都市と農村を二分する指標を8項目（職業，環境，人口量，人口密度，人口の異質性，社会的分化，移動性，人間関係）あげ，これらの違いによって都市と農村を対比して捉えた［ソローキン・ジンマーマン 1935］．一方，ワースは，**アーバニズム**（都市的生活様式）から，都市と農村を連続的なものとして捉えている．アーバニズムは都市に特有の生活のあり方を示すが，匿名性，人間関係の分節化，競争，無関心といった都市に生きる人に共通する社会的行動や社会的生活がそれに該当する［ワース 1978］．都市化は段階的に起こるため，アーバニズムの進展も都市化の進行によって異なる．

　また，**倉沢進**は都市と農村の違いを共同性のあり方に求めている［倉沢 1977］．倉沢によると，農村の共同性が非専門家である地域住民による相互扶助システムという共同処理であるのに対し，都市の共同性は，専門家・機関による専門的・分業的処理システムであり，そこに都市的生活様式をみいだしている．

　現代の日本社会において，これら共同性の多くは市町村や都道府県，国家といった行政機関によって担われ，あるいは企業によるサービスといった形で提供されている．地域住民が共同して行う共同作業は減少し，サービスの多くは，買うもの，あるいは税金を払って提供されるものになりつつある．

　さらに現代社会では，農村社会にあってもアーバニズムが浸透し，都市・農村ともに「近所づきあい」「親戚づきあい」などの相互扶助が減少し，近隣関係の希薄化が指摘されている．

第12章　生活空間としての地域社会　　137

次に，都市・農村それぞれを社会学ではどのように捉えてきたのかをみてい
くことにしたい．

2　近代化の産物としての都市

　社会学は近代社会が成立していく過程で誕生した学問であるが，都市はまさ
に近代化の産物である．近代化を牽引した工業化は，これまでの手工業的な前
近代工業とは異なり，多数の労働力を必要とした．その労働力の集約によって，
多数の人口を擁する都市が形成されていった．

　初期の社会学者にとって，都市は，近代社会そのものを投影するものとして
捉えられ，その過程ではさまざまな都市論が生み出された．たとえば G. ジン
メル（Georg Simmel）は，貨幣経済による支配，匿名性，無関心と敵意および人
格的自由を都市の特徴としてみいだし［ジンメル 1978］，M. ウェーバー（Max
Weber）は，都市を住民相互の相識関係を欠く連続的な集落として位置づけ，
経済，政治，行政の各観点から論じている［ウェーバー 1964］．

　社会学の都市研究を語る上で欠かせないのが，シカゴ学派による諸研究であ
る．これは，シカゴ大学社会学部の社会学者によってなされた一連の都市研究
をさす．シカゴはアメリカ中西部，ミシガン湖畔に位置する大都市であり，水
運による穀物の集散地として発展し，その後，アメリカ有数の工業地帯へと変
貌を遂げていった．シカゴ学派を牽引した R. E. パーク（Robert E. Park）と
E. W. バージェス（Ernest W. Burgess）は大都市シカゴを「実験室」になぞらえ
［パーク・バーゼズ・マッケンジー 1972］，当地を対象とした社会調査を実施し，そ
の伝統は後輩に引き継がれていった．シカゴ学派による研究からはバージェス
による同心円地帯理論，生活史研究としても名高い W. I. トーマス（William
I. Thomas）と F. ズナニエツキ（Florian Znaniecki）の『ヨーロッパとアメリカにお
けるポーランド農民』，前述したワースのアーバニズム論など，多くの実証的
研究が生み出されている．

　日本では，鈴木榮太郎が都市の本質を結節機関に求めている［鈴木 1957］．都
市にあって農村にないものを考えると，ターミナル駅，百貨店，官公庁，病院，
文化施設……などが考えられるが，これらは都市と都市，都市と農村をつなぐ
結節機関として位置づけられる．都市には結節機関が存在することによって，
単に人間の移動や流通に留まらず，文化や情報，交流の集積がはかられるとし

ている.

3　日本農村の特質と変貌

　日本において農村に関する社会学的研究は戦前期から積極的になされ，**鈴木榮太郎**の**自然村理論**や**有賀喜左衛門**の**家連合論**などがその代表例となる．鈴木は，日本農村を空間的規模に応じて第1から第3の社会地区に分け，それぞれの社会地区の社会集団の累積を分析した．この結果，第1社会地区（近隣，小字），第2社会地区（大字），第3社会地区（行政村）のうち第2社会地区にとりわけ多くの社会集団が累積していることを析出し，この単位を自然村と名付けた．第2社会地区の多くは，近世の支配単位としての村（近世村，藩政村）であり，明治の町村合併によって行政体としての位置づけを失った範域が，実際には自律性を有し，村人の意識を規定する「村の精神」を体現しているものとして捉えた［鈴木 1940］.

　一方，有賀は村の構成単位を「日本の家族」である家に求め，家が連合して村を構成するという家連合論を提唱した．家は祖先から子孫に至る系譜を重要視する生活共同体と位置づけられるが，家単独での対処が難しい際には，家が連合して，問題を処理する．また，家連合は，家相互の関係が本分家関係のような系譜・上下関係をもつ同族型家連合，家の関係が対等な組型家連合に大別される［有賀 1938；1939；1948］.有賀の家連合はその後，**福武直**によって権力の観点を取り入れた村落構造論として発展している［福武 1949］.

　現代社会において，農村も少なからず都市化——とりわけ都市的生活様式の流入が進み——，純農村や純山村といったものはほとんど見られなくなっている．高度経済成長期には，農村社会の変貌が顕著に表れ，農山村から都市への流出（**離村**）や兼業農家の増加（**兼業化**）といった現象がみられるようになり，さらにその後，都市の人口圧力によって都市近郊の農村（**近郊農村**）が都市に取り込まれていった．その結果，同じ地域の中に農家と非農家，古くからの住民層と新住民層が空間を共有する混住化が進み，また開発の過程で無秩序に市街化が拡大し，虫食い状に市街化が進む**スプロール化**も進行していった．

　一方，もっぱら都市へ人口を流出する側となった農村では，**過疎化**，**高齢化**が進行し，高齢化率（総人口に占める65歳以上の割合）が50％を超えた**限界集落**は，全国で1万集落を越えている．

第12章　生活空間としての地域社会　*139*

4　ローカルコミュニティの現在

　地域社会を英語に置き換えるとさまざまな表現があるが，その代表例の1つがリージョンであり，もう1つがコミュニティである．日本の地域社会学会の英訳は Association of Regional and Community Studies とリージョンとコミュニティの双方が含まれている．この2つの地域社会の違いは，やや乱暴ではあるが，**リージョン**が広域で，かつ第二次集団的な特徴を持つものであるのに対し，**コミュニティ**はより狭小で，かつ第一次集団として位置づけられる点にあるといってよいだろう．

　アメリカの社会学者 **R. M. マッキーヴァー**（Robert M. MacIver）は，空間的範域をともなって自然的な共同生活が行われる社会をコミュニティとして定義し，そこには社会的類似性，共通する社会的観念，共通の慣習，共属感情がみられるとした［マッキーヴァー 1975］．一方，コミュニティに対比する形で，コミュニティ内部の特定の目的や関心に沿って形成される集団として**アソシエーション**を提示した．マッキーヴァーのコミュニティ論では，きわめてローカルなコミュニティから国民社会までをもコミュニティの範疇に組み入れている（一方，国家はアソシエーションである）が，ここではローカルなコミュニティについてみていくことにしたい．

　コミュニティという言葉は，実体概念として用いられる場合と理念として用いられる場合がある．前者にはたとえばコミュニティの解体という分脈で，後者はコミュニティ作りといった場合のそれである．

　まず，後者の理念としてのコミュニティであるが，日本では1970年代より，**町内会・自治会**に代表される旧来の伝統的な地域社会に代わるものとしての「コミュニティ」が新しい地域社会のあり方として提示されていった．この背景には都市化の進展に伴う地域への無関心層の増大，「東京砂漠」といった言葉に代表される人間関係の希薄化，あるいは職住分離の結果としてのベッドタウンの出現があり，これらへの対処として，コミュニティ形成が行政施策として盛んに展開された．理念としてのコミュニティを整理したものとしては，奥田道大のコミュニティモデルが知られている（**図 12-1**）．

　奥田は，行動体系と価値意識の2つの軸を用い，両軸の対極に地域住民が主体的に行動する主体的行動体系と人任せの客体的行動体系，伝統的な価値に主

力がおかれる特殊的価値意識，地域をよりよくしたいと思う普遍的価値意識を置き，地域社会の形を4つに分類している．それが①「地域共同体」モデル，②「伝統型アノミー」モデル，③「個我」モデル，④「コミュニティ」モデルである．①「地域共同体」モデルは，村の規範が生き，住民が積極的に地域に関わるような伝統的村落社会が，②「伝統型アノミー」モデルは，旧来の価値観が生きつつも，新住民をはじめ無関心層が入り込んでいるような混住化

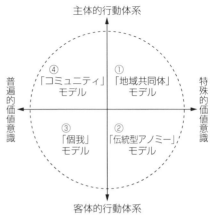

図12-1 奥田道大のコミュニティモデル
出所) 奥田 [1983：28].

した近郊農村が適合する．なお，**アノミー**とは社会規範が弱まることによって個人の欲望が肥大化し，社会統制が働かなくなる状況を示す社会学のキータームである（第10章参照）．③「個我」モデルはよりよい地域に住みたいという価値はありつつも，自ら動かず，人任せ，行政任せにする住民層が中心となる地域であり，新興住宅地などが該当する．これに対し，住民が普遍的な価値，つまりは地域をよりよくしようと思い，自ら主体的に行動する形を④「コミュニティ」モデルと位置づけ，新しい地域社会における理想的な形であると提唱した．

　一方，実体概念としてのコミュニティは社会の変化の過程で変容する．B. ウェルマン (Barry Wellman) は，既存のコミュニティ研究を整理し，「コミュニティ喪失論」「コミュニティ存続論」「コミュニティ解放論」の3つに類型化した [ウェルマン 2006]．

　コミュニティ喪失論は，産業化や官僚制化によって都市的現象が生み出され，それがコミュニティの連帯を喪失させ，集合行為の困難や犯罪，貧困などの社会解体を生み出すという立場である．その前提にあるのは，人間関係が密な自己充足的な連帯の中でのみ，第一次的紐帯が自然発生するというものであり，その代表例が，ワースのアーバニズム論である．ワースは都市の生活様式の特徴が，分業化した組織・集団への二重所属を生み出し，それによって広く浅い間接的な人間関係である第二次的接触中心になるとする．それによって，人間

第12章　生活空間としての地域社会　　*141*

関係は流動的・匿名的・表面的・一時的・功利的なものになり，それがコミュニティの喪失につながるという立場を取る．

それに対し，**コミュニティ存続論**は，産業化や官僚制化が進んでも，近隣・親族の共同的連帯は，依然として存続するという立場を取る．その理由には，近隣や親族は，サポートや交際相手の有効な供給源であることなどがあげられる（コラム「磯野家とコミュニティ存続論」参照）．

ウェルマン自身が立脚するのは，第三の**コミュニティ解放論**である．コミュニティ解放論はコミュニティからある要件を解放しようとする立場であり，その要件とは地域性である．マッキーヴァーをはじめ，これまでのコミュニティ研究においては，その定義として地域性と共同性が自明的なものとして設定されていた．しかし，都市化の進展によって，地域を離れた多様な人間関係が形成される中で，現実の人間のコミュニケーションは地域性のくくりの中では捉えられない．第一次的紐帯が並存し，かつ，それらが密接な境界づけられた連帯としては非組織である場合，あくまで個人を中心として構築される人間関係の束を捉えるしかない．それがコミュニティ解放論の主張である．

私たちの日常を考えてみてもこのコミュニティ解放論は理解しやすい．近隣に親しい人間関係が構築されていないからといって，親密な関係が全くないかといえば，そうではない．むしろ，狭い地域の中で，すべての人間関係が完結している人のほうが少ないだろう．かつての農村社会においては，日常的に顔をつきあわせる人間関係が中心であった．同級で同僚で家も近所で消防団の仲間でかつ親戚で……，といった特定の他者と二重三重の関係性で結ばれる狭い社会に生きていた．ところが現在，私たちはさまざまな社会的ネットワークに広く薄く関わることによって，より多くの他者との関係を構築している．地域性でくくると孤立に見える個人が，実は多様な人間関係をその外部に有しているのである（**図 12-2**）．

また，現代社会の人間関係を考える上で欠かせないのは情報技術の進展との関係である．アメリカにおける電話をめぐる社会史を描いた C. S. フィッシャー（Claude S. Fischer）は，電話が農村に普及することによって，親子，とくに親と娘の空間的距離が拡がったことを明らかにしている［フィッシャー 2000］．これによると電話（もちろん固定電話であるが）が導入される以前は親思いの娘は成人後も親と近接別居していたが，電話が導入されることによって親と離れた土地に安心して移ることが可能になったという．物理的に離れていても即時にコ

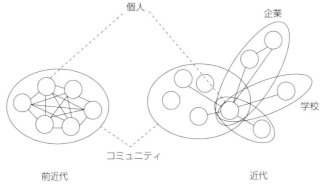

図 12-2　前近代と近代の人間関係
出所）筆者作成.

ミュニケーションが取れる電話の導入は，地域性を超えた人間関係，とりわけ親密な第一次的紐帯の形成に大きく寄与している．さらに電話は固定電話から携帯電話へ，さらに多機能型の端末（スマートフォン）へと，電話コミュニケーションの形も大きく進化している．情報技術の革新は，確かに地域性からの解放をもたらしているといえよう．

5　脱地域化と再地域化

　これまでみてきた議論を踏まえると，現代社会において地域社会の役割は減少し，その地位は個人が自由に形成する社会的ネットワークに移ってきているように感じられる．すでにジンメルによる指摘がなされているように，都市がもたらす自由は旧来の村社会が形成していた地域の濃密な人間関係からの解放をもたらした一方で，これまでの相互扶助的な地域社会のあり方を一変させた．生活から地域の役割が喪失していく状況を**脱地域化**とよび，これは都市，農村を問わず，現代日本のあらゆる地域で起きている現象である．その一例として**町内会・自治会の解体**が指摘される．町内会・自治会は日本の伝統的な地域組織であり，ローカルコミュニティの実質を支えてきた．任意団体であるものの対象地域内の全世帯の自動的加入，多岐的で包括的な機能，地域代表性，末端行政機能，排他的地域独占などがその特徴としてあげられる．会によって活動内容は大きく異なるが，ゴミ収集場の管理や防犯対策，街路灯の維持から，役

第12章　生活空間としての地域社会　　143

所への陳情等，住民生活を下支えしてきた町内会・自治会が危機に陥っている．これまでも加入率の低下や担い手不足が問題とされてきたが，近年，この流れが進行し，中には解散を余儀なくされる会も出現している（「クローズアップ現代——町内会が消える——」2015年11月4日放送，NHK）．

しかし，地域性を超えて親密なネットワークが構築されているとはいえ，「遠くの親戚より，近くの他人」ではないが，地域性の中でした果たせない役割や支援があることも事実である．1995年の阪神・淡路大震災や2011年の東日本大震災の経験は，それを再認識させている．また，「**孤独死**」や「**無縁社会**」といった言葉が取りざたされて久しいが，実際，人生の最期を孤独の中に迎える人々も増加している．2014年に東京都23区内で「一人暮らしで死亡した者」（≒孤独死）の数は，5980人（うち高齢者は3856人）に上っている［東京都監察医務院 2014］．生涯未婚率（50歳時点で一度も結婚したことのない人の割合）が増加し，2010年段階で男性20.1％，女性10.6％［国立社会保障・人口問題研究所 2015］という状況は，孤独死は他人事の話ではないことを示している．皆婚社会が崩れ，おひとりさま化が進行する現代日本社会において，家族はもはやセーフティネットとして機能しない状況が生み出されている．

こうした中で，新たな役割が期待されているのが，地域社会，その中でもとりわけローカルコミュニティであり，防災，防犯，安心・安全の地域づくりを目的とした新たな活動が注目される．こうした地域の共同性が低下した状況から，再度，地域の共同性を確保しようとする動きが，**再地域化**である．

また，近年注目を集めているものに，**ソーシャル・キャピタル**（社会関係資本）がある（第10章参照）．ソーシャル・キャピタルを巡っては，これまで議論が蓄積されてきたが，基本的には人々の協調行動を活性化することによって，社会の効率性を高めるという発想にもとづく考えである．**R. D. パットナム**（Robert D. Putnam）は，その根源に「信頼」「規範」「ネットワーク」を置き，規範の中でもとりわけ互酬性を重視している［パットナム 2001］．社会や他者に対する信頼がはかられ，互酬性が存在し，他者とつながりを確保するといった動きを強めていくことは地域社会，さらには社会全体のパフォーマンスを高めていくと期待されている．

―― 課　題 ――――――――――――――――――――――――――――

□居住地や出身地などの身近なローカルコミュニティについて，

- 地域の現状と課題を把握しよう.
- ◽ 現代日本の地域社会が抱える問題について整理し，その解決法を考えてみよう.

参考文献

秋元律郎［1989］『都市社会学の源流——シカゴ・ソシオロジーの復権——』有斐閣.
有賀喜左衛門［1938］1981『農村社會の研究』農山漁村文化協会.
有賀喜左衛門［1939］『大家族制度と名子制度——南部二戸郡石神村に於ける——』アチックミューゼアム（中野卓・柿崎京一・米地実編［2000］『有賀喜左衛門著作集3』未来社所収）.
有賀喜左衛門［1948］『村落生活——村の生活組織——』國立書院（中野卓・柿崎京一・米地実編［2000］『有賀喜左衛門著作集5』未来社所収）.
岩崎信彦・広原盛明・鯵坂学・上田惟一・高木正朗・吉原直樹編［1989］『町内会の研究』御茶の水書房.
ウェーバー, M., 世良晃志郎訳［1964］『都市の類型学』創文社.
ウェルマン, B., 野沢慎司・立山徳子訳［2006］「コミュニティ問題——イースト・ヨーク住民の親密なネットワーク——」, 野沢慎司編『リーディングスネットワーク論——家族・コミュニティ・社会関係資本——』勁草書房, 159-204ページ.
NHK「無縁社会プロジェクト」取材班編［2010］『無縁社会——「無縁死」三万二千人の衝撃——』文藝春秋.
大野晃［2005］『山村環境社会学序説——現代山村の限界集落化と流域共同管理——』農山漁村文化協会.
奥田道夫［1983］『都市コミュニティの理論』東京大学出版会.
クーリー, C.H., 大橋幸・菊池美代志訳［1970］『社会組織論——拡大する意識の研究——』青木書店.
倉沢進［1977］「都市的生活様式論序説」, 磯村英一編『現代都市の社会学』鹿島出版会, 19-29ページ.
倉沢進・秋元律郎編［1990］『町内会と地域集団』ミネルヴァ書房.
国立社会保障・人口問題研究所［2015］『人口統計資料集』.
ジンメル, G., 松本通晴訳［1978］「大都市と精神生活」, 鈴木広編『都市化の社会学 増補版』誠信書房, 99-112ページ.
鈴木榮太郎［1940］『日本農村社會學原理』時潮社（1968『鈴木榮太郎著作集1・2』未来社所収）.
鈴木榮太郎［1957］『都市社會學原理』有斐閣（1970『鈴木榮太郎著作集4』未来社所収）.
ソローキン, P.A.・ジンマーマン, C.C., 京野正樹訳［1935］『都市と農村——その人口交流——』刀江書院.
高木鉦作［2005］『町内会廃止と「新生活協同体の結成」』東京大学出版会.

地域社会学会編［2000］『キーワード地域社会学』ハーベスト社.

テンニエス，F.，杉之原寿一訳［1957］『ゲマインシャフトとゲゼルシャフト──純粋社会学の基本概念──』（上・下）岩波書店（岩波文庫）.

東京都監察医務院［2014］『平成27年版統計表及び統計図表』.

トーマス，W. I.・ズナニエツキ，F.，桜井厚訳［1983］『生活史の社会学──ヨーロッパとアメリカにおけるポーランド農民──』御茶の水書房.

中野正大・宝月誠編［2003］『シカゴ学派の社会学』世界思想社.

パーク，R.・バーゼス，E. W.・マッケンジー，R. D.，大道安治郎・倉田和四生訳［1972］『都市──人間生態学とコミュニティ論──』鹿島出版界.

パットナム，R. D.，河田潤一訳［2001］『哲学する民主主義──伝統と改革の市民的構造──』NTT出版.

パットナム，R. D.，柴内康文訳［2006］『孤独なボウリング──米国コミュニティの崩壊と再生──』柏書房.

フィッシャー，C. S.，吉見俊哉・松田美佐・片岡みい子訳［2000］『電話するアメリカ──テレフォンネットワークの社会史──』NTT出版.

フェアリス，R. E. L.，奥田道大・広田康生訳［1990］『シカゴ・ソシオロジー──1920-1932──』ハーベスト社.

福武直［1949］『日本農村の社會的性格』東京大學協同組合出版部（1976『福武直著作集4』東京大学出版会所収）.

宝月誠・中野正大編［1997］『シカゴ社会学の研究──初期モノグラフを読む──』恒星社厚生閣.

町村敬志編［2006］『地域社会学の視座と方法（地域社会学講座1）』東信堂.

マッキーヴァー，R. M.，中久郎・松本通晴監訳［1975］『コミュニティ──社会学的研究　社会生活の性質と基本法則に関する一試論──』ミネルヴァ書房.

山下祐介［2008］『リスク・コミュニティ論──環境社会史序説──』弘文堂.

ワース，L.，高橋勇悦訳［1978］「生活様式としてのアーバニズム」，鈴木広編『都市化の社会学　増補版』誠信書房，127-147ページ.

Column

村普請の現在

　　村における共同性を今日に伝えるものにはいくつかあるが，その代表例として共同労働があげられる．その具体的内容を若干紹介しておきたい.
　　朝，顔を洗おうと蛇口をひねったが，水が出ない．こんな時はどうするだろうか．水道の元栓が開いていることを確認する，それでも出ない．となると多くの人は行政の水道局に問い合わせるだろう．その背景には，上水道や簡易水道が行政によるサービスとして提供され，利用者である住民はその対価として水道料金を支払っている，すなわちサービスを購入しているという意識がある．しかし，

（いずれも筆者撮影）

現在でも行政による水道が引かれず，住民が自ら水源を確保し，水道を維持している地区がある．こうした地区では，水が出なくなると取水先の沢まで住民が出向き，水道施設の修復を行うことになる．写真（左）は東京都西多摩郡檜原村のものであるが，年に一度，地区の中に形成された水道組合の受益者である住民が揃って水源の手入れを行っている．

福島県大沼郡金山町横田では，地区内を流れる水路の補修である大堰普請を行っている（写真右）．現在は農業用水として利用されているが，この作業には非農家も含め地区の全世帯の参加が義務づけられ，欠席した世帯には反則金が課せられる．行政による簡易水道が引かれる以前，この水路の水は生活用水としても用いられ，炊事，洗濯，風呂等々に利用されていた．ただ，上水と下水の別がないため（同じ水路の水を炊事にも洗濯にも使う），炊事の時間帯には洗い物や洗濯はしてはいけないとの利用上の掟があったという．このほか，生活道の維持（道普請）や集会場や神社などの共有施設の維持なども共同労働して処理される例が各地で多く見られる．

また，消防団もこの共同労働の1つとして捉えることができる．よく混同されるが，消防団員と消防士とは異なる．消防士（正確には消防吏員．消防士は消防吏員の階級の1つである）は，常勤の地方公務員として，消防署に詰め火事や救急の際には本業として消火や救急活動にあたる．対して消防団員は非常勤の地方公務員として位置づけられてはいるが，本業は別に持ち，地域内で火災が生じた際に初期消火に駆けつけるボランティアの一種として考えた方が分かりやすい．119番に通報をすると消防車が駆けつけるが，家々が点在する山間部では，行政の消防車が間に合わず，山火事を引き起こすこともある．こうした地域では，今も地域住民で組織されている消防団が欠くことのできない役割を果たしている．

Column　　　　『七人の侍』と三軒茶屋——都市の中の村——

　1954年公開の東宝映画『七人の侍』（黒澤明監督）は，J. スタージュ監督の『荒野の七人』（1960年公開）にリメイクされるなど，世界的にも評価の高い日本映画として知られている．時は戦国．野武士に常襲されていた村人が，村を自衛するために7人の浪人を雇う．浪人は村人と共に野武士と対峙し，激しい戦いの末，

勝利する……．

東京都世田谷区三軒茶屋．国道246号線沿いに高層ビルが建ち並ぶ大都市の一角であり，近年は「おしゃれスポット」としてメディアに登場する人気エリアであるが，当地で調査をした際に，しばしば耳にしたのは『七人の侍』のモデルは三軒茶屋にあるという話であった．

近世に三軒茶屋が含まれていた太子堂村には「太子堂七姓」とよばれる村の有力者がいた．七姓は太子堂を作り上げた7人の末裔であるという．この話を東宝の助監督（東宝の撮影所は太子堂に近い世田谷区砧にあった）が監督に伝えたことが『七人の侍』につながったという．

太子堂村は，近世には戸数57，人口244人（1784［天明4］年）の農村であった．それが，1907（明治40）年に現在の地下鉄田園都市線の前身である路面電車（玉電）が引かれると，徐々に新住民が定着し，近郊農村として，さらに高度経済成長期以降は大都市東京に飲み込まれるように都市の一角として位置づけられていった．現在，そこにかつての農村の姿はない．

しかし，地域の神社や寺の総代，町会の役員の名前を注意深くみてみると，そこには太子堂七姓の氏姓が散見されているのに気付く．旧中間層として専売的な家業（酒屋や米屋など）を営み，地域の顔役として伝統的なセクションを今も担っている．村ははじめから村であったわけではなく，遡っていくとそこには最初の開拓者が存在する．それらは今日「草分け」や「草切り」の伝承として残されていることもある．太子堂七姓も，これら草分け伝承の家に位置づけられる．

『七人の侍』は戦いの後，おそらく村から姿を消していったと思われるが，現実の七姓は，地付きの旧家として都市化が進んだ現在も当地に根を張っているのである．

Column　　　　　　　　　　　　　磯野家とコミュニティ存続論

東京都世田谷区あたりの閑静な住宅地に居を構える磯野家とその周囲のコミュニティについて考えてみたい．これまで『サザエさん』（日曜18:30からの30分間）の一家の動向を継続的に「観察」したところ，磯野家は，大都市近郊にあっても良好で濃密な近隣関係を持続しているようである．徒歩圏内には世帯主の姉の息子夫婦とその子も居住し，定期的な交流が持たれているし，家族ぐるみで交流する近所の家も存在している．

かといって磯野家が近隣の家々と全く同様に関係を取り結んでいるわけではなさそうである．磯野家に向かって左の家と真後ろの家の世帯構成を思い出して欲しい．左の家は伊早坂家で，小説家を世帯主とし，その妻，浪人生の長男，高校生の長女，そして飼い犬で構成されている．裏の家には老夫婦が高齢夫婦世帯を形成している．

さて，では右隣の家の世帯構成は分かるだろうか．長年，観察をしているが，右隣の家についての情報は左隣に比べ，皆無に等しい．右隣は空き地ではないし，たまに挨拶をするところを見かけることもあるが，その程度のつきあいであるよ

うだ.

裏の老夫婦の家には磯野家の子どもが遊びに行ったり，左隣の家とは，妻同士が女学校の同級生ということもあって家族ぐるみの交流が見られるのに対し，右隣の家とはきわめて薄いつきあいしかないようである.

社会学者の上野千鶴子［1987］は，人間関係を「縁」に注目して類型化し，まず選べない縁と選べる縁（選択縁）に二分する．選べない縁には血のつながりによる血縁，土地のつながりによる地縁，そして文化人類学者の米山俊直［1966］が提唱した結社による社縁（とくに上野は会社を社縁の典型として挙げ，崩れてきてはいるものの日本的経営の中で，入社したら容易に辞めることはできないことから，選べない縁に位置づけている）の３つの縁をあげ，これら従来からある縁とは全く異なる選択縁を提示している．選択縁は自由に選択し，関係を取り結ぶことが可能な縁であり友人がその典型例となるが，選択縁の特徴は，血縁，地縁，社縁の既存の縁を基盤として取り結ばれることもある点にある．たとえば親戚づきあい．これは血縁によるものであるが，あの叔母とは仲がよい，あの従兄弟とは全然交流がないなど，血縁の中でも関係性には濃淡がある.

話を磯野家に戻すと，磯野家が立地するあの地域がとりわけコミュニティが濃密に展開されているというわけでは必ずしもなく，たまたま，気が合った昔からの友人である隣家との選択縁的な関係性が，傍目には濃密なコミュニティと写っているだけなのかもしれない.

もちろん，磯野家が構築しているコミュニティが希薄であるというわけではない．むしろコミュニティの形成において重要なのは，コミュニティ内部に，いかに選択縁を用意できるか，ということだという点である．隣家はすでに地縁であり，これは選ぶことのできない縁である．しかし，伝統的な村落社会はともかくとして，今日の都市社会において，単に地縁で結ばれているといっても，実際の人間関係が構築されるか否かは全くの別問題である．R.D.パットナムは，ソーシャル・キャピタルの形成における交際の重要性を指摘しているが［パットナム 2006］，コミュニティが機能し，ソーシャル・キャピタルが構築されている地域社会とは，そのコミュニティ内部に多様な選択縁の輪が構築されているような地域なのかも知れない.

参考文献

上野千鶴子［1987］「選べる縁・選べない縁」，栗田靖之編『現代日本文化における伝統と変容３——日本人の人間関係——』ドメス出版，226-243ページ.

パットナム，R. D.，柴内康文訳［2006］『孤独なボウリング——米国コミュニティの崩壊と再生——』柏書房.

米山俊直［1966］『集団の生態』日本放送出版協会.

（小笠原 尚宏）

第13章　グローバル社会とエスニシティ

> 参照基準③コ　グローバリゼーションとエスニシティについての
> 基本的な知識と理解

学修のポイント
1. グローバリゼーションとは何か？
2. エスニシティとは何か？
3. 日本におけるエスニシティ

○私たちは意識的・無意識的にグローバル社会を生きているが，その社会の構造と変動，およびそのメリット・デメリットを理解する．
○「エスニシティ」という用語が必要になった背景を理解し，多文化共生の難しさを理解すると同時に，多文化共生社会に必要なものについての自分の考えを他者に説明できる．

予　習

- 日常生活において「グローバリゼーション（グローバル化）」と感じること（感じさせられること）をまとめる．
- 日本において，どのようなマイノリティ集団が存在するか（したか），またその集団の社会的地位（位置）について調べる．

はじめに

2001年9月11日の「9・11テロ」や2015年11月13日のパリでの同時テロは，国家の名のもとで「応戦」を起こさせた．それは21世紀においても戦争の歴史が終わっておらず，また，現代においてもまだ「ナショナリズム」が存続していることを想起させる．なぜ人は，民族あるいは国家のために命をかけるのだろうか．

1　グローバリゼーションとは何か？

(1) 現代におけるグローバル社会

現代社会は，輸送・移動手段（交通手段やIT等）の飛躍的な発達によって，人，モノ，資源，資本，情報，技術，文化などの交流・ネットワーク化が国境（国の枠組み）を越えて一層進んでいる．食べ物，衣服，製品などは，海外で（時には，1国内のみでなく世界的な分業によって）作られていることは少なくない．また，マクドナルドやスターバックスなどのアメリカ文化は，世界各地に定着している．それゆえに，私たちは無意識のうちに他国と関わっていることも多く，仮に他国の文化であってもそれほど意識せずに生活を営んでいる．実際，表面上で見えている以上に，私たちは地球規模での「運命共同体」になっている．現在の経済は世界規模で展開しており，2008年のリーマンショック以後の世界の不景気を救った中国経済の失速は，今後の世界経済に大きな影響を及ぼすのではないかと危惧されている．

また，文化的には，宗教的対立が激化している．2014年6月29日には，ついにイスラム教スンニ派原理主義組織が「イスラム国（IS, ISIL）」という「国家」の樹立を宣言したが，国際社会はテロリスト集団と見なして戦闘が続いている．しかしながら，本来，平和と寛容を重んじるイスラム教において活発化している原理主義が，西欧諸国による攻撃に対して起こされている反作用であることを忘れてはならない．また，その影響は戦地だけにとどまらず，政治的には，シリアから命がけで亡命・難民化した大勢の人々への世界的な対応が求められており（難民問題），さらに世界各地がテロの標的となっていることから，各国は抜本的な対応をせまられている．地球上で起こっている出来事はさまざまな

第13章　グローバル社会とエスニシティ　*151*

形で関わり合っているのである．

　自給率の低い日本は，多くの食糧を他国に依存している．また資源が極めて少ないことから海外との輸入／輸出が重要な役割を果たしている．さらに，より安い生産体制を求めて企業が海外への進出を進める一方，海外からの看護師受け入れ政策に見るように，超少子高齢社会に対応するために外国人労働者の国内への受け入れも推進している．近年，日本の海外への依存傾向はますます高まっている．経済成長を重視する日本においては，環太平洋経済連携協定（TPP）交渉が大筋合意に達したとの声明が発表された時，『日本経済新聞』は「社説」において「歴史的な成果」と賛嘆している（2015年10月6日）．また，国力の低下を憂慮する日本は，国際競争力の向上及びグローバル人材の育成を図るための大学の体制強化への支援を始める一方で（2014年），2018年に小学校3年生から「英語」を必修化することを決定している．日本経済が他国との関係なしに成長できないと考えられている証左といえる．

(2) グローバリゼーションのとらえ方

　「グローバリゼーション（globalization 訳：グローバル化）」は比較的新しい言葉であり，人が住む"球体世界"としての「地球（globe）」から派生し，「global（地球上の，世界的）」な状態に変化していく過程を指している．すなわち，経済・政治・文化（物質的なもの・ものの考え方）が国境や民族の垣根を越えて広がり，世界が1つのシステムになっていく過程といえる（グローバリズムは，国家の枠を越えて地球全体を1つの世界とみる考え方をさす）．以前は「国際化」や「多国籍化」などの表現が使われていたが，たとえば，国家間の関係性を示す「国際化」は，インターネットの発達などによって生じた，国家の枠組みにとらわれない世界規模での相互作用の拡大化を表現できない．そのような世界情勢の変化が新しい言葉を必要としたのである．

　では，現在の世界をどのようにとらえればいいのだろうか．1960年，アメリカの経済学者 W.W. ロストウ（Walt W. Rostow）は世界が5つの段階（伝統的社会，離陸先行期，離陸，成熟期，大衆消費時代）を経て成長を遂げるという経済発展段階説を展開した．しかしながら，先進国から経済支援が行われたにもかかわらず，多くの途上国はなかなか発展できなかった．そして，途上国は自らが貧しいのは，先進国に政治的・経済的に従属し，先進国に富を吸い上げられているからだと強調した．その後，この従属論を取り入れて，近・現代の**世界システム**は

152

西欧が中心となった国際的分業体制の展開過程であるととらえたのがI. ウォーラーステイン（Immanuel Wallerstein）である．世界システムは，中核地域が周辺地域を従属させて搾取し，両者の中間に半周辺国家が位置するという，不平等な分業の3重構造をなしている．不平等を持続させる根本は「不等価交換」であり，周辺が半周辺になることがあっても，半周辺が中核になることはない．また，中核のなかで，さらに中核の位置を占める国を「ヘゲモニー国家」と呼び，第二次世界大戦以後の世界システムではアメリカがその位置にいると指摘した．

なお，現在は，1990年代以降のIT 革命および（国家間の障壁を排除して推し進められた）徹底した自由化によって，国を基礎にしたピラミッド型の分業体制はかなり解体しており，国家の枠にとらわれずに商品・部品を調達するという，文字通りの「グローバルな分業」がすすんでいる．そのため，ウォーラーステインのいうような世界システム論は修正が必要になっているが，格差社会や民族問題等を論じる際にはやはり重要な視点になる．

(3) グローバリゼーションの光と影

グローバリゼーションにより，経済的には，海外での新たな市場を開発し，世界的な分業を行うことでより低コストで製品を作ったり，買ったりすることができるようになった．また，国境を越えて働く機会なども増え，文化的には国内外における異文化交流を促進し，新しい文化を創出することもあるがそこには当然デメリットもある．

〈経済的側面〉

国内／国外という視点で見れば，国内製品は安価な海外製品との競争になり，淘汰される可能性もある．また，生産拠点が海外に移ることで産業の空洞化が生じる．さらに世界のどこかで金融危機が生じた際には，その影響が速やかにかつ大きく影響を及ぼすことになる．そして，経済のグローバル化が「資本主義」を基本として「不等価交換」で行われる限り，世界中の富は中核国家に集中することになり，地球規模での経済格差は一層拡大する．

〈文化的側面〉

一部地域の文化が国境を超えて移動・拡散することで，受け手となる地域ではさまざまな変容が生じる．具体的には，地域固有の物質的・精神的文化の衰弱・消滅，すなわち，文化の画一化をもたらす．実際，マクドナルドなどのア

第13章　グローバル社会とエスニシティ　153

メリカ文化が世界中に展開されているが，それは物質的文化だけでなく，精神的には合理化（単純化・効率化・数値化），計算可能性，予測可能性，脱人間化などの考え方をも，家族，教育，政治などの分野に浸透させている（G. リッツア (George Ritzer)『マクドナルド化する社会』）．他方，固有文化の独自性を失わないようにするための抵抗運動の源泉にもなっている．

〈政治的側面〉

グローバリゼーションは人々の不安・不満を増幅させる側面もあり，前述の抵抗運動と連動してナショナリズムを生じやすくする．なぜなら，世界システムにおいては，搾取される周辺地域に特定の民族が配置されることが多いからである．

2　エスニシティとは何か？

(1) 想像の共同体としての国家

漫画『One Piece』（**図 13-1**）（尾田栄一郎著，集英社，第 62 - 66 巻）に，「魚人島」でのエピソードが描かれている．「魚人族」は「（多数派である）人間（族）」から差別を受け，迫害されてきた．また，両者に流れる血は同じものであるにも関わらず，両者間での輸血は禁止されるなど，両者には超えがたい巨大な物理的・心理的な壁が存在していたのである．エピソードを通して，種族的に外部に位置する主人公ルフィは，魚人島の人々の心のなかに入り込み，ヒーローになる．そして，彼は魚人族のジンベエから「輸血」を受けて体内の血を共有した時，「おれの仲間になれよ！」と勧誘する．種族の垣根を越えた象徴的な場面となっている．

作品における「魚人族」はフィクションであるが，「人間（族）」が分類（カテゴリー化）されているというのはノン・フィクションであり，現実の社会も民族等によって分類され，またそれを基礎にして国家を形成している場合が多い．人種（race）が骨格や皮膚の色などの身体的・形質的特長に注目する生物学的区分であるのに対し，民族は出自（血縁），言語，宗

図 13-1　尾田栄一郎『One Piece』第 66 巻，集英社，2012 年

教，習俗などを共有する文化的共同体の意味合いを強く持ち，また主観的な一体感（帰属意識）によって結ばれた集団といえる．

ところで，「文化や帰属意識を共有する民族が昔から存在し，それが基礎になって国家ができた」というのは虚像であると言われたら，驚く人は少なくないだろう．実際，国家は「想像によってつくられた共同体」であり〔アンダーソン 2007〕，統合という政治的な意図から「民族」は利用されたのである．そもそもフランスのアルザス・ロレーヌ地方やまっすぐな国境線に見られるように，多くの場合，国境線はそこに住む人々や文化を考慮せずに，戦争などの結果，人為的・強制的に引かれている．ゆえに，主権国家が誕生した時，国境線内の人々（国民）は多様であった．そこで，人々を1つにまとめて統治するために，領土内における多数派集団の文化（言語や宗教など）を利用し，国民に「自分たちは昔から文化を共有する1つの民族だった」という幻想を教育することで，中間集団を排除し，同時に，バラバラな国民に「一体感」を持たせたというのが真実なのである（国家と中間集団が連携する場合もある）．他方，教育の効果もあって，国民は愛着をもちつつ，安全と生活保護のために自ら国家に歩み寄っていった側面もある．こうして近代に「1つの民族が1つの国民になって1つの国家を形成する」という「国民国家」が誕生したのである．

なお，「国」に該当する英語は，地理的な国土としての国 'country'，法律的・政治的な概念としての国家 'state'，そして歴史的共同体としての国民からなる国 'nation' という3つがあるが，私たちが「国家」と呼んでいるのは，正確には「国民国家（nation state）」を指している．また，'nation' には ① 民族，② 国民，③ 国家という，一見，異なるように思われる3つの意味を持っていることも理解される．

(2) エスニシティという言葉が必要とされた背景

比較的新しい造語である「**エスニシティ**（ethnicity）」は，「エスニック」の名詞形で，「民族性，民族意識，民族的背景」の他，アメリカでは「少数派」の意味でも用いられる．そもそも，「民族（nation）」という言葉が存在するにも関わらず，「エスニック集団」あるいは「エスニシティ」という言葉が必要とされたのはなぜであろうか．

すでに見たように，国民国家は，1つの民族という神話のもとに国民を統合することで帰属意識を生じさせるが，「1つの民族が1つの国家」という建前は，

第13章　グローバル社会とエスニシティ　*155*

現実と乖離していることが多い．そこで，国家の対応としては，共存，隔離，同化のいずれかを求められる．共存は各集団の文化的多様性を認め，かつ，平等な立場で社会の形成に参加するという文化多元主義が基礎になっている．隔離は奴隷制度などのように，異質な文化を有する集団を劣等と位置づけて「一般」と区別し，別扱いをする．同化は劣位文化を支配者の優位文化に変容させることであるが，基本的に国家は少数民族を吸収・同化することによって1つの民族になることを目指した（当然のことながら，アメリカやカナダのように基本が多様な民族の集まりによる国家は選択不可能である）．そこには，強制的押し付け・自発的な同化・劣位文化と優位文化の融合という3つの方法がある．同化を拒否する場合には差別的に不平等な待遇を受け，社会的に不利な地位におかれる．とはいえ，仮に同化した（された）としても優位民族の境界内に入ることは難しく，結局，「周辺」に位置づけられ，構造的差別のもとで経済的・文化的に従属させられることが多い．しかし，少数民族は必ずしも従順であるとは限らず，民族紛争等の問題が生じる．そこで，「エスニシティ」という言葉が必要になったのである．

　なお，エスニック集団とエスニシティは同義語で用いられることもあるが，厳密には，前者は「国民国家の枠組みのなかで，他の同種の集団との相互行為的状況下にありながら，なお，固有の伝統文化とわれわれ意識を共有している人々の集団」[綾部 1993：12]，後者はエスニック集団に関する「ありさま（状態）」（帰属意識等）といえる．そのため，「エスニシティ」の意味の幅は広く，かつ，拡大し続けている．M.マルティニエッロ（Marco Martiniello）は，「文化的に異なっていると自ら見なし，他者からもそのように見なされる社会的行為の間に生じる社会関係の1側面」（マルティニエッロ［2002：27］，傍点筆者）と定義した上で，2つの集団が互いに異なっていると思われる「基準」が社会的・政治的な意図から構築されているという事実を重視する．付言するが，民族とエスニック集団は，どちらも自然に分類される客観的な差異の総体（静的集団）ではなく，構成者が重視する集団への帰属意識によって規定される動的集団なのである．両者の違いは，エスニック集団が上位の社会（国家など）をもつのに対し，民族は必ずしも上位の社会をもつわけではないという点である．

(3) エスニシティの分析視点

　集団が発生・成立するためには，人々の間に自分たち（内集団）と自分たち以

外（外集団）を分ける境界線を引き，明確に区別することが絶対不可欠の条件となる（図 13-2b）．実は，「私たち」を認識するためには，他者の存在（私たちとは異なる人）が必須である．そして，内集団の内部で緊密な相互作用を行い，目標達成にむけて「皆」で団結する時に，より強い連帯感や一体感を得ることができる．その時，外集団に対する敵対意識が芽生えるならば，この目に見えない境界線は一層明確に意識されるようになる（図 13-2c）．なお，内集団と外集団は，自分がどこに所属するのかという帰属意識によって変容するので，境界線が引かれる際の基準が重要になる．外見上の身体的・行動的相違が採用されやすいが，そうでない場合もある．また，境界線は自然に発生するものもあれば，外部（権力者や外集団）から強制的に引かれる場合もある．

また，内集団／外集団というまなざし（ラベル）は，自分たちを相対的に位置づけるだけでなく，優位に位置づけようとする「内集団ひいき」を生じさせる．その結果，まなざしにはさまざまな価値観が付加され，偏見や差別の源泉になりやすい．エスニシティの場合，優位民族からの「自分たちが正統である」と

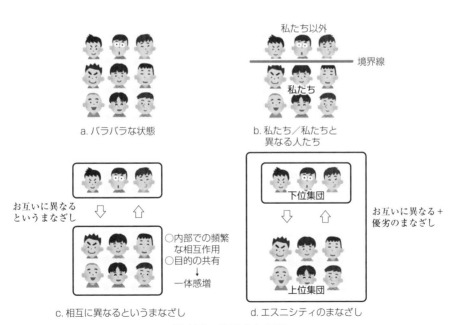

図 13-2 集団成立の図
出所）筆者作成．イラスト：いらすとや．

第13章 グローバル社会とエスニシティ　157

いう一方的かつ強力な「まなざし」が前提になるため，一層差別的・搾取的関係を強めることになる（**図 13-2d**）．とはいえ，その強いまなざしは反作用として，エスニック集団構成員の帰属意識やアイデンティティを高めさせることにもつながる．実際，個人は集団に所属することで，自分の役割，生きがい，さらに「自分は何者か」というアイデンティティを生じさせることができる．それゆえに，アイデンティティの確立には，所属する集団や社会との一体化が基本的に不可欠になるが，エスニシティ研究では主観的な帰属意識に注目し，かつ個人における社会的アイデンティティの役割を重視する．

　近年のエスニシティ研究における変化として，南川文里はマイグレーション研究会［2012］で，以下の 3 点を挙げている．① 構築・変容過程に注目することで，民族は本質的に異なるから対立し合うのではなく，関係性のなかで紛争・対立・支配／従属などが生じていると説明されるようになったこと．②欧米諸国ではエスニック文化の維持を志向する多文化主義を重視するが，それは社会的排除を解決できない．そこで，社会における「統合・包摂」を模索する動きが顕著になったこと．③ 国境を越えた移民集団における「国家の枠組みを超える現象（トランスナショナリズム）」が強調されるようになったことである［マイグレーション研究会 2012：19-20］．

3　日本におけるエスニシティ

(1) 日本におけるエスニック集団

「古来より，日本人は基本的に均一的な生活を送る同一民族だった」との幻想を抱いている人は少なくないように思われる．しかし，日本人は南方系モンゴロイド（縄文人）と北方系モンゴロイド（弥生人）の混血である．また，江戸時代までは言語・慣習など，地域ごとに固有の文化を有しており，現代においても，生活習慣における相違点が多い．しかしながら，明治政府の政策によって多様性が消され，極めて均質化した日本社会においては，マス・メディアや教育の力によって，自分たちの起源は共通しているという「神話」が定着している．

　他方，法律上，日本人は日本国の国籍を有する人を指すが，国籍によって日本人をカテゴリー化する場合，帰化した人など，必ずしも出自や文化を問うていない．実際，日本人夫婦の子であっても，外国で生まれた場合には日本国籍を失うこともある．なお，戦時中，旧植民地出身者は，「日本人（帝国臣民）」で

あったが，1952年のサンフランシスコ講和条約の発効とともに，選択の余地なく，また日本人として日本国内に住んでいた人も含めて，一方的に日本国籍を喪失させられている．

このような状況は，日本でもエスニシティ研究が重要な意味を持っていることを示唆する．実際，日本におけるエスニック集団としては，日本の国籍を有しない集団として，① 在日韓国・朝鮮人，② 外国人労働者などが挙げられる．②について補足すると，厚生労働省によれば，2014年10月末時点で（特別永住者や外交・公用の在留資格者を除いた）外国人雇用者数は78万7627人で，前年よりも9.8％増加している．また，その中には，かつての政府の奨励策等によって越境した日本人（日系人）の子孫たちで，現在，日本に来て外国人労働者として単純労働に従事している人も少なくない．さらに ③ 認定される人数は極めて少ないが難民もいる（2014年度認定者11名）．他方，日本人の国籍を有する集団としては，④ アイヌ民族，⑤ 琉球王朝の伝統を持つ沖縄の人たち，⑥ 帰化によって日本国籍を取得した人々などが上げられる（もとの国籍を意識して「○○系日本人」と総称されることもある）．なお，中間に ⑦ 華人・華僑の人々もいる．

本章では，アイヌ民族を取り上げるが，その際，「大和民族」という表現を便宜的に使用する．

(2) アイヌ民族とは

2008年6月，「アイヌ民族を先住民族とすることを求める決議」が衆参両院において全会一致で採択され，日本政府が初めてアイヌ民族を公式に「先住民族」と認めた．アイヌ民族は，伝統的に狩猟・漁労・採集を主とする自然と一体の生活様式を持つ，主として北海道に住む先住民族である．「アイヌ」という言葉は，もともとアイヌ語で「人間，人」を意味していたが，大和民族との長い歴史的な相互作用の結果，両者を区別する言葉として用いられるようになった．

17世紀以降のアイヌ民族の歴史は，差別と搾取の歴史といっても過言ではない．松前藩の成立以後，アイヌ民族は従属を余儀なくされていく．実際，1688-1736年に，場所請負商人制が成立した後は，アイヌの人々は漁場の労務者に位置づけられる．明治時代になって状況は一層悪化する．1869年，明治政府は蝦夷地を「北海道」と改称し，「無主地」として開拓を始める．1871年に「戸籍法」を交付した際には，アイヌの人々を「平民」であるが「旧土人」と位置づけて編入し，アイヌ伝統の習俗を禁止するなどの同化政策を開始する．この時

期に，囚人やアイヌの人々による過酷な環境下での道路工事が行われているが，この事実はアイヌの人々が「一般の人間」として見られていなかったことを意味する．そして，1899年には，アイヌの人々のさらなる同化と定住化をはかるために「北海道旧土人保護法」が公布される．それは保護という名のもと，（開拓の難しい）わずかな農地を付与し，代わりに狩猟・漁労を制限し，さらに日本語や大和民族の慣習を教育することで同化を強制するものであった．こうして，アイヌ民族は土地を追われるだけでなく，言語，宗教，生活様式，慣習などの固有文化を強制的に剥奪され，差別されたのである．なお，「北海道旧土人保護法」が廃止されたのは，1997（平成9）年である．

(3) アイヌ民族におけるエスニシティ

アイヌ民族においては，① 同化，② 階層化，③ 集団の組織化という3つの視角を総合的にとらえ，歴史と現在を連動させて把握する「歴史的・動態的な視角」が重要になる．

① 同化の視角：優位民族はエスニック集団を吸収し同化することで安定を保持しようとするが，相手に望まれない同化は優位民族の勝手なイデオロギーになるというアプローチである．実際，アイヌの人々への同化政策は，アイヌ文化を劣位として一方的に否定した上で，大和民族の文化を強制的に押し付けるものであった．居住地域においてアイヌ民族と大和民族には，一定の住み分け現象がみられるが，多くのアイヌ民族は，統合において重要な役割を果たす，言語，宗教，習俗などの集合表象を剥奪されていた．1998年，筆者らが実施したインタビューでは，子どもの頃，祖父母と会話をしたことがないという人もいた．アイヌ語しか話せない祖父母と日本語しか話せない孫という状況だけではなく，アイヌ語は将来何の役にも立たないからと，両方の言語が話せる父母もアイヌ語は意識的に話さなかったという．こうして，アイヌ文化は世代を超えて伝えられず，消滅した地域は少なくない．

② 階層化の視角：文化的差異に優位／劣位という偏見が伴うことで，差別的・経済的構造が生成されるというアプローチである．表面上，単なる文化的差異のように見えても，実際には階層構造を伴っていることも多い．実際，アイヌ民族においては，優位／劣位文化という偏見が差別を生じさ

せ，またアイヌ民族への農地の割り当てが不公平なものであっただけでなく，それまで生活の糧になっていた狩猟・漁労を制限され，さらに慣れない農耕生活を強いられたアイヌ民族は，一層の経済的困窮状態に陥っている．また，旧土人学校の設置は，意図せざる結果として，お互いが異なる存在であることを可視的かつ日常的に確認させる機能を果たした．なお，本視角でもっとも重要なことは，過去の経済的・差別的構造が現在まで維持されていることである．公益社団法人北海道アイヌ協会が2013年に実施した「アイヌ生活実態調査」では，アイヌが居住する市町村の生活保護率が33.2％であるのに対して，アイヌの人々は44.8％であり，また大学進学率は前者43.0％，後者25.8％となっている．

③ **集団組織化の視角**：集団の自主的な組織化と構成員に影響を与える集団における連帯性・独立性・自主性に注目するアプローチであり，文化的・経済的・政治的側面も重視する．本来，文化は，内集団の統合力を高める機能がある．しかし，アイヌ民族は，外部の権力によって土地を奪われ，統合を高める宗教，言語，生活様式などの固有の文化を放棄させられた．しかし，経済的には彼らは主流経済への参入あるいは対抗という行為を起こしている．また，差別的な制度の廃止や偏見の打破を目指した個人や組織レベルでの運動を展開し（政治的側面），1946年の北海道アイヌ協会の設立を機にその運動は一層活発化した．そして，消滅しつつあった文化の保存と復興，そして次代への継承という共通目標達成のために協力し（自意識的なコミュニティの再生），1997年のアイヌ文化振興法の制定，そして2008年の日本政府による「先住民族」との公式承認を得るに至ったのである．

（本視角は筆者が参加した研究チーム（代表：松本和良）で採用したものである．）

　同化政策の結果，アイヌ民族は日本人であると同時にアイヌ民族でもあるという2重の帰属意識のなかで生活している．すなわち，本人の主観的な判断によって「所属集団」を決定するという，選択の自由がある．先の「実態調査」によれば，北海道に住むアイヌ民族の人口は1万6786人となっている．ただし，本調査におけるアイヌについて「地域社会でアイヌの血を受け継いでいると思われる人，また，婚姻・養子縁組等によりそれらの方と同一の生計を営んでいる方」「ただし，アイヌの血を継いでいると思われる方であっても，アイヌであることを否定している場合は調査の対象とはしていない」「各市町村が把握す

ることのできた人数」とされている.

差別と迫害の歴史を有するアイヌ民族においては,血縁的にアイヌ民族であったとしても,隠そうとする人が少なくない.逆にインタビューでは,結婚した相手が「アイヌ民族」だったので,自分もその活動に参加しているという男性からも話を聞いた.アイヌ民族においては血統や文化という共通性は問題ではない.一方,集団組織化に関わり積極的にアイヌ民族として生きるか,それとも日本人として生きるかは本人に委ねられている.

課題

- グローバル化に関するテーマを1つ選び,国家の役割についてまとめてみよう(例:TPPと日本など).
- 日本における「エスニシティ」を1つ選び,情報を集めた上で多文化共生社会の実現に必要なものを考えてみよう.

参考文献

綾部恒雄[1993]『現代世界とエスニシティ』弘文堂.
アンダーソン,B.,白石隆他訳[2007]『定本 想像の共同体』書籍工房早山.
ウォーラーステイン,I.,川北稔訳[2013]『近代世界システム』vol.1-4,名古屋大学出版会.
バウマン,Z.,澤田眞治・中井愛子訳[2010]『グローバリゼーション――人間への影響――』法政大学出版局.
ヘルド,D.編,中谷義和監訳[2002]『グローバル化とは何か――文化・経済・政治――』法律文化社.
北海道環境生活部「平成25年北海道アイヌ生活実態調査報告書」
マイグレーション研究会[2012]『エスニシティを問いなおす――理論と変容――』関西学院大学出版会.
松本和良・江川直子編[2001]『アイヌ民族とエスニシティの社会学』学文社.
マルティニエッロ,M.,宮島喬訳[2002]『エスニシティの社会学』白水社.
山﨑純一「国家は生き残れるか?――民族・国家・世界――」,大梶俊夫・栗原淑江・杉山由紀男・野村一夫・森幸雄・山﨑純一[1995]『社会学のプロフィール』八千代出版.
山下清海編[2008]『エスニック・ワールド――世界と日本のエスニック社会――』明石書店.
リッツア,G.,正岡寛司監訳[1999]『マクドナルド化する社会』早稲田大学出版部.

(清水強志)

第14章　宗教から社会を捉える

参照基準③サ　文化・表象・宗教についての
　　　　　　　基本的な知識と理解

学修のポイント

1　宗教研究と社会学
2　宗教の基本的性質——聖と俗——
3　近代化と宗教変動
4　日本人と宗教

○宗教を手がかりとして，社会と文化についての
　理解を深める.
○現代社会における宗教の多様性について
　理解を深める.

予　習

□ あなた自身が抱いている宗教についてのイメージを整理しよう.
□ 宗教について報道された新聞記事を持ち寄り，現代社会における宗教の位置づけについて，
　まとめよう.

読者の中には，社会学のテキストで，なぜ宗教？　と訝しく思う人もいるかも知れないが，現代社会を読み解く上で，宗教への理解は欠かせないものになっている．

　宗教社会学とは，「宗教」と「社会」のかかわりを捉え，「宗教」から「社会」を，また，「社会」から「宗教」を考えようとする学問分野である．

　知っている宗教を書き上げてもらいたい．キリスト教，仏教，儒教，イスラーム，ヒンドゥ教，あるいは日蓮宗，浄土真宗，神道……，あたりだろうか．しかし，宗教社会学が扱う対象はこれら○○教や○○宗に止まらない．

　たとえば，日々の暮らしの中で営まれる行事や私たちが身につけている価値観や倫理観といったものも，宗教やその文化を背景にしていることがある．

　この章では，宗教をめぐる社会学の概要を紹介し，あわせて日本人と宗教の関わりについて，考えていくことにしたい．

1　宗教研究と社会学

　社会学の揺籃期において，社会学の始祖たちの主たる研究対象は「宗教」であり，「宗教」を捉えることによって，「社会」を捉え，また，「社会」から「宗教」を捉えようとした．たとえば，フランスの社会学者 É.デュルケーム（Émile Durkheim）は，キリスト教の旧教（カトリック）と新教（プロテスタント）の宗教生活の違いから，社会の結合力やつながり（社会的結合）のあり方を論じ［デュルケーム 1985］，ドイツの社会学者 M.ウェーバー（Max Weber）は，プロテスタントの宗教生活のあり方が，経済システムである資本主義を生み出す原動力になったと論じている［ウェーバー 1989］．

　まずこの 2 つの社会学の古典から，人間と宗教，社会の関わりについてみていくことにしたい（第 1 章**コラム**も参照）．

　『自殺論』においてデュルケームは自殺に係わる多様な統計を分析しながら，自殺という現象を解き明かそうとしている．その一環としてカトリックとプロテスタントそれぞれの信者の自殺率の違いに注目し，個人の社会との関わり方の違いが，自殺を生み出す要因になることを析出した．カトリックもプロテスタントも，同じく旧約聖書および新約聖書を教典とするキリスト教に含まれ，自殺は神との契約の一方的な破棄であり，「罪」とされる．そのため双方共に自殺は忌避されるが，プロテスタントは，カトリックに比べ自殺率が高い．こ

の社会的事実をデュルケームは，社会的結合のあり方の違いから説明する．プロテスタントは，これまでのカトリックに異議を申し立てる（protest）ことによって成立してきた．この一連の動きが**宗教改革**であるが，プロテスタントの先駆者たちは，既存の教会であるカトリックが，その権威・権力を背景として，本来のキリストの教えに背いていると批判し，「聖書に帰る」ことに主眼を置き，新たな教会を作り出した．

　キリスト教のテーマは「救済」である．死後，神の審判を受け，祝福されて永遠の命を得るか，地獄に落ちるかは，生前，神の教えにどれだけ忠実であったかによる．カトリックはそれを教会への貢献に求め，プロテスタントのそれは神の教えにどれだけ忠実に生きたかを問う．卑近な例だが，大学での単位認定に例えると，カトリックは「出席していれば合格」であるのに対し，プロテスタントは，「出欠は問わず，結果がすべて」となるだろうか．神への忠誠が教会への貢献によって計られるカトリックの場合，週末の安息日には家族揃って教会に出向き，神父の説教に耳を傾ける．そこにはその教会の信者である地域住民が毎週集い，顔をつきあわせる．いわば教会を媒介として住民の社会的結合が強化する地域社会の姿がある．この「他者とつながっている」感覚が，自殺の減少へと働く．一方，プロテスタントの場合，出席の有無ではない，となると結果として**教会離れ**が発生する．それによって，他者との関わりが薄れ，社会的結合は衰退し，自殺が増加する．デュルケームはこうした**個人化**が進行する状況下において生まれる自殺を**自己本位的自殺**と名付けている．

　一方，ウェーバーは，聖書本位に生きるプロテスタントが，資本主義の基礎を形成したと考える．資本主義とは自己増殖する富である資本が中心的な価値として展開される社会体制であるが，ウェーバーは，聖書に忠実な禁欲的な生き方が資本の累積を生み出し，近代資本主義の精神的支柱になったと捉えた．その中でも，予定説の教理による影響を重視する．予定説とは，J. カルヴァン（Jean Calvin）が提唱した教理であり，神によって救済される者とされない者は予め決められているという考えである．これによってプロテスタント（とくにカルヴァン派）は，より確かな救いの確証を得るため，神の教えを内面化していき，ベルーフ（使命）としての職業に専心し，衝動や欲求を自己規制し，生活を合理化していった．こうした**世俗内禁欲**という生活態度（エートス）が，経営や労働の合理化にもつながっていく．ここで重要なのは職業は使命であり，神によって与えられた天職として位置づけられている点である．カトリックでは神父な

ど聖職者のみを天職としているのと対照的に，プロテスタントではあらゆる労働を天職として位置づけることによって，労働に宗教的な意味を付与しているのである．

　なお，カトリック社会，プロテスタント社会といったものが，自明に存在している訳ではない．重要なのは，デュルケームにしろ，ウェーバーにしろ，カトリックなり，プロテスタントの教えやそれを背景とした生活のあり方が，社会を構成していることを明らかにした点にある．宗教は個人の生き方に影響を与え，またそうした個人が作り上げる社会はまた，宗教の影響を多分に受けているのである（第1章参照）．

2　宗教の基本的性質——聖と俗——

　ここまでとくに説明がないまま「宗教」の語を使ってきたが，そもそも宗教とはいったいどのようなものなのだろうか．

　デュルケームは，宗教とは，「聖すなわち分離され禁止された事物と関連する信念と行事との連帯的な体系，教会と呼ばれる同じ道徳的共同社会に，これに帰依する全ての者を結合させる信念と行事」［デュルケーム 1975：86-87］であるとし，**信念と行事**（**儀礼**），**共同体**，聖とその対である**俗**から説明する．彼は，オーストラリアの先住民アボリジニの宗教生活のあり方から宗教の原初的な形を論じている．アボリジニ社会においては，特定の動植物など（**トーテム**）が氏族と特別な関係を持っているとする**トーテミズム**がみられ，聖なるものとしてのトーテムを殺したり，食べたりするのは禁忌となる．日常生活において氏族は各地に分散して生活を営み，その日常（俗）において聖は分離され，人々から隔離される（**消極的儀礼**）．一方，雨季になると，氏族はそれぞれの聖地に集い，聖なるものへの積極的な接近が図られる（**積極的儀礼**）．また，この非日常的な**祝祭**の場を通して集合的な興奮状態である**集合沸騰**が発生し，集団の結束が図られる．

　この聖と俗の峻別が，多くの宗教にとっての基本事項と考えてよい．あるいは日常と非日常，**ハレとケ**などもこの聖と俗のバリエーションの1つである．

　私たちの日々の時間は，多くの俗なる時間とごく少ない聖なる時間とで構成されている．そもそもなぜ1週間に一度，日曜日のような休みがあるのかというと『旧約聖書』の「創世記」において，天地万物を作り上げた神が，「第七の

日に，神は御自分の仕事を完成され，第七の日に，神は御自分の仕事を離れ，安息なさった．この日に神はすべての創造の仕事を離れ，安息なさったので，第七の日を神は祝福し，聖別された」（新共同訳）という記述による．旧約聖書を教典とするユダヤ教やキリスト教では7日間のうち1日を安息日として，日常（俗）から離れ，聖なる日と位置づけている．日本には，明治以降，お雇い外国人への対応として日曜日を休日とする考え方が導入され，以降，単なる休日として位置づけられているが，その出発点は聖書の安息日にさかのぼる聖なる時間である．

ハレとケの別は民俗学者の柳田國男によって提示され，ハレの日は日常とは隔てられた特別な祭日として位置づけられる［柳田 1993］．ハレ着を着て，ハレの食事を取り，日常生活（ケ）とは異なる非日常の生活が営まれる．盆は**祖先祭祀**の1つのあり方として，先祖を家に迎え入れ，正月は新たな年の**年神様**を迎え入れる行事であるが，これらも1年間の中で聖なる時間が周期的に訪れる例である．

ハレとケに関しては，波平恵美子が**ケガレ**の概念を用いて説明を試みている［波平 2009］．波平によるとケガレとはケ（日常）が枯れている状況を指す．ケガレると日常が担保できないために，ケを回復するためのハレが必要になる．1週間，1年あるいは一生という時間の流れの中で，聖なる時間あるいはハレの時が設定されている．

全く休みがない状況を考えてみて欲しい．ひたすら1日8時間労働の365日．日常性を取り戻すためにも，非日常は必要である．

また，宗教の要件としてしばしば指摘されるのが，**教祖**，**教理・教典**，**教団**の各点の存在である．たとえばキリスト教の教祖はイエス・キリスト，教典は旧約・新約聖書，教団はカトリックやプロテスタントの各教団，東方正教会などがある．なお，特定の教祖が存在する宗教を**創唱宗教**と呼ぶ．

宗教といった場合，この3点がセットであると思われがちであるが，このうちいくつかを欠くものや全てを欠くものがある．前述のトーテミズムや**アニミズム**（万物に霊魂が宿るという信仰），**シャーマニズム**（霊能者であるシャーマンを中心とする宗教形態），あるいはさまざまな**呪術**などは，ごく限られた氏族社会の中で形成されてきた原始的な宗教形態であり，**原始宗教**や**自然宗教**，あるいは**民俗宗教**，**民間信仰**などと呼ばれるが，これらは教祖や教理を持たず，教団も形成しない場合が多い．また，規模における区分として世界的な広がりを持つキ

リスト教や**仏教**，**イスラーム**などの**世界宗教**と限られた民族内で完結する**民族宗教**（神道など）に分ける場合もある．

　成立時期においては，**伝統宗教**（既成宗教）と**新宗教**（ジャーナリズムではしばしば新興宗教とよばれる）の区別がある．一般的に新宗教は近代以降（日本では幕末期以降）に成立した創唱宗教を示し，伝統宗教はそれ以前に成立している宗教を示す．

　神の数の違いによる分類としては，絶対的な**唯一神**を信仰する**一神教**（ユダヤ教，キリスト教，イスラームなど），複数の神が存在する**多神教**（神道，仏教，ヒンドゥ教など），万物に神聖が宿るとする**汎神論**の区分がある．

3　近代化と宗教変動

　前近代から近代への移行の中で起こった一連の社会変動を**近代化**と呼ぶが，この近代化は，宗教の社会における位置づけの転換をもたらした．ここでは，**脱呪術化**，**世俗化**，**私事化**の各観点から近代社会における宗教の変化をみていくことにしたい．

　ウェーバーは，脱呪術化を次のように説明している．宗教には多分に呪術的な救いの要素が含まれていたが，唯一神への帰依に統合されることによって，呪術的なあり方が否定される「**呪術からの世界の解放**」である**合理化**がはかられる．合理化された宗教は，その宗教性を失い，**倫理性**が強く打ち出される．

　一方，世俗化は社会や文化が宗教の支配から離脱する現象を示す．カノッサの屈辱（1077年）にみられるように，古くは世俗の長である王よりも教会の長である教皇の権威が高く政治，法，文化，科学，教育など社会や文化の領域で支配的な勢力を保ってきた．しかし，近代化によって宗教以外の勢力が伸長するにつれ，宗教の社会に対する支配力は低下していった．たとえば，かつて病気になると加持祈禱や百度参りを行い，神仏に祈りを捧げることによって治癒を祈願したが，これらは今日，医療が担っている．あるいは雨乞い．渇水期になると共同祭祀として行われたが，今日では，ヨウ化銀による人口降雨に取って代わられる．司法に関しても，中世ヨーロッパの異端審問や魔女狩り，古代日本の盟神探湯や中世の湯起請や鉄火起請などの**神判**にみられるように，宗教の関与があった．日本では，政治のことを「まつりごと」と呼ぶが，これは古代において神意を占い，それによって国を統治していたことの名残である．

近代化以降，これまで社会の中心に位置していた宗教はその役割を他の領域に譲ってきた．それでは，近代化は宗教の意味を無価値にしたのだろうか．

　ウェーバーは世俗化，合理化が進み，呪術が取り除かれた結果として禁欲は宗教的な意味づけを失い，宗教性に基づかない合理性の下での強制力となると考える．その結果として「精神のない専門人」「心情のない享楽人」が支配者となると予言する．

　一方，世俗化による宗教の位置づけの変化を私事化から説明しようとする動きもある．私事化とは公的領域（公共や集団）に関することよりも私的領域（個人）の嗜好や関心を重視するようになる現象である．P. L. バーガー（Peter L. Berger）は，世俗化によって宗教が社会全体を覆うシンボルとしての意味を喪失し，多元的な価値の中で個人の関心による消費の対象に転換すると論じ［バーガー 1979］，T. ルックマン（Thomas Luckman）は，宗教が個人の私的経験や嗜好によって個人それぞれが構築し内面化する「見えない宗教」となっているという［ルックマン 1976］．これらの議論は，制度としてではない，個人の私的な宗教行動に着目した議論として注目される．

　一方，世俗化に抗う動きとしての**ファンダメンタリズム**（原理主義・根本主義）も今日の宗教動向を考える上で欠かせない．ファンダメンタリズムは1920年代のアメリカのプロテスタント内で起こった保守的運動であり，聖書無謬説，キリストの復活，再臨などを主張するが，とりわけアメリカ国内においては妊娠中絶の反対，人工授精，代理出産などの生殖医療技術への反対，純潔運動の推進，同性愛の否定，天地創造説の支持，バイオテクノロジーへの反対などの主張を展開している．これら宗教的価値観を社会全体に広げることを目的とし，政治に対しても一定の影響力を行使している．

　また，1970年代以降，イスラームにおいても近代化（とくに欧米化）による世俗化によってイスラーム社会が変容していくことへの反動として**イスラーム主義**（いわゆるイスラーム原理主義）の動きが起こっている．ファンダメンタリズムが聖書の教えに忠実に立ち返ろうとするのと同様に，預言者ムハンマドの時代へと立ち返る復古主義的な運動である．

　ファンダメンタリズムにしろイスラーム主義にしろ，原理主義はしばしば**宗教的過激主義**に転化する．宗教的理念を強調することによって，現実社会の法や秩序，倫理との間に隔離が生じ，その矛盾は聖なる戦いとして宗教内部で正当化される．昨今の ISIL（イスラーム国）によるテロも，こうした原理主義の価

値に根ざしている.

4　日本人と宗教

　日本人と宗教との関わりについて，しばしば指摘されるのは，無宗教であるという点である．たしかに，各種世論調査の結果からは，諸外国と比べて，日本人の信仰心が希薄であることが浮き彫りになっている．

　たしかに日本人のうち，自覚的な信仰をもって，自発的に宗教にかかわっている人は多くはない．しかし，一方で宗教を背景としたさまざまな行事に参加し，さまざまな迷信とよばれるものを気にしている姿もまた，確認できる.

　表14-1は，『宗教年鑑』の一部であるが，これから読み取れることは何だろうか．まず上げられるのが，宗教人口（信者の総数）が1億9000万人を数え，日本の総人口1億2000万人を上回っている点である．もう一点は，神道系，仏教系の信者数がほぼ拮抗している一方，キリスト教の信者数が際立って少ない点があげられる．神道（とくに神社神道）については地域の神社の氏子として，仏

表14-1　全国社寺教会等宗教団体・教師・信者数

(平成26年12月31日現在)

項　目 \ 系統	宗教団体（宗教法人を含む） 神社	寺院	教会	布教所	その他	計	宗教法人 神社	寺院	教会	布教所	その他	計	教師（うち外国人） 男（外国人）	女（外国人）	計（外国人計）	信者 総数
総数	81,342	77,254	31,621	21,656	7,202	219,075	81,134	75,843	22,590	291	1,553	181,411	336,571(4,423)	349,296(1,758)	685,867(6,181)	190,219,862
神道系	81,237	17	5,383	1,007	828	88,472	81,042	11	3,568	130	205	84,956	50,105(32)	31,001(78)	81,106(110)	92,168,614
仏教系	36	77,194	2,118	1,987	3,793	85,128	29	75,791	991	112	381	77,304	181,443(1,296)	185,859(309)	367,302(1,605)	87,126,192
キリスト教系	—	2	7,053	821	1,418	9,294	—	—	3,950	11	661	4,622	26,845(2,984)	8,545(1,262)	35,390(4,246)	1,951,381
諸教	69	41	17,067	17,841	1,163	36,181	63	41	14,081	38	306	14,529	78,178(111)	123,891(109)	202,069(220)	8,973,675

出所）文化庁編［2016：34-35］.

教については寺の檀家としてそれぞれ区別して位置づけられ，自覚的信仰の有無は別として，それぞれの「信者」として位置づけられることに違和感を持たないのが多くの日本人の宗教観である．一年を通じても正月には神社に初詣に向かい，盆には寺に，その一方でクリスマスやバレンタインデーなどのキリスト教の行事も吸収する．一生を通してみると，生後まもなくの初宮参り，七五三は神社に詣で，結婚式はキリスト教式に，葬式，法事は仏教でと，あらゆる宗教儀礼を取り入れ，それを習俗として消費しているといえよう．

　とりわけ神道と仏教の両立は，日本人の宗教生活を考える上で，重要な要素になる．神道は自然宗教であり，日本古来の素朴な神観念が現在に伝わっているものである．一方，仏教はインドで発祥し，日本へは朝鮮半島を経由して伝わった外来宗教であるが，この両者は，早くから結びつき，神仏習合という新たな宗教形態を形成していった．たとえば，釈迦が創唱した仏教本来の死生観は輪廻転生であり生命は絶えず循環すると考えるが，神道と習合した結果，日本仏教では祖先祭祀として死者の供養が行われる．仏教に限らず，外来宗教が伝播していく過程では，その土地の宗教観や神観念を取り入れて**土着化**が図られる．複数の宗教が習合する現象を**シンクレティズム**というが，神仏習合はまさにシンクレティズムの典型である．

　もう一点，日本における宗教を考える上で欠かせないものが「家」の宗教の存在である．個人として宗教への信仰は持っていないものの，家の宗教は存在し，祖先祭祀を中心として宗教行動は営まれている．しばしば葬式仏教という指摘がなされるように近世に**寺檀制度**が成立して以降，檀家と旦那寺との永続的な関係が構築され，今日にまで続いている．

　しかし，家の宗教として制度化され安定した基盤を獲得した既存宗教は一方で，救いを求める民衆の欲求を必ずしも満たすことができなくなる．その間隙に登場したのが**新宗教**である．

　新宗教は社会変動期に多く出現する．日本では，前近代から近代へと変換する幕末期にかけ天理教や金光教など日本の伝統宗教である神道と習合した諸教団が成立したのをはじめ，戦時体制下においては大本や生長の家，霊友会，創価学会など神道系に加え仏教系の新宗教が誕生し，成長を遂げている．

　社会変動期には，人々の価値観も大きく変わる．幕末期においては，幕藩体制から天皇中心の政治体制への変化が，戦時体制下においては全体主義が中心になるなど，価値の転換が図られる．既成の伝統宗教が，組織化・官僚制化し，

第14章　宗教から社会を捉える　*171*

民衆のニーズに十分に応えられなくなる中で，新宗教は，民衆の側の欲求によって形成されていったものとみることができよう．

　新宗教は天理教の中山みさをはじめ，創唱者としての教祖が存在し，その教祖の**カリスマ**としての魅力によって教勢を拡大した．カリスマは，ウェーバーによると非日常，超人間的，超自然的な能力を有する個人を意味し，そのカリスマ個人を対象とした信仰がみられるようになる．なお，ウェーバーはカリスマを支配の１つの類型（**カリスマ的支配**）として考え，それがやがて伝統的支配，合法的支配へと転換すると考えている［ウェーバー 1960：62，70］（第１章**コラム**参照）．

　戦後混乱期においては，創価学会や霊友会から分派した立正佼成会が都市部を中心に信者を拡大するなど，戦時体制下において押さえつけられていた新宗教（多くの新宗教が治安維持法違反や不敬罪に問われ，活動を制限された．とくに代表的なものとして大本に対する宗教弾圧があげられる）が息を吹き返し，日本国憲法成立に伴う**信教の自由**および**政教分離**（いずれも憲法20条）もあって教勢を拡大し，**神々のラッシュアワー**［マクファーランド 1969］と形容されるような多種多様の新宗教が登場した．

　この戦後混乱期において，新宗教が信者を獲得した背景としてしばしば指摘されるのは貧・病・争の苦難からの脱却を主軸とする現世利益的な救済である．もう１つの指摘は，地方から都市に流れてきた新住民にとって，新たなコミュニティの場としての新宗教の機能である．福岡市の創価学会を調査した鈴木広は，信者層を分析する中で，他地域から都市に流入し，もともとの共同体から切り離された層を吸収したことによって拡大したことを明らかにしている［鈴木 1970］．これらは，これまでの社会の価値観が大きく転換し，人々の不安や孤立が増大し，神仏に「救い」を求めると共に，同じ宗教を共有する「仲間」を獲得したいという願いがあったからに他ならない．ここには既存の地域社会がその機能を喪失する中で，新宗教という新たな共同体の出現が確認される．

　高度経済成長期を挟み，1970年代以降になると，これまでの現世利益的な救済ではなく，神秘体験や自己修養を主目的とする新たなタイプの新宗教が出現し，とくに新新宗教と呼ばれている．

　こうした新宗教や新新宗教は，新たな価値の提示によって信者を獲得する一方，社会の伝統や文化との対立を惹起することもある．オウム真理教による一連の事件は記憶に新しいが，とりわけ凝集性の強い教団が反社会的な問題を引

き起こす**カルト問題**は，現代社会における課題となっている．また，貧・病・争や共同体の確保を目的として入信した一世代の信仰が，その子孫に継承されるかという問題も現代の新宗教に課せられた課題となっている．

　一方，組織化されない個人の聖なるものへの探求である**スピリチュアリティ**もまた，「見えない宗教」としての今日の宗教を考える上で，重要である．近年，日本ではちょっとしたスピリチュアル・ブームが起こりパワースポットなどとよばれる聖地は人を集めている．また，〇〇の母などとよばれるカリスマ的人気を持つ占い師には，長い行列ができている．

　世俗化が進み伝統宗教の意味が問われる一方で，新たにスピリチュアリティをはじめとする「消費される宗教」の出現は，現代社会の価値の多様化とそれに伴う混沌を示している．

課　題

- 日常生活における「聖」と「俗」について，その具体例を考えてみよう．
- 宗教と社会の価値観が対立した歴史上の事件を整理してみよう．

参考文献

石井研士［2007］『データブック現代日本人の宗教（増補改訂版）』新曜社．
猪瀬優理［2011］『信仰はどのように継承されるか――創価学会にみる次世代育成――』北海道大学出版会．
ウェーバー，M., 世良晃志郎訳［1960］『支配の社会学Ⅰ（経済と社会）』創文社．
ウェーバー，M., 世良晃志郎訳［1962］『支配の社会学Ⅱ（経済と社会）』創文社．
ウェーバー，M., 世良晃志郎訳［1970］『支配の諸類型』創文社．
ヴェーバー，M., 大塚久雄訳［1989］『プロテスタンティズムの倫理と資本主義の精神』岩波書店．
櫻井義秀［2009］『カルトとスピリチュアリティ――現代日本における「救い」と「癒し」のゆくえ――』ミネルヴァ書房．
島薗進［2012］『現代宗教とスピリチュアリティ』弘文堂．
島薗進［2006］『現代救済宗教論』青弓社．
鈴木広［1970］『都市的世界』誠信書房．
デュルケーム，É., 古野清人訳［1975］『宗教生活の原初形態　上・下』岩波書店．
デュルケーム，É., 宮島喬訳［1985］『自殺論』中央公論社（中公文庫）．
波平恵美子［2009］『ケガレ』講談社．
バーガー，P. L., 薗田稔訳［1979］『聖なる天蓋――神聖世界の社会学――』新曜社．

文化庁編［2016］『宗教年鑑　平成27年版』http://www.bunka.go.jp/tokei_hakusho_shuppan/hakusho_nenjihokokusho/shukyo_nenkan/pdf/h27nenkan.pdf（2016年4月18日アクセス）.

マックファーランド，H. N., 内藤豊・杉本武之訳［1969］『神々のラッシュアワー──日本の新宗教運動──』社会思想社.

柳田國男［1993］『明治大正史──世相編──』講談社.

ルックマン，T., 赤池憲昭・ヤン・スィンゲドー訳［1976］『見えない宗教──現代宗教社会学入門──』ヨルダン社.

Column   鰯の頭も信心から？

　映画『続・猿の惑星』（1970年）では，猿が支配者となり，人類は地下に追いやられているある星が舞台になっている．その星の人類にも宗教が存在しているが，その神は，金色に輝く原子爆弾である．彼らの世界観によれば，原爆は「平和をもたらす聖なる武器」であり，救世主であり，創造主であり，全能である．超然的で絶対的な存在である原爆は，まさに人智を越えた存在であり，ここでの宗教は宗教学でいうところのフェティシズム（呪物崇拝）として位置づけられる．

　もう1つ，ノンフィクションから．福岡県久留米市の神社・宝満宮は霊験あらたかで，とくに徴兵よけに強いと，多くの参拝者を集めていた．霊験を得るためには，洪水の直後に神社の周りを裸足で参拝すればよいといい，実際にこの方法で参拝した人は徴兵が回避された．その後，その霊験は日本住血吸虫への感染によるものであることが分かり，その後，参拝する人は皆無になった……（小林照幸『死の貝』文藝春秋，1998年）．当時，死病であった日本住血吸虫症に感染すると，生育が妨げられ，結果として徴兵検査で不合格となったのだろう．

　原始宗教における神とは，このような人智を超えるオソレやタタリに対する畏怖が生み出したものかも知れない．

　慣用表現に「鰯の頭も信心から」がある．『広辞苑』には「鰯の頭のようなつまらないものでも，信仰すると，ひどくありがたく思える」とあり，『日本国語大辞典』にはこれに加えて「信仰心が不思議な力を持つたとえ」とある．デュルケームが宗教の要件として指摘する「信念」が生み出す共同体．信念が，鰯の頭にも原爆にも，日本住血吸虫にも，神を見いだすのである．

Column   神輿を担ぐのは誰か

　日本の神社祭礼にはさまざまな形態があるが，その一つに神輿が出御する渡御祭がある．普段は神社に鎮座している神が，周期的に輿に乗って町や村に降りてくる．そこで人々は聖なる神に触れ，聖なる時間を過ごす．

茨城県北部の山間の地に鎮座する西金砂神社と東金砂神社．この２つの神社では72年に１度，渡御祭「磯出大祭礼」を執行している．直近では2003年に執行されたが，神が上陸した太平洋の磯までの往復80kmの行程を１週間かけて渡御する．こうした神が海や川などの水場に出向く祭礼は浜降り神事などと呼ぶが，長い俗なる時間の中で，神威が低下した状態を，水によって清め，神威を取り戻すのが目的である．また，１年を超えた期間で周期的に営まれる祭礼を式年祭と呼ぶ．20

東金砂神社磯出大祭礼の神輿渡御
(筆者撮影)

年周期で社殿を造営し，神体を移す伊勢の神宮の式年遷宮や，７年周期で神の依代となる柱を建て替える諏訪大社の御柱祭などがあるが，これらの祭りも時間の経過と共にケガレを祓う働きを持つ．

ところで神輿を担ぐ（昇く）のは誰だろうか．神社によって担ぎ手は多様であるが，多くはその神社の氏子である．ところが近年，都市部を中心に新たな神輿の担ぎ手が見られるようになった．それは，必ずしも氏子ではなく，個人的な嗜好によって神輿を担ぎたい人々で形成される神輿同好会である．

先の磯出大祭礼の場合，祭の期間が長期に及び，かつ神社を支える地域社会が過疎化・高齢化していることもあって，神輿の担ぎ手の選出が難航した．とくに６年周期で行程を半分にした小祭礼を執行してきた西金砂神社はともかく，72年ぶりに神輿を出す東金砂神社では，神輿の担ぎ手確保まで手が回らない．そこで動員されたのが茨城県内の各地で結成されている神輿同好会のメンバーであった．

デュルケームに始まる聖─俗二元論に対し，「遊」を加えた三項図式を提示したのが R. カイヨワ（Roger Caillois）である．「遊」は実生活である俗からも，義務や拘束を伴う聖からも独立した自由な領域として設定されている．

氏子が神輿を担ぐ場合，そこには聖なるものである氏神に対する責務が伴う．いわば義務として，氏神に奉仕するのである．一方，神輿を担ぐという行為は同一であったとしても，神輿同好会によるそれは，全くの自由意思によるものであり，多分に「遊」の側面を有している．

地域社会の共同性が薄れ，共同体を守護する氏神や鎮守，産土神への敬神が必ずしも図られなくなり，あるいは地域社会変動の中で，過疎化・高齢化が進行し，祭の担い手層が不足する中で，「遊」の原理によって選択的に構成されるアソシエーションとしての神輿同好会の動向は，今後の神社祭礼にとって欠くことのできない要素になるかもしれない．

参考文献
カイヨワ，R., 多田道太郎・塚崎幹夫訳 [1990]『遊びと人間』講談社．

Column   葬送墓制の現在

　オリコンの2007年上半期シングルチャートで1位になった『千の風になって』は，一大ブームを巻き起こした．この詩は，元々は英文であるが各国で翻訳されている．

　この詩でうたわれている「死生観」は，これまでの伝統宗教が説明してきたものとは大きく異なる．死後の世界（あの世）は，生者の世界（この世）とは別にあって，魂が救済されるにせよ，神仏になるにせよ，あるいは地獄に落ちるにせよ，別の次元に移行するものとされてきた．しかし，『千の風になって』では，死者はこの世の中に，「風」になって存在するという．

　この詩が広く受け入れられた背景に，現代人の死生観の転換をみることができる．

　たとえば墓．これまでの日本社会では，「ご先祖様」をしっかりお祀りし（祖先祭祀），家を繁栄させていくことが子孫の務めとされてきた．墓守や葬式・法事，盆や彼岸の世話は跡取りの義務とされた．ところが社会が変化し，家族のあり方が変わる中で，墓や葬儀のあり方も変わってくる．墓を造らない「散骨」や「樹木葬」，あるいは葬儀にしても家族のみで営む家族葬，火葬のみを行う直葬，宗教者を介さない無宗教葬など，これまでにない葬送の形態が生まれるなど，弔いの形は変わってきている．家族のゆらぎ，地域社会の解体など，個人を取り巻く社会の変化は，ここにも現れている．

（小笠原　尚宏）

第15章　社会の中のメディア／
　　　　　メディアが動かす社会

> 参照基準③シ　メディア・情報・コミュニケーションについての
> 　　　　　　　基本的な知識と理解

学修のポイント

1. 社会はコミュニケーションにあふれている
2. メディアと社会
3. 声／文字の文化，書物の成立
4. 市民／大衆／国民の誕生とマスメディア
5. 戦争と選挙
6. インターネットをめぐる情報の自由と管理・制限
7. 社会の中のネットワークとメディア

○それぞれのメディアが，どのように情報を媒介し，
　コミュニケーションを成立させているか理解する．
○メディアの利用が社会的需要によって促進され，
　メディアの普及が社会の変化を加速する様を理解する．

予　習

- スマートフォンを使ってできることについて，他のメディアでは何ができて何ができないか考えてみよう．
- いろいろなメディアを使ってなされるコミュニケーションは，なぜ社会で必要とされているのか考えてみよう．

1 社会はコミュニケーションにあふれている

わたしたちは日々，いろいろなことを他人に伝えながら生きている．動画サイトで見つけたネタを友達に送ってみたり，帰宅時間を家族に伝えたり，あるいは人には言えない秘密をもつということも，伝えることを取捨選択するというコミュニケーションである．社会は人々が互いに関係し合いながら生きている現場そのものであり，その関係はコミュニケーションを通じて結ばれたり，切られたりしている．ときにコミュニケーションは，それに関わる人間の生死や人生を左右することもある．たとえば「災害が起きたときどこへ避難すべきか」「将来"成功"するために何をすべきか」など，伝えられた内容によって人は決断を下すことになる．わたしたちはこういった何事かについての知らせや判断材料となるものを情報と呼んでいる．

情報はそれがどのように，何を媒介して伝えられるのかによって意味や影響が異なることがある．たとえ同じ内容でも偉人の格言として伝記に書かれた言葉とトイレの落書きでは異なるだろうし，面と向かって伝えられる愛の告白も，辞書に用例として書かれているものならば人の心をうつことはない．コミュニケーションや情報の"チカラ"も何を媒介とするかによって変わってくる．この媒介するものが，メディア（=「中間」「媒介物」の複数形）である．

2 メディアと社会

社会学において，メディアという語は，言葉（音声，書かれた文字）を指すこともあれば，印刷，映像，通信網のようにテクノロジーそのものを指すこともある．本，テレビ，コンピュータ，ケータイのようにテクノロジーを活用するための装置を指したり，新聞社，テレビ局などの組織やそれを含めた産業を指す場合もある．しかしそれは当然のことである．情報を媒介するその仕方が，ある時代や社会において注目されるとき，媒介するものがメディアとして呼び表わされる対象となるため，多種多様なものがメディアと呼ばれてきたからである．

そもそも"media"という用語は，1920年頃アメリカの業界紙『広告と販売』に新聞・雑誌・ラジオなどのマス・メディアを指して使われ始めたとされてい

る［佐藤 1998］．アメリカで新聞や雑誌の発行が拡大したのは19世紀初頭であったが，20世紀に入ったこの時期には，都市化がより一層進んだ．そこでは消費が活発に行われ，商品やサービスを売り込むための広告も産業として発展していった．また新たなテクノロジーとしてラジオも登場し，ニュース配信をめぐって新聞とラジオが対立する事態も生じていた．おそらく従来の "press" ＝印刷とは違うものも含め，広告を掲載する媒体を総称する言葉が求められたのであろう．いずれにせよマス・メディアが大きな注目の的であったことは間違いない．

メディアという語の誕生から分かるのは，新たなテクノロジーが独特の仕方で情報を媒介するとき，それがメディアと呼ばれ注目を集めるということである．そして実は出現した当時はメディアと呼ばれなくとも，後々社会に大きなインパクトを与えたことが確認されると，それもメディアとして呼び表わされることがある．

さまざまなメディアは，テクノロジーと密接に関わり，独自の仕方で情報を媒介する．しかしテクノロジーの登場が社会を変化させるというより，テクノロジーのもつ可能性の中から，社会的に需要のあるものがメディアの利用法として選択され普及する．そしてメディアが充分に普及すると，それが当たり前のものとなり，メディアがなかった社会とは幾分異なる様相をみせる．メディアと社会は，互いに影響を及ぼしながら，相互に作用して社会が形成されるのである．この章では，過去から現在へと至る歴史のなかで，いくつか注目を集めたメディアとその背景となる社会についてみていこう．

3 声／文字の文化，書物の成立

言葉は，目の前にないものを呼び表わし考えること，世代を超えた知識の伝達を可能にしている．ただし言葉を伝える手段，すなわちメディアのうち何が重要となるかは，社会によって異なっている．

声というメディアは録音技術がなかった時代には，一度発せられれば瞬時に消えるものであった．声はそれが発せられた場所と結びつき，独特の意味をもつメディアであった．すなわち，神に祈りをささげる声や集落での重要な話し合いが行われるとき，その共同体の精神世界や秩序と密接に結びついていた．しかし，書き言葉の使用頻度が増すと，言葉がそれを記した者の手から離れ，

時間と空間を超えて情報が流通することになる．さらに書かれた文字が「書物」というメディアにまとめられると，書きなぐられた文字とは異なり，頭の中にのみ存在していた「思考」が体系的に整理され，他者に伝達されるようになる．そして読み手が書物と独りで向き合う＝読書が可能になった．さらに読書は自分の頭で考え，自律的に判断する個人に必要不可欠な作業となった［オング 1991］．

　また書物は，一部の人間に独占されていた知識や情報を，人々に広く解放する役割も担う．書物が発明されてしばらくは，それを複製する方法といえば写本しかなかった．ただしこの写本の時代には，後の活版印刷による書物の大量複製が予告されてもいた．いわば写本の時代とは，知識や情報が一定の時空間に独占されるという声の文化と，活版印刷によって広く社会に解放される時代との中間点であった．

　中世以前のヨーロッパでは知識は聖職者などの宗教的権威者に独占されていた．礼拝という時空間の中でだけ，聖職者の声によって神の教えが知識として人々に説かれていた．書物が登場しても，しばらくはそこに書かれた知識を広めるには，筆写（書き写し）による複製を作るしかなかった．そのため大量の書物を収蔵し，筆写を行う修道院が知識を管理していたことになる．このころの筆写は修道士が書物の内容を繰り返し読み，自らの頭の中と書物の内容を同じにすることで実現されていた［イリイチ 1995］．しかし時代が進むにつれて徐々に変化しはじめ，書物とその流通が商業化されるようになる．すなわちページ単位で分担して筆写が行われるようになり，複製の効率が向上する．それは知識へのアクセスが個別の修道士ごと，あるいは修道院という時空間に限定されたものではなくなることを意味していた．この書物の販売・流通を進めた商人たちには後ろ盾が存在した．それは11世紀以降ヨーロッパ各地に建設されはじめた大学であった［フェーブル 1998］．

　知識の拠点としての役割を宗教的権威から引き剥がし，学問の探求と得られた知識を伝えるための専門機関として大学が成立していく過程で，メディアが重要な役割を果たしたのだった．こういった変化は，より大きな社会全体の変化の中に位置づけることもできる．その1つは**機能分化**である．機能分化とは，モノ創り，食糧生産，知識の探求，教育，病気の治療，商取引などなど，それぞれを専門とする職業や機関を成立させ，各々をより効率化，高度化することで，社会全体を発展させることである．またもう1つは，M.ウェーバー（Max

Weber) が**脱呪術化** [ウェーバー 1993] と呼んだ変化である．それは祈りや神の意思といった超自然的な力が世界を動かしているのではなく，自然法則が作用していると考えたり，真理は哲学によって明らかにされるなどというように，科学的知識が社会的に重要視されるようになることを意味する．

4　市民／大衆／国民の誕生とマスメディア

　社会の機能分化は，商取引と物流の効率を上げるため，商品と情報が集まる場所としての都市を誕生させる．そこには必ず取引所と新聞社が設立された．これら都市で成功を収めた有力者 (資本家) たちは，財と教養を身につけることで，印刷された書物や新聞を読み，批評や討議をはじめるようになる．すると次第に，政治権力を握っていた君主に対し，自らの権利を主張するようになる．いわゆる**市民的公共性**の成立である．

　バロック時代は君主が絶対的な権力をもち，その権威を誇示する荘厳な儀式が行われる宮廷こそが政治の中枢であった．しかし以前にもまして商人たちが活躍し経済が成長すると，それまで宮廷に出入りしていた有力者たちがそこから離れ，都市にある取引所の周辺のコーヒーハウスなどに集まるようになる．そこでまずは出版された文芸作品に対する批評をはじめ，さらに新聞にもとづき政治的討議を始めるようになる．すなわち世論が形成される場となり，市民自身が政治に参加する民主主義の下地ができあがっていく．

　ただし経済活動がより活発になると，生産現場で働く大量の労働者が都市に流入してくる．コーヒーハウスなどで批評や討論を行っていた人々と異なり，財産や教養のない人々までもが都市にあふれるようになる．これらの人々は，個人で独自に熟慮するというよりも，周囲の行動やムードに流されやすく，教養より娯楽を求める．いわゆる**大衆**の誕生である．すると新聞などのメディアも大衆が望む娯楽を提供するものが増加し，知識と教養の提供が相対的に縮小する．また討議する暇も教養にも乏しい大衆を，かたちの上では政治に参加させ，大衆を納得させる方法として選挙と投票の仕組みが整備される．膨大な人口に膨れ上がった大衆のすべてが討論に参加することは原理的に不可能であり，大衆はただ票を投じるだけとなる．市民による討論にかわって，経済成長がもたらす貧富の格差や衝突する利害を調整するのは，国家の官僚制的組織による統治の仕組みである．この仕組みは，投票を通じた人々の支持のもと強化され，

第15章　社会の中のメディア／メディアが動かす社会　*181*

メディアは国家による大衆宣伝にも活用されていくことになる［ハバーマス 1994］.

　そもそも近代的国家の成立，すなわち人々が自らをいずれかの国家に属する「国民」であることを当たり前のものと考えること自体，メディアを利用して実現された．国家が統治機構として力を発揮するためには，実際に国民がそれに従う必要がある．その前提となるのは，互いに見ず知らずの者同士が，同じ国家に属する者と認識することである．書物や新聞といったメディアは，無数の人々が同じ言語で物語やニュースを読む共同体験を可能にする．また大量に印刷された地図は，国土を人々に認識させ，国家の中心と周辺，他国との境界がどのようになっているのかを国民に教え込む役割を担う．これらの経験を通じて，互いに出会ったこともない人々が，同じ国民として，一定の国土に住まう者同士であると想像できる状態となる．国家はこの基盤が前提となっているために，「**想像の共同体**」［アンダーソン 1997］と呼ばれているのである（第13章参照）.

5　戦争と選挙

　こうして誕生した国家は，互いに覇権を争い戦争を繰り返してきた．特に20世紀の戦争においては，マス・メディアが果たす役割が注目を集めることとなる．戦争状態にある国家は，国民が文字通り命がけで戦争を遂行するよう，国民に自国の勝利と敵国の邪悪さを信じ込ませようとする．いわゆる**プロパガンダ**は，敵と味方を強引に色分けし，味方の"正しさ"と敵の"悪辣さ"を強調する．その反面，自国に都合の悪い事実を隠す．たとえ敗北をかさねていようとも，連戦連勝を続けているとマス・メディアを通じて国民に嘘を伝える．これらは多くの国家が行ってきた犯罪行為といえる．

　プロパガンダをはじめとしたマス・メディアの力を検証・分析することは，メディアを研究する上での重要な課題となった．特にその力を強大なものと考える立場は**強力効果説**と呼ばれている．20世紀の初頭までは，多くの研究者も強力効果説を信じていた．しかし実際に調査を行い，マス・メディアの影響を分析してみると意外な事実が判明する．

　P. F. ラザースフェルド（Paul F. Lazarsfeld）らは，1940年のアメリカ大統領選挙において，マス・メディアの影響力が強大ならば，選挙宣伝が人々の投票行動を左右するはずだと考え，選挙期間中の支持政党や選挙宣伝との接触，最終

的な投票先を調査し分析を行った．すると意外なことに，選挙期間中に有権者の支持政党はそれほど変化せず，マス・メディアを通じた選挙宣伝も，有権者が前もって保持していた**政治的先有傾向**にもとづいて，自らの支持する考えに近いものが選ばれ接触が図られていること（**選択的接触**）がわかった．またその後の研究も含めると，マス・メディアからの情報は，直接的に人々の態度を変化させたり，行動をおこさせるのではなく，さまざまな媒介的要因がかかわり影響を及ぼしていることがわかった［カッツ 1965：ラザースフェルド 1987］．彼らの研究が端緒となって，マス・メディアの力を単純に強大なものと考えるのではなく，複合的な要因によって影響力が左右されていると考えられるようになり，新たな研究の地平が広かれた．ラザースフェルドらの立場は**限定効果説**と呼ばれている．

6　インターネットをめぐる情報の自由と管理・制限

　マス・メディアの誕生後も，さまざまなテクノロジーが開発され，新たなメディアが誕生している．今日もっとも注目されているのは，インターネットであろう．インターネットは，学術情報から企業による業務通信，ニュース配信や娯楽，一般市民の他愛もない会話から罵詈雑言まで，あらゆる情報を流通させている．そのため，有用で安全な情報を伝え，虚偽・不正確な情報を減らし質の向上を図ること，個人情報の漏洩など不適切な情報の拡散を防ぐためのさまざまな取り組みが行われている．

　情報の発信者を特定できるようにすることで責任の所在を明確にし，誤った情報が発信されにくくする．正確な知識の持ち主に，情報を発信する権限を与えることで質向上を目指す．情報を管理者が削除・修正できるようにするなどの取り組みである．具体的には，ユーザー ID とパスワードによる認証を経てアクセスが許可される SNS や，会員制のサイト，あるいは特定の機関による情報の管理，政府による検閲・監視活動といった手法が用いられている．しかし，これらの試みが完全に成功するかというと必ずしもそうではない．そのことを象徴する事例が，インターネットの起源である ARPANET と軍事機密ネットワークの関わりである．ARPANET は発展する過程で，ネットワークの接続先を拡大し，雑多な情報をも媒介するようになった（**コラム**参照）．そうすると主に軍事情報を取り扱う部分は，セキュリティ向上のために ARPANET

から分離されたが，この機密ネットワークも不正な接続による情報漏えいに対処せざるをえなくなる．というのも，この機密情報を扱うネットワークから盗み出された情報が，2010年にウィキリークスによってインターネット上に公開され，「テロとの戦い」を遂行する米軍や政府が犯したさまざまな不正が暴露された．またこういった事件に限らず，機密情報の漏洩やテロの防止を目的として，インターネットを活用したインテリジェンス（諜報）活動が，全世界で行われている［土屋 2011］．

このように開発初期から今日に至るまで，インターネットでは情報を自由に流通させるのか＝情報の自由，と情報を管理・制限するのか＝情報の管理・制限をめぐるせめぎ合いが続いている．国家規模の監視活動や検閲，機密の暴露もあれば，個人情報の保護やゴシップの暴露による「炎上」に至るまで，ありとあらゆる情報が秘匿と公開，管理と自由の間で揺れ動いている．その過程で，情報を制限したり管理する取り組みは常に挑戦を受ける．自由な情報流通が促進されるということは，同時にデマや不正確な情報が氾濫する可能性も高まる．

7　社会の中のネットワークとメディア

このようにインターネットをめぐって情報の自由と管理・制限がせめぎ合う事態は，なぜ引き起こされているのだろうか．その理由はやはりインターネットが普及している社会そのものにある．

インターネットはネットワークを相互に接続したものであり，どこかの部分を分離・切断することも，新たにネットワークを接続することも，どのようにも改変できる可変性の高いメディアである．しかも常に更新され蓄積され続ける情報を瞬時に検索することで，情報を仲立ちにしてヒト，モノ，カネ，コトをつなぎ合わせるための巨大なマッチングシステムとして機能している．たとえば，キーワードを検索してヒトが新たな知識や娯楽（＝コト）に出合ったり，求人サイトでヒトとヒトが出会ったり，（ヒトとモノが出会い）商品が発見されたり，（ヒトとモノとカネが出会い）売買が成立したりする．しかしこれらの需要は，インターネットの誕生以前から，すでに多くのメディアによって満たされてきた．本章でみてきた声から書き言葉へ，書物の複製の歴史は，知識を蓄え保存しつつ，それを求める人に届けるという社会的需要が背景にあった．もちろん，有用な知識のみならず，市民的公共性を支えた政治的討議であれ，その凋落の

原因となった娯楽と低俗なゴシップであれ，メディアの利用者が求めるのであれば誰かが提供しようとする．また都市化がそうであったように，商取引によるヒト・モノ・カネの結びつきは，これらに関する情報を集中し，マッチングが最適化されるほど経済を発展させた．インターネットによる情報の集積とマッチングが都市になぞらえられやすいのはそのためである．そしてプロパガンダがそうであったように，インターネットでも国家が情報の流通を管理し，統治者に都合のよい情報のみを伝えるような検閲が試みられている．

　ただしインターネットの普及は，国境を越えるグローバルな経済活動にともなって進展した．そのためルールや価値観の異なる領域を横断してコミュニケーションが図られることで，完全に情報を管理・制限することが難しい．またマス・メディアからの情報に対し選択的に接触するのみならず，無数・無名の人々に情報を発信する能力も与えた．したがって，一個人が世界中に向けて情報発信する力を持つことも原理的には可能になった．とはいえ現実には，ごく少数の例を除いて，知識や教養よりも娯楽をもとめ，独自に判断するよりも周りに流されやすい人々をつないでいる．つまりは大衆社会の特徴をインターネットは反映しているのである．このように考えるとインターネットだけが独自に実現したコミュニケーションの形態はほとんど存在しないようにも思える．

　しかし忘れてはならないのは，インターネットが開発の初期段階から現在に至るまで，情報の自由と管理・制限をめぐるせめぎ合いを伴っている点である．情報の自由と管理のせめぎ合いとは，つまるところ巨大なマッチングシステムの中で，何と何を結びつけたネットワークを構築し維持するのか，必要に応じて変化させやすいということである．インターネットを使って新たな知識に出会った者は，同じように質の高い知識を得るため，検索する対象を会員制の学術情報データベースに限定するかもしれない．取引相手と出会いたい者は，管理者によって詐欺師があらかじめ排除されている優良なネットワークサービスを活用するだろう．秩序を維持するために国家は検閲を強化するかもしれない．とはいえ別の視点にたてば，学術研究の成果を知識として広めたければアクセスは制限されていないほうが好都合で，実際有用性が認められた学術的知識は瞬時に広がっていくものである．あるいは詐欺師の視点にたてば，監視の目をかいくぐり優良なネットワークからカモを探すほど詐欺は成功しやすい．犯罪者にとってもインターネットは有用であるのが現実だ．さらに国家による検閲が行われているということは，それを暴露したり，かいくぐることに価値を生

じさせることにもなる．インターネットは，多数の領域を横断しヒト・モノ・カネ・コトを結びつける相互接続ネットワークであり，他のメディアに比べ飛躍的に増大している情報の量と速度が，ネットワークの構造変化をも加速化している．したがって，誰が何の目的で利用するかによって，どの情報を自由に／管理・制限するのかということ自体がめまぐるしく変わることと，その変化の速さこそが，インターネットというメディアの特徴なのであろう．それは，社会の変化が激しく，加速していることの反映でもある．

本章で繰り返しみてきたように，あるメディアが注目されるとき，そのメディアが実現する独特の情報の流れやコミュニケーションが，その社会で重要な役割を果たしている．また新たに登場するメディアは，先行して普及したメディアが実現してきた情報の媒介の仕方を引き継ぐ場合が多い．そしてメディアを介して流通する情報や，コミュニケーションの内容が，社会の変化を反映すると同時に，変化をさらに加速するのである．

課題

- 本章で取り上げたメディアのうちどれか1つが存在しない社会では何が困難になるのか考えてみよう．
- 正確な知識が伝えられず，学ぶ機会が得られないと社会はどのようになるか考えてみよう．
- メディアを介して得た情報を深く考えもせず鵜呑みにすると，どのような事態が引き起こされるか考えてみよう．
- 情報の自由と管理・制限はどちらが，どのような場面で優先されるべきか考えてみよう．

参考文献

アンダーソン，B., 白石さや・白石隆訳［1997］『想像の共同体——ナショナリズムの起源と流行——』NTT出版．
イリイチ，I., 岡部佳世訳［1995］『テクストのぶどう畑で』法政大学出版局．
ウェーバー，M., 尾高邦雄訳［1993］『職業としての学問』岩波書店．
オング，W. J., 桜井直文・林正寛・糟谷啓介訳［1991］『声の文化と文字の文化』藤原書店．
カッツ，E.・ラザースフェルド，P. F., 竹内郁郎訳［1965］『パーソナル・インフルエンス——オピニオン・リーダーと人びとの意思決定——』培風館．
佐藤卓己［1998］『現代メディア史』岩波書店．
土屋大洋［2011］『ネットワーク・ヘゲモニー——「帝国」の情報戦略——』NTT出版．
ハバーマス，J., 細谷貞雄・山田正行訳［1994］『公共性の構造転換——市民社会の一カテ

ゴリーについての探究——』未來社.

フェーブル，L. M.，関根素子訳［1998］『書物の出現』筑摩書房（ちくま学芸文庫）.

ラザースフェルド，P.・ゴーデット，H.・ベレルソン，B.，時野谷浩訳［1987］『ピープル
　　ズ・チョイス——アメリカ人と大統領選挙——』芦書房.

Column　　　　　　　インターネットをめぐる情報の自由と管理・制限

　　インターネットの起源は，ARPANET というアメリカ国防総省が資金を提供し，開発が進められた通信網にあり，軍事目的で開発されたとみなされがちである．しかし事実はそう単純ではない．開発と運用の経緯には，本文でも述べたインターネットをめぐる情報の自由／管理・制限の問題が常に付きまとっていた．

　　ARPANET の開発陣の中には，防空通信網など軍事技術の開発者がおり，後には実際に軍事利用もなされるようになる．とはいえ開発当初，コンピュータネットワークの軍事利用には，あまり期待がかけられておらず開発費も少なかった．むしろ開発者たちは自分たちも含めた科学者が，学術情報を自由に交換できる通信網として利用すべく開発を行っていた［喜多 2003：128］．ARPANET が接続先を増やし，インターネット（"inter" "net" とは既存のネットワーク（＝ net）を相互接続（＝ inter）させたものという意味）の技術的モデルとなっていく段階で，まずアメリカ国内の大学同士で接続実験が行われた．このとき実験に参加していた研究者たちは，軍事利用とは正反対の，反中央集権的で，国家や権威への異議申し立ての手段としてインターネットを位置づけていた［ランドール 1999：83-6］．彼らは学術情報のみならず雑多で必ずしも正確とはいえないような情報であっても自由に交換できるネットワーク（USENET）も構築し，ARPANETはこれとも接続することになる．するとこのときすでに軍事利用もなされていた部分のみ，機密情報の漏洩を防ぎ，誤情報が混入することを避けるため相互接続から離脱し，閉鎖的な機密情報ネットワークとして独自運用されていった（MILNETやその後の SIPRNet）．分離されなかった ARPANET がインターネットの基盤技術となっていく．そして2010年のウィキリークスによる暴露事件は，機密情報ネットワーク（SIPRNet）から情報が盗み出され漏洩したことがきっかけだった．当然アメリカ政府は，機密情報ネットワークに対する管理・制限を強化することになる．また，元 NSA 局員が暴露したように，全世界のインターネットや音声通信網を対象とした盗聴・監視プログラムも実行された．

　　このように，インターネットの成立初期の段階から今日に至るまで，相反する２つの方向性がみられる．すなわち，情報の受発信を制限して情報を管理するのか，それとも開放性の高い自由な相互接続ネットワークを構築するのか——情報の自由か管理・制限かという問題である．

参考文献
喜多千草［2003］『インターネットの思想史』青土社.
ランドール，N.，村井純・村井佳世子・田中りゅう訳［1999］『インターネットヒストリー——オープンソース革命の起源——』オライリー・ジャパン.

Column

つながりっぱなしの私たち

映画『ディス／コネクト』

「インターネットの闇」，曖昧ではあるものの，インターネットというメディアが可能にしたつながりの「問題」を手っ取り早くあらわす言葉ではある．老若男女，顔見知り／見ず知らずにかかわらず，どこにいても何をしていても，不特定多数と「つながる」ことができる，ただしつながる相手はどこの誰か特定できないかもしれない．にもかかわらず，私たちは個人情報を垂れ流しながら，つながりつづける．この映画では，それらの問題を凝縮したようなストーリーが展開される．児童ポルノサイトの食い物にされる若者，夫婦間のすれ違いからネットに救いを求めるものの個人情報を垂れ流し詐欺にあう人，学校でいじめを受けている少年が心の支えにしていたSNS上の少女が実は成りすましだった，などなど．この映画は「インターネットの闇」の部分にクローズアップし，それがまぎれもない私たちの日常と地続きになっていることを描いている．この映画の中でおこる出来事は，誰の身にも起こりうることかもしれない．情報の管理・制限によってインターネットをより「安全」にすべきと声高に叫ばれるのは，まさにこのような闇の部分が事件となって明るみに出るときであろう．

『ディス／コネクト』
原題：Disconnect
ヘンリー＝アレックス・ルビン監督
2013年製作，アメリカ，発売元：バップ．

映画『ステイ・コネクテッド──つながりたい僕らの世界──』

こちらの映画は闇にばかり焦点を絞るのではなく，もう少し「ありふれた」「ふつう」の人々が，ただしどうしようもなくネットでのつながりを求めている様子を描いている．家族に隠れてひっそりと性的快楽を求めてポルノサイトを利用する人，不倫相手を出会い系サイトでそれぞれ相手に内緒で探す夫婦，笑顔で対面している相手の悪口をスマートフォンで言い合うハイスクールの少女たち，

『ステイ・コネクテッド』
原題：Men, Women & Children
ジェイソン・ライトマン監督
2014年製作，アメリカ
発売元：パラマウント ホーム エンタテインメント ジャパン．

などなど．映画『ディス／コネクト』が終始「闇」の部分を強調して描くのに対し，こちらはその「闇」に対する恐れが偏執的な管理・制限の強化につながる危険性があることも示唆している．ある少女の母親は，思春期の娘の「非行」や「異性交友」を心配するあまり，娘がスマートフォンで行うすべての通信内容，会話をモニタリングし，居場所もGPSで追跡している．多くの視聴者は，母の娘に対する管理に行き過ぎたものを感じると同時に，娘に同情するだろう．しか

も母の管理は，娘の交友関係に取り返しのつかないダメージを与えそうにもなる．老若男女限らず，好き勝手につながりあうことが，もはや当たり前になってしまっており，情報の管理・制限が容易ではない状況が描かれている．こういったつながりっぱなしの日常について分析したものとしては，D. ボイド『つながりっぱなしの日常を生きる――ソーシャルメディアが若者にもたらしたもの――』野中モモ訳，草思社（2014年）などが参考になる．

（前田至剛）

第16章　国家と社会運動

> 参照基準③ス　社会運動、NPO・NGOなど社会変革・改革の動き
> 　　　　　　への基本的な知識と理解
> 参照基準③セ　国家・政治・権力と政策提言についての
> 　　　　　　基本的な知識と理解

学修のポイント

1　国家と政府
2　社会運動と NPO
3　NGO

○国家とは，政府とは何か，私たちは権力や
　権威とどのようにつきあうか考えよう.
○社会を変革しようとする力としての NGO,
　NPO, 社会運動について知ろう.

予　習

▫最近のニュースや新聞で「国家」に関係するものを探して，何が書いてあるか，
　自分とどんな関係があるか，考えてみよう.
▫社会の現状や政治について，不十分だと感じる事柄を改善する方法を考えてみよう.

はじめに

　普通の学生で，毎日の平穏な生活では国家や社会運動や NGO について意識したり，それにかかわるっている人はあまりいないだろう．今の日本社会はとりあえずは平和で安全な日常生活が可能な状態と言って差し支えないだろう．内戦状態，他国の侵略，極端な経済的危機，大量の難民の流入，壊滅的な自然災害などからは免れている．それは歴史的，地理的，地形的な偶然によるところも大きいが，国家や政治の成果でもある．本章では社会を維持したりそれを変革したりする仕組みとしての国家や社会運動や NGO について学ぶ．

1　国家と政府

(1) 近代国家と権力

　近代国家は複雑な政治的組織や政治制度からなり，権力を持つ．国家の政治的組織や政治制度は権力を行使するためのしくみである．それらは裁判所，軍隊，警察，行政組織（省や庁，市役所や役場），立法組織（市議会，県議会，国会）などである．権力とは他の人や集団を自らの意図で従わせることのできる能力である．国家にはそれを行使する人（総理や大統領）や集団（政権政党）が存在し，その人や集団には政治的に権威が与えられている．

　権威とは権力を使わずに他者を従わせることのできる能力や社会的な関係である．国家や国民を従わせることを統治という．国家は武力で脅迫したり，国民を四六時中監視し，違反者がいれば処罰をするというようなやり方で国民を統治しているのではない．国家は国民が国家の権威を認めそれに従うことによって成り立っている．人々は一度統治者の権威を認めると，いわば自発的に権威に従い，統治が成立する．

(2) 国家と政府と社会

　国家は一定の領域（領土・領海・領空）に対して独占的に権力を及ぼす制度と組織の全体である．近代民主主義政府は選挙によって選ばれた政治家からなる立法組織と官僚からなる行政組織の全体である．政府が政治を行う．政治とは社会秩序の維持，形成，変革を権力，権威，政策によって行うことである．政

第16章　国家と社会運動　*191*

策とは政治や行政上の目的を実施するための方針や計画である．ただし企業でも経営方針という意味で政策を立案して実行している．

　日本社会という場合の社会は人々の集まりであって，その人々は同じ地域に居住し，同じ信念，生活習慣，価値観，伝統などを持ち，個々の地位と役割を持ち，日常的に定型化（ルーチン化）した相互行為によって社会関係を維持している．近代では国家の国境が1つの社会の境界になるが，複数の社会が国家内に存在したり，複数の国家にまたがる社会も現存する．人は基本的には1つの国の国籍しか持てないことが多いが，1人の人が同時に複数の社会のメンバーであることは珍しくない．

　私たちが知っているような形の国家（近代の国民国家）は昔は存在しなかった．部族社会，つまり主として親族からなる社会集団が人々の生活の全てをカバーしていた時代では，権力は特定の個人，大抵は長老（指導的立場にある高齢者）が持っていた．社会が発展するに従って部族社会は複雑な社会組織をもった国へと成長していった．複雑な社会では個人の能力だけでは国家を統治することが不可能で，統治機構と支配者（統治者）が区別されるようになる．

　統治者は暴力（警察や軍隊）で国民を支配することもあるが，安定した統治は国民が統治者の正当（統）性（法的，社会通念的に正しいと認める根拠）を認めることによって可能になる．M. ウェーバー（Max Weber）は正統な支配のタイプを3つに分けている［ウェーバー 2012］．正当性の根拠がカリスマ（個人の超人的な資質）である場合の統治をカリスマ的支配という．伝統を守ることが正しいという考えから統治者が決まる仕組みを伝統的支配という．世代から世代へと受け継がれてきた支配に関する信念や実践を，それがいままで受け入れられ行われてきたという理由で維持する統治形態である．伝統は神聖でありそれを守ることが義務と考えられている．最初の統治者の正当性がカリスマであれ，有力者たちの合議の結果であれ，伝統的支配が確立すると，通常は血縁により支配権は代々受け継がれる．

　近代社会では優れた統治能力が統治者の正当性の理由とされる．統治者の正当性は法によって認められる．これを合法的支配という（第1章**コラム**，第14章参照）．

(3) 官僚制組織と公務員

　政府は公的に定められたルールに従って運営される．近代民主社会の基本原則では政府の運営は官僚や統治者の私的な利益や個人的な人間関係から切り離

された形で行われる．しかし，現実には民主主義を標榜する独裁的な国家は存在するし，民主主義国家でも官僚や政治家のルール違反はなくならない．

官僚制組織の中で国家運営の実務を行う官僚は公務員と呼ばれる．2014年現在で日本の公務員数は国家公務員（64万人）［人事院ウェブサイト］と地方公務員（286万人）［総務省ウェブサイト］を合わせて350万人いる（ただし，地方公務員数には教員や社会福祉士のような直接市民生活に直結するサービス実務を行う職務も含まれている）．この数値には公社，公団，政府系企業などは含まれない．日本の労働力人口は6587万人［総務省統計局ウェブサイト］なので労働力で見ると約5.3％になる．

日本の公務員数は人口千人当たり42.2人で他の主要先進国（イギリス，フランス，アメリカ，ドイツ）の79.4人よりずっと少ない［野村総合研究所ウェブサイト］．この分析では公務員数には国家公務員や地方自治体職員だけでなく公社公団，政府系企業，地方公社・地方公営企業職員も含まれている．

2　社会運動と NPO

(1) 国家の限界と社会運動

社会運動（social movement）は**集合行動**（collective action）の特別な形である．集合行動とは複数の人々がなんらかの出来事や状況や考え方に対する反応として一緒に行う日常的，定型的ではない行動である．集合行動への参加者は，知り合い同士ではなく，日常生活もお互いに大きく異なる人々であることが多い．

出所のわからないうわさで人々が集まったり，新しいファッションが広まったり，暴動やパニック，群衆など一時的に起こる集合行動はしっかりした組織を持たない．集合行動のうち，人々が社会問題の解決を目指して動員され，組織化され，持続性のあるものを社会運動という．政治的な改革や保守的な政策を求める政治運動，若者や女性の権利の拡大を求める運動，環境保全運動，公害反対の住民運動，政府の薬害補償を求める運動，宗教運動や労働運動などがある．

国家が対応しない課題，不十分な対応しかできない課題，政治では解決できない課題などは常に存在する．社会運動は市民が自らの手で社会的課題の解決を図ろうとする集合行動である．未組織の互いに見知らぬ人々が一時的に参加する群衆行動を引き起こすこともあるが，ほとんどの社会運動は指揮命令系統を持った組織を持ち，参加者はその組織の正式な構成員である．

社会運動は直接目的を達成することもあれば，行政や議会を動かして，間接的に成果を得ることもある．通常の日常生活ではみられないデモ，すわりこみ，ボイコットや暴力的行動が使われることがある．権力者が社会運動を力で押さえ込もうとするときには非合法的な方法に訴える場合もある．社会運動は既存の社会秩序に異議を申し立てるので，社会運動を嫌う人や否定する人もいる．むろん，無関心な人もいる．

　新しい法律の制定や解釈の変更，既存の行政サービスの拡大をめざす運動もある．女性の権利拡大や同性婚合法化をめざす運動は文化変容を目指している．これは文化的価値観の変更を要する．「女性が管理職になるなど，どうしても許せない」「同性同士が結婚するなどあり得ない」と考える人にとってはこの種の提案は自分には害がなくとも認めたくないことかも知れない．

　何が社会的課題か，何が社会的危機かは人々の社会階層，地位，居住地，職業，家柄，さらには宗教，民族，人種などと大きな関係がある．社会問題は社会の仕組みの矛盾や変化への対応に関する機能不全から生じている．その改善には社会の仕組みのどこをどのようなやり方でどの程度改革するかが現実的な問題となる．『社会運動の社会学』［大畑・元・道場ほか 2004：79-96］によれば社会運動には，「抗議をする」，「議会に代表を出す」，「事業をする」，「自分や他者を助ける」などのタイプがある．

(2) 社会変革と NPO

　NPO（Non-Profit Organization）とは公益（国家や社会や公共の利益）となるサービスを提供することを目的とする非政府の非営利組織である．そのための経費には寄付金，国などからの助成金のほか収益事業を行って，その利益をあてているNPO もある．公的サービスを行うという点では政府に似ているし，事業を行う点では企業に似ている．

　行政は税金で運営され，法令で決められた仕事を決められた仕方で実施し，原則的に平等公平に不特定多数の人を対象に幅広い事業を行う．行政がサービスを必要としている人々の状況にあったきめ細かなサービスの提供を行うことは困難である．この点，地域や対象を特定して活動する NPO は優れている．

　企業は利益を求めて収益事業を行う．企業活動は商品や設備の開発，生産，販売，あるいはサービスの提供である．収入と支出のバランスをとり，人を雇い事業を継続させる点は企業も NPO も変わりないが，NPO は収益が出た場合，

それを NPO の構成員（職員，代表者，支援者，出資者）に利益として配分するのではなく，事業の維持拡大に使用する．企業では利益は株主や被雇用者に配分される．この点が大きく異なる．

最近，話題になった NPO に，ドイツの自動車会社（フォルクスワーゲン社，VW）の不正を告発した ICCT（国際クリーン交通委員会）がある．これはアメリカの環境問題を扱う NPO である．主に民間財団の寄付により運営されている．人々の健康と環境変動の影響の軽減のために陸上，海上，航空の交通運輸の環境負荷の改善とエネルギー効率の向上のための活動を行っている［ICCT ウェブサイト］．

(3) NPO と法人格

NPO には**任意団体**としての NPO，特定非営利活動法人（NPO 法人）制度による認証を受け法人格を与えられた **NPO 法人**，さらに認定特定非営利活動法人（認定 NPO 法人）制度により一定の要件を満たして国税庁の認定を受け税の優遇措置を受けられる**認定 NPO 法人**とがある．通常の定義では一時的でない公式

表 16-1　活動の種類別の認証を受けた NPO 法人数（複数回答）（2009年12月31日現在）

第 1 号	保健・医療又は福祉の増進を図る活動	22,524
第 2 号	社会教育の推進を図る活動	18,020
第 3 号	まちづくりの推進を図る活動	16,023
第 4 号	学術，文化，芸術又はスポーツの振興を図る活動	12,909
第 5 号	環境の保全を図る活動	11,193
第 6 号	災害救援活動	2,481
第 7 号	地域安全活動	3,901
第 8 号	人権の擁護又は平和の推進を図る活動	6,158
第 9 号	国際協力の活動	7,613
第10号	男女共同参画社会の形成の促進を図る	3,251
第11号	子どもの健全育成を図る活動	15,996
第12号	情報化社会の発展を図る活動	3,460
第13号	科学技術の振興を図る活動	1,922
第14号	経済活動の活性化を図る活動	5,443
第15号	職業能力の開発又は雇用機会の拡充を支援する活動	7,523
第16号	消費者の保護を図る活動	2,248
第17号	全各号に掲げる活動を行う団体の運営又は活動に関する連絡，助言又は援助の活動	17,926
合計		38,997

出所）厚生労働省ウェブサイト「NPO 法人における雇用・ボランティアの現状」（2015年 9 月10日アクセス．2009年の数値のみを引用）．

の規約と組織を持ち，役割分担（意思決定と事業実務の担当者）があり，利益を目的とせず，特定の公益サービスを行うことが必要なので，思いつきやその場限りの物品やサービス提供は奉仕活動や慈善活動と呼ばれ，NPO の活動ではない．

　日本では市民が団体（組織）を作ることは自由で，政府の許可は必要ない．政府はその正確な数を把握していない．厚生労働省の「NPO 法人における雇用・ボランティアの現状」によればNPO 法人の認証は2009年のデータでは17の種別に分かれていて１万7926法人，有給職員は717人である（**表16-1**）．NPOには企業や行政と異なり専任職員の他，多数のボランティアがかかわっている．その数は17万1900人で専任職員よりはるかに多い．

　表16-1を見ると，NPO 法人の活動は代表的なものだけでも「保健・医療又は福祉の増進」，「社会教育の推進」，「まちづくりの推進」，「子どもの健全育成を図る活動」，「学術，文化，芸術又はスポーツの振興」，「環境の保全を図る活動」など市民生活の幅広い分野に拡がっていることが分かる．

3　NGO

(1) NGO と NPO

　NGO は非政府組織（Non-Governmental Organization）の略語である．NGO はNPO と似ている．「NGO は政府からの独立性を強調した概念で非政府組織，NPO は企業との対比を強調した概念で非営利組織をさす」[社会学小辞典] という定義もあるが国際的に活動する NPO を NGO と呼ぶ場合が多い．両者の定義は国によって異なるが，ほぼ共通に，利益を構成員に配分しないという意味での非営利性，非政府生，自律性，自発性，公益性を基本要件とする．

　『グローバル化・変革主体・NGO——世界における NGO の行動と理論——』[美根編 2011] は，NGO を国際的な活動団体ととらえ「日本に本拠地を置く NGOの定義」を「非政府・非営利の立場に立って市民が主導する自発的な組織で，かつ国際的な課題に対して他益あるいは公益的な活動を組織」と述べている．

　NGO の主要な活動は発展途上国支援である．NGO の活動と密接な連携をしている OECD（経済協力開発機構）の DAC（開発援助委員会）では，NGO と NPOを合わせて CSO（市民社会組織，Civil Society Organizations）という用語で呼んでいる [OECD/DAC ウェブサイト].

(2) 国際 NGO

　途上国の開発援助に重要な役割を果たしている NGO を国際 NGO ということがある．先進国は発展途上国の開発援助のための援助機関を持っている．JICA（国際協力機構，日本），USAID（米国国際開発庁），GTZ（ドイツ技術協力公社），CIDA（カナダ）などである．先進諸国は直接，単独で開発援助を行うこともあるが，多くの場合，国際 NGO と協力して，援助が必要な人々や分野に直接支援を行う役割を担っている［OECD/DAC ウェブサイト］．

　たとえば，農村開発，医療支援，環境保全，治水，教育支援，女性支援などは本来は国家が政府の事業として行うべきものである．しかし発展途上国では政府の力が弱く資金も人材も乏しいため，十分な対応ができていない．開発援助の資金援助を受けてもそれを効果的に使う仕組みが整っていないため，持続的な発展のための支援とはならない．

　そこで特定の分野について対象と期限を区切って資金，技術，人的な支援を行い，当該国政府が自前でそのサービス提供ができるようになる手助けを行う．つまり自律的な持続的発展の手助けをする．先進国が相手国の実状に合わせた細かな支援を行うのは難しいので，現地や支援分野に詳しい NGO と連携して支援を行う．

　たとえば，ある村に水道を引く．日本ではこれは原則的には行政の仕事であって，自治体が行う．他方，途上国の村の行政能力は低く水道敷設事業を単独で行うことが難しい．水道技術を持った公務員などいないだろうし水道工事を請け負える企業もない．そこで国際機関や先進国の援助機関が，地域の住民が自分たちで簡易水道が引けるようになる技術指導を行い，水道を引く事業を行って訓練を実施する．農業指導，道路建設，養殖事業など援助事業は多岐にわたる．『アジアの市民社会と NGO』［秦編 2014］にはアジアでの日本の NGO の活動例が紹介されている．それらはたとえば，タイの都市貧困者支援，カンボジアの教育改革，フィリピンの農民支援，インドネシアの住民参加型コミュニティ廃水処理，東ティモールの保健医療支援，バングラデシュのマイクロクレジットなどである．

(3) NGO と私たちとのかかわりあい

　NGO の活動は発展途上国の支援であるから，日本国内に住む私たちが NGO と直接かかわる機会は少ない．しかし，その活動に賛同して寄付を行ったりボランティアとして国内活動に参加することはできる．NGO に就職することもできる．国際 NGO の仕事は開発援助と関係が深く，発展途上国で働くことが多い．日本に本部を置く NGO には日本人職員もいれば外国人職員もいる．外国の NGO で働いている日本人もいる．発展途上国の異文化社会で，支援を必要としている人たちと直接かかわる仕事をすることに大きなやりがいを感じる人は多い．

　NGO の例を見てみよう．「公益財団法人オイスカ」は本部を日本に置き34の国と地域に組織を持つ国際 NGO であり職員数は121名で主にアジア・太平洋地域で農村開発や環境保全活動を行っている．2011年度の法人収益は約１億円である．

　「シャプラニール＝市民による海外協力の会」は日本に本部を置く特定非営利活動法人認定の国際 NGO で，主にバングラデシュやインドで子供や女性，スラム居住者などの生活向上支援，フェアトレード活動などを行っている．2014年度の職員数は45名，会員数は1741名，収入額は約２億2800万円である．収入は会員や一般の個人，企業からの寄付，公的機関からの補助金，自前で行っている収益事業の売り上げなどである．NGO の事業主体としての規模は企業と比べてとても小さい．収入（売り上げ）はコンビニ１店にも及ばない．

　日本の小さな町と比べてみよう．日本で一番人口が少ない山梨県早川町（人口約1000人）は平成21年度の歳入は約20億円，職員数は50名［総務省平成20年度決算状況］で，歳入は職員数がほぼ同じシャプラニールの10倍ある．事業主体としては NGO は小さな存在であるが，その活動は支援の対象地域や対象者の運命を大きく変える影響力を持っている．

　以下で NGO や NPO の仕事の内容を紹介する［organic style ウェブサイト］．

- セミナーやツアーの運営，資金調達など，企画営業のような仕事
- 政策提言や調査・研究，執筆，講演など，研究職のような仕事
- 会報誌の編集・発行やウェブサイトの作成などメディアのような仕事
- 会計や会員管理，会議の準備など総務のような仕事
- 井戸掘りや学校建設などの肉体労働

国家も政府も社会運動も NGO も NPO も人々の生活を安定させたり，より良い方向に向かわせたりする役割を果たしている．既存の社会の仕組みは完全なものではないが，国家や政府の至らない部分を補う仕組みも社会に備わっており，それが社会運動や NPO や NGO である．NGO や NPO への就職，ボランティア参加，寄付などの通常とは違った形で社会活動に参加し，よりよい社会の実現に寄与するのも，現代社会に生きる市民として正当な活動である．

課　題

- 自分が将来，どのような市民となるか，どのような職業につき，どこに住み，どのような日常生活を送るか，送りたいか，希望や予想を書いてみよう．その生活で，政府や社会運動や NGO や NPO にかかわる可能性があるかどうか，考えてみよう．
- 仮に自分が NGO に参加する場合，どの NGO に参加し，どのような分野のどのような仕事をし，どこの国に行きたいかを考えてみよう．

参考文献

ウェーバー，M., 濱嶋朗訳［2012］『権力と支配』講談社（講談社学術文庫）．
大畑広嗣・元哲・道場親信・樋口直［2004］『社会運動の社会学』有斐閣．
秦辰也編［2014］『アジアの市民社会と NGO』晃洋書房．
美根慶樹編［2011］『グローバル化・変革主体・NGO――世界における NGO の行動と理論――』新評論．

ウェブサイト

厚生労働省「NPO 法人における雇用・ボランティアの現状」　http://www.mhlw.go.jp/topics/npo/01/（2015年12月4日アクセス）．
人事院「国家公務員の数」　http://www.jinji.go.jp/booklet/booklet_Part5.pdf（2015年12月4日アクセス）．
総務省「地方公務員の状況」　http://www.soumu.go.jp/iken/kazu.html（2015年12月4日アクセス）．
総務省「平成20年度決算状況（町村）」　http://www.soumu.go.jp/iken/zaisei/pdf/1018-15-9_19.pdf（2015年12月4日アクセス）．
総務省統計局「平成26年労働力調査年報」　http://www.stat.go.jp/data/roudou/report/2014/index.htm（2015年12月4日アクセス）．
野村総合研究所「国家公務員の国際比較に関する調査」　http://www.esri.go.jp/jp/prj/hou/hou021/hou21-1.pdf（2015年12月4日アクセス）．
ICCT　http://www.theicct.org/about-icct（2015年12月4日アクセス）．

OECD/DAC "How DAC members work with CSOs in Development Co-operations" http://www.oecd.org/dac/peer-reviews/48784967.pdf（2015年12月 4 日アクセス）.
organic style「NGO・NPO の運営規模と仕事の概要」 http://organic-style.net/2011/02/post.html（2015年12月 4 日アクセス）.

（宇田川 拓雄）

お わ り に

　本書は，「社会学の参照基準」に基づく内容，いわば社会学の授業を構成する標準的内容といえる16の章からなっている．「社会学とは何か」については，一言で説明するのは非常に難しい．社会学の領域は非常に幅が広く多岐にわたる．また，他領域の研究者からは社会学の領域や社会学研究者は個性的であると評されることもある．本書の各章を見ても，各担当者の個性が大いに発揮されている．そのような多様な社会学をどのように学べばよいのか，どこから手を付ければよいのか，初学者は戸惑ってしまうことも多いだろう．本書は最小公倍数的な社会学のインベントリー（inventory：在庫目録）を示している．

　大学多様化の中，学生は，「質的」にも「量的」にも，大学で大いに学ぶことが求められている．一方，教員は「研究」のみならず，本来の業務である「教育」に時間を多く費やさねばならない状況にある．講義内容を記したシラバスには授業時間外に学生が取り組むべき予習・復習の内容までを表記することが求められるようになってきている．また，教員はFD（Faculty Development）やPFF（Prepare Future Faculty）などの大学教育に関する活動に積極的に取り組まなければならない．社会学を体系的に学修するにはどうしたらよいのかという議論は，同時にどう教えればよいのかという議論でもあるが，これについては日本の社会学界では始まったばかりであると言わざるを得ない．大学教員には教育のための特別の訓練を受けた人が少ない．多様な学生を対象に教える側の教員もどのように教えるべきか，試行錯誤の状態が続いている．

　学生の皆さんにとっては少し興味関心のないことかもしれないが，一教員は社会学を教えるということをどのように考えているか，本書執筆のきっかけとともに少しお話させていただきたい．私の個人的状況であるのだが，「実学」を標榜する自身の所属大学は，「社会学領域」として設置されていた学部（サービス産業学部）を，社会学を冠する学部（人間社会学部）に改組することになり，改めて社会学とは何か，社会学をどのように教えるべきかを考える「好機」を得た．おりしも本務校のある神戸市で日本社会学会大会が開催されることになり（2014年第87回日本社会学会大会，神戸大学），自身の新課程編成のなかで検討した「実学としての社会学教育」(http://www.gakkai.ne.jp/jss/research/87/196.pdf，2016

年4月25日アクセス）について「教育（社会学の教育）」部会で発表した．編者のもう一人篠原清夫先生も同じ部会で発表され，晃洋書房編集部の阪口幸祐さんも出席されていた．私の発表に対する反応はイマイチ「薄く」旧友が助け舟となる質問をしてくれるような状況だったが，篠原先生の「医療系大学における社会学研究の利点と困難性」に関する発表（http://www.gakkai.ne.jp/jss/research/87/197.pdf．2016年4月25日アクセス）は，参加者の共感を得て活発な質疑応答が行われた．計画段階でまだ実践を伴っていない私の発表とは異なり，篠原先生自らの日々の教育活動の実践に基づく発表に，参加者は関心を示したのであろう．「社会学の教育」への関心は非常に高いのである．そんな中，部会で全体討議になり，参加者から「社会学の参照基準」について質問がなされた．

　　「『社会学の参照基準』についてどう考えますか？」

　私の答えは「『社会学の参照基準』の提示，カリキュラムの標準化は必要と考えるが，教える側の社会学担当者が一人ですべての領域を講義するのは大変難しい．複数名の社会学担当者がいたとしても数，領域が限られているところが多く，現実問題として講義可能であろうか」というものであった．
　社会学を専門とする教員であっても，多様な領域の社会学に精通し，授業を行うことは大変な労力で，日々苦労している．そのため，教員は個別の社会学領域の中から，各自の得意領域を中心として授業を行い，多少偏った内容の社会学も含めて，非常にバリエーションに富んだ「社会学」が講義されることになる．社会学担当者が複数いて，それぞれの専門を持った教員がリレーで授業を行ういわゆる「オムニバス」授業が可能であるとしても，社会学の多様な領域を網羅する教員を置くことは，現実的には難しいだろう．また，教わる側の学生にとっては，社会学がどのような学問領域かという全体像をあらかじめ知らされることなく学び始めることも多いと思われる．まるで大きな森の中で「置き去り」にされて，地図や方角を示すコンパスもなく，不安を抱きつつ「さまよう」ようなものである．そのような中，社会学とはどのようなものかを示すひとつの目安として，参照基準が示されたことは非常に意義深い．
　教員の皆さんにとっては，参照基準は正直少し厄介なものかもしれない．自分たちの得意とする分野を中心とする社会学，換言すれば「やりやすい」社会学の授業ができないからである．しかし，既存の社会学的知識を広く，後の研

究者にもなり得る受講者に伝えていくことは社会学担当教員の使命である．少子化の時代ではあるが，1992年と2015年を比較すれば，進学率の上昇，短大の4大化などもあり，大学生の数は1.2倍になっている（「学校基本調査」データ）．学部設置の関連領域別にみると，社会学は人文科学領域やその他の学際的な領域の学部でも学ぶことができるが，主となる社会科学領域の社会学分野の学生数は，社会科学領域自体が85万人から83万人とほぼ横ばいの微減であるにもかかわらず，約7万7000人から約14万人と約1.8倍になっている．今後も社会学的知識，社会学的想像力を学生に伝えていくことは，社会学の地平を広げていく，よりよい社会をつくっていく，いわば「社会学のマーケティング」の一翼を担う非常に重要な役割を負っていると考える．本書がそのような重要な役割を持ちながら，日々悩みながら教育に腐心している社会学担当者の一助になればと考える．

　本書は社会学の地図を示す試みであるが，全体としての地図だけでなく，現実社会をどのようにとらえることができるかを考えるための個別の地図でもある．地図はあくまで紙上のもので，現地に転がっている面白いかたちの石ころや，現地で出会う人々との触れ合い，天気の移り変わりは記されてはいない．社会学が現実社会をとらえ説明する学問領域であるならば，本来の目的は現地を明らかにすることである．本書（社会学の地図）をきっかけに，より深く現地（現実社会）に興味関心を持って学修してくれることを願っている．

　最後に，晃洋書房編集部の阪口幸祐さんに厚く御礼申し上げたい．おそらく前述した部会において，新しく設けられた参照基準と編者二人に注目してくださったのであろう．関東（千葉）と関西（兵庫）という東西に離れた二人．日々の編者間の調整だけでなく，各章の執筆者とのやり取り，原稿の確認校正に関しても非常に丁寧に行ってくださるとともに，大変貴重で的確な御意見を頂戴した．それでもなおいくつかのミスや不明な点があるとすれば，編者・執筆者の責任であることは言うまでもない．

　2016年4月

編者　栗田真樹

人名索引

▶あ行

有賀喜左衛門　139
今田高俊　128
イリイチ（Illich, I.）　95, 96, 180
ウェーバー（Weber, M.）　7, 11, 20, 65,
　124, 138, 164, 180, 192
上野千鶴子　149
ヴェブレン（Veblen, T. B.）　66
ウェルマン（Wellman, B.）　141
ウォーラーステイン（Wallerstein, I.）
　153
エンゲルス（Engels, F.）　88
大竹文雄　130
奥田道大　140

▶か行

カイヨワ（Caillois, R.）　175
カルヴァン（Calvin, J.）　165
川喜田二郎　21
岸本重陳　128
キツセ（Kitsuse, J.）　115, 118, 120
クーリー（Cooley, C. H.）　26, 137
倉沢進　137
ゴフマン（Goffman, E.）　103
コント（Comte, A.）　3

▶さ行

佐藤郁哉　20
佐藤俊樹　129
ジンマーマン（Zimmerman, C. C.）　137
ジンメル（Simmel, G.）　103, 138
鈴木榮太郎　138, 139
鈴木広　172
ズナニエツキ（Znaniecki, F.）　21, 138
スペクター（Spector, M.）　115, 118, 120
盛山和夫　128
ソローキン（Sorokin, P. A.）　124, 137

▶た行

橘木俊詔　129
デュルケーム（Durkheim, É.）　5, 11, 17,
　111, 164
テンニース（Tönnies, F.）　33, 136
トーマス（Thomas, W. I.）　138
トフラー（Toffler, A.）　63
トマス（Thomas, W. I.）　20
富永健一　61, 128

▶な・は行

バーガー（Berger, P. L.）　169
パーク（Park, R. E.）　138
バージェス（Burgess, E. W.）　138
パーソンズ（Parsons, T.）　38, 89
パットナム（Putnam, R. D.）　92, 144
原純輔　128
ピケティ（Piketty, T.）　133
フィッシャー（Fischer, C. S.）　142
ブース（Booth, C.）　88
福武直　139
フリードソン（Freidson, E.）　90
ブルーマー（Blumer, H. G.）　34
ブルデュー（Bourdieu, P.）　107
ベッカー（Becker, H. S.）　19, 35, 113,
　120
ベル（Bell, D.）　69
ホワイト（Whyte, W. F.）　20

▶ま行

マードック（Murdock, G. P.）　37
マートン（Merton, R. K.）　32, 65, 111
マッキーヴァー（MacIver, R. M.）　140
マッキンタイア（McIntire, C.）　88
マルクス（Marx, K.）　88, 124
ミード（Mead, G. H.）　26, 30, 34
村上泰亮　127
メイヨー（Mayo, P. E.）　65

モア（Moore, W. E.）　61

▶や・ら・わ行

米山俊直　149
ラウントリー（Rowntree, B. S.）　88
ラザースフェルド（Lazarsfeld, P. F.）

182
リトワーク（Litwark, E.）　45
ルックマン（Luckman, T.）　169
ロストウ（Rostow, W. W.）　152
ワース（Wirth, L.）　137, 138, 141

事項索引

▶アルファベット

ARPANET　183, 187
IT 革命　153
KJ 法　21
LGBT　52
M 字型就労　55
NGO　191, 196
NPO　194
　——法人　45, 195
OA　61
OECD（経済協力開発機構）　55, 196
SNS　21, 22, 64, 183, 188
SSM 調査　18, 128
WHO（世界保健機関）憲章　91

▶あ行

アーバニズム　137, 138, 141
I（主我）　26
アイデンティティ　58, 114, 158
アウトサイダー　114, 120
『アウトサイダーズ』　19, 35, 113, 120
アソシエーション　140, 175
アニミズム　167
アノミー　111, 141
　——的自殺　11
アンケート調査　14, 17
家連合論　139
異議申し立て　50, 63, 76
医原病　95, 97
イスラーム　168

　——主義　169
異性愛（ヘテロセクシュアリティ）　51
1F 災害　80, 85
一億総中流社会　127
一回性　16
一神教　168
逸脱行動　111
一般化された他者　31
意味ある他者　31
入会地　78
医療化　95
医療社会学　88
医療に内在する社会学　88
医療を対象とする社会学　88
インタビュー　18, 162
インフォーマル・グループ　65
インフォーマルケア　45
ウィキリークス　184
エートス　165
エスニシティ　155
エスニック集団　155
エスノグラフィー　19
エビデンス　24
演繹法　14
オイルショック　76
オピニオンリーダー　17

▶か行

階級　123
外集団　157

事項索引　205

階層　123, 160
　　——帰属意識　126
外的基準　17
外的妥当性　17
鏡に映った自我　26
核家族　37
格差　123
学際的　74
学士力　　i
革新　113
拡大家族　37
獲得的地位　28
学力格差　106
隠れたカリキュラム　53
仮説　14, 18
過疎化　139
価値観　32, 102, 185
価値自由　12
カトリック　5, 10, 164
カノッサの屈辱　168
『神々のラッシュアワー』　172
カリスマ　172
　　——的支配　12, 172, 192
カルト問題　173
環境意識・環境文化の社会学　77
環境ガバナンス　79, 84
環境共存の社会学　77
環境行動の社会学　77
環境問題の社会学　77
観察　14
管理社会　117
官僚制　65, 141, 171, 181, 193
帰化　158
機械化　61
機械的連帯　11
期間雇用　64
企業型年金　64
帰属意識　155, 156, 158
帰属集団　65
機能　2, 3
　　逆——　70, 118
　　——主義　120

　　——分化　180
　　——論　70
帰納法　14
規範　28, 53, 92, 99
客観的属性（デモグラフィック要因）　66
教育格差　108
教会離れ　165
共生　79
教祖　167
教団　167
教典　167
共同性　136
共同体　166
教派　6
共有地の悲劇　78
教理　167
強力効果説　182
儀礼　166
　　——主義　113
近郊農村　139
近代化　69, 138, 168
近隣集団　26
クエスチョネア　17
クレイム申し立て活動　121
グローカル　68
グローバル化（グローバリゼーション）
　68, 76, 152
ケア　40, 43
　　——の社会化　44
警戒宣言　81
経済的合理性　70
ケース・スタディ　20
ケガレ　167
ゲゼルシャフト　33, 136
血縁　149
結婚適齢期規範　41
ゲマインシャフト　33, 136
限界集落　139
兼業化　139
減災サイクル　82
顕在的機能　70
原始宗教　167

衒示的消費・誇示的消費　66
限定効果説　183
公害国会　76
工業化　138
構成概念妥当性　17
構造　2, 3
構築主義　118, 120
高等教育機関　102
行動様式　32, 104
高度経済成長　75, 105, 106, 127
合法的支配　12
合理化　168
高齢化　139
高齢者虐待　39
国際NGO　197
国際化　152
国勢調査　15
国民国家　155, 156
互酬性　92, 144
個人型社会保障　64
国家　2, 155, 181, 182, 191
孤独死　144
コミュニケーション　178, 185
コミュニティ　115, 140, 148, 172
　　──解放論　142
　　──喪失論　141
　　──存続論　142
婚外子出生率　42

▶さ行

サービス産業化　62
災害ボランティア　82
再現性　16
再地域化　144
差別　49
サポート　92
参加的社会化　32
産業化　38, 45, 61, 69, 141
産業革命　55
産業の空洞化　76
参照基準〈社会学分野〉　i, ii, iv, 201
参与観察　18, 120

ジェンダー　50, 94
　　──・アイデンティティ　52
自我　26
シカゴ学派　138
自己本位的自殺　11, 165
『自殺論』　5, 164
資産家階級　124
私事化　168
自然宗教　167
事前復興　83
自然村理論　139
寺檀制度　171
実体概念　140
実態調査　161
質的調査　16, 120
質的データ　16
質問紙調査　17
児童虐待　39, 116
ジニ係数　129
『支配の社会学』　12
資本主義　7, 153, 164
市民社会組織　196
市民的公共性　181
シャーマニズム　167
社縁　149
社会　4
社会運動　191, 193
社会化　2, 31, 38, 99, 108
社会階層　88
社会学　2
社会関係　156, 192
社会規範　111, 141
社会研究　14, 15
社会現象　7, 115
社会構造　8, 111, 124
社会参加　64
社会集団　26, 111, 113, 114, 120, 136, 192
社会状況　7
社会成層　125
社会秩序　26
社会調査　14, 125, 138
　　──士　iv, 15

事項索引　*207*

社会調査データアーカイブ　15
社会的結合　6, 164, 165
社会的行為　156
社会的自我　26, 27
社会的事実　165
社会的ジレンマ論　78
社会的動物　6, 136
社会的ネットワーク　92, 142
社会的不平等　123
社会的倫理　8
社会病理（学）　117
『社会分業論』　11
社会変動　171
社会問題　115, 120
『社会問題の構築』　120
尺度構成　18
『シャドウ・ワーク』　96
ジャパン・アズ・ナンバーワン　129
宗教改革　10, 165
『宗教社会学論集』　12
就業人口　61
宗教的過激主義　169
宗教倫理　8
集合行動　193
集合沸騰　166
終身雇用　64, 130
修正拡大家族　45
従属変数　6
集団　2, 4, 27, 89, 99, 136
　　──本位的自殺　11
受益圏・受苦圏論　78
祝祭　166
呪術　167
　　──からの世界の解放　168
主婦化　37
準拠集団　32, 65
生涯未婚率　41, 144
状況の定義　20
消極的儀礼　166
少子化　56, 115
消費者運動　63
消費社会　63

職業的社会化　32
『職業としての学問』　12
所属集団　29, 65, 161
自律性　139
ジレンマ　29
進学率　101
新幹線公害　78
信教の自由　172
シンクレティズム　171
（新）三種の神器　67
人種　154
新宗教　168, 171
深層面接法　19
身体的虐待　39, 116
新中間層論争　127
新中間大衆論　127
新中流階級　124
信念　53, 166
神判　168
神仏習合　171
シンボリック相互作用論　34, 120
信頼性　16
心理的虐待　39
数量化　16
スクールカースト　103
ステレオタイプ　53
『ストリート・コーナー・ソサエティ』
　　20
スピリチュアリティ　173
スプロール化　139
聖　166
生活環境主義　78
生活再建　82
生活史研究　138
『生活史の社会学』　21, 138
生活者　63
生活様式　137, 141, 159, 161
正機能　70
政教分離　172
政治的先有傾向　183
生殖補助医療　42
成長の限界　76

性的指向　51, 52, 58
性同一性障害　94
制度化　90
生得的地位　28
聖と俗　166
制度的手段　112
性の権利宣言　52
性別違和　95
性別役割分業　38
世界システム　152
世界宗教　168
世界の工場　76
セクシュアリティ　51
セクシュアル・ハラスメント　54
セクシュアル・フルイディティ　58, 59
セクシュアル・マイノリティ　52, 94
世俗化　168
世俗外禁欲　10
世俗内禁欲　10, 165
積極的儀礼　166
セックス　50, 94
セルフサービス化　62
全国総合開発計画　75
潜在的機能　70
先住民族　159, 161
全数調査（悉皆調査）　18
選択縁　149
選択的接触　183
専門用語　3
戦略爆撃調査　80
相互行為　30, 192
相互作用　2, 70, 103, 114
相互扶助　137
操作化　18
想像の共同体　182
ソーシャル・キャピタル　92, 144
俗　166
祖先祭祀　167

▶た行

第一次集団　26, 137
大規模地震対策措置法　81

大衆　181
　——社会　185
　——消費　66
態度　32, 102
第二次集団　137
タイムライン　81
多国籍化　152
多神教　168
脱呪術化　168, 181
脱地域化　143
『脱病院化社会』　97
妥当性　16
男女間賃金格差　55
地位　27, 89
地域社会　136
地域性　136
地縁　45, 149
中央教育審議会　105
中間集団　155
超高齢社会　43
調査倫理　22
町内会・自治会　140
　——の解体　143
テキストマイニング　21
テクノロジー　178
典型調査　20
天職　8
伝統宗教　168
伝統的支配　12
トイレなきマンション　80
同一労働同一賃金　64
動機の意味理解　20
統計調査　14, 125
同心円地帯理論　138
同性愛（ホモセクシュアリティ）　51
同調　113
逃避主義　113
トーテミズム　166
ドキュメント分析・内容分析　14
独立変数　6
都市　7, 17, 137, 181
　——化　137

事項索引　　209

年神様　167
都市計画事業　82
都市―農村二分法　137
都市―農村連続法　137
土着化　171
ドメスティック・バイオレンス　39

▶な行

内集団　156
仲間集団　26
ナショナリズム　151, 154
難民問題　151
ニーズ　21, 24, 46, 172
二次分析　15
日常と非日常　166
任意団体　195
認定 NPO 法人　195
ネグレクト　116
年功序列　64, 130
農村　7, 17, 137

▶は行

パーソナリティ　38
排除　49
パニック研究　80
『ハマータウンの野郎ども』　20
ハレとケ　166
反抗　113
晩婚化　42
晩産化　42
汎神論　168
PM2.5　76
非営利組織　194
被害・加害構造論　78
東日本大震災　79
非正規雇用　64
ビッグデータ　21
標準偏差　106
病人役割　90
標本抽出　18
貧困世帯　130
貧困率　56

ファンダメンタリズム　169
フィールドノーツ　19
フィールドワーク　14
夫婦連れ合い期　43
フェアトレード　68, 198
フェティシズム（呪物崇拝）　174
フェミニズム　38, 50
フォーマル・グループ　65
フォーマルケア　45
仏教　168
復興災害　82
不等価交換　153
部分調査（標本調査）　18
普遍的人権　52
富裕層　133
プラクティス　104
ブラック企業　64
ブラックバイト　64
ブルーカラー　128
プロシューマー　63
『プロテスタンティズムの倫理と資本主義の
　精神』　7
プロテスタント　5, 10, 164
プロパガンダ　182
文化資本　107
文化多元主義　156
文化的目標　112
ヘゲモニー国家　153
ヘテロセクシズム　52
防災対策サイクル　82
『暴走族のエスノグラフィー』　20
方法論的個人主義　9
方法論的集団主義　9
ホーソン実験　65
保健医療社会学　89
没機能　70
ホモフォビア　54
ボランティア　82
ホワイトカラー　124

▶ま行

マーケティング　21, 24

―――・リサーチ　18
マイノリティ　52
マクロ　2, 61
　　―――社会　4
マジョリティ　52
マス・メディア　178
マルチステークホルダー　83
me（客我）　26
ミクロ　2, 61
　　―――社会　5
未婚化　41
水俣病　74
民間信仰　167
民主主義　181, 193
民族　154, 155
民俗宗教　167
民族宗教　168
無縁社会　144
無償労働　38
無性愛／非性愛（アセクシュアル）　51
メゾ　61
メディア　178
木造老朽家屋密集地区　82
モデルストーリー　19
モニター調査　23
もやい直し　75

▶や行

役割　28, 70, 90
　　―――葛藤　29, 30
　　―――期待　30
　　―――取得　30
唯一神　168

有閑階級　66
有機的連帯　11
ゆとり教育　105, 106
ヨーク調査　88
予期的社会化　32
予言の自己成就　114
世論　181
　　―――調査　18, 126, 170
四大公害病　75
四大理論　77

▶ら行

ライフコース　40
ライフスタイル　66
ラベリング理論　35, 113, 120
ラポール　19
リージョン　140
離家　41
離村　139
了解可能性　16
両性愛（バイセクシュアル）　51
量的調査　16
量的データ　16
理論　14
倫理性　168
ルール　53, 185
レジリエンス　84
レスパイト・ケア　46
老親扶養規範　43
労働者階級　124
労働力率　37, 55
ロンドン調査　88

事項索引　211

著者紹介 （執筆順，＊は編著者）

＊篠原清夫（しのはら　すがお）［はじめに，第 1・3・8・10 章］
現　　在　三育学院大学大学院看護学研究科教授
専門分野　社会調査法，教育社会学，保健医療社会学
主要業績　『社会調査の基礎——社会調査士Ａ・Ｂ・Ｃ・Ｄ科目対応——』（共編著），弘文堂，2010 年．『現代社会学事典』〔執筆〕弘文堂，2012 年．「医療系大学における社会学研究の利点と困難性」『人間科学』33 (2)，2016 年．

＊栗田真樹（くりた　まき）［第 2・6 章，おわりに］
現　　在　流通科学大学人間社会学部教授
専門分野　社会調査法，現代社会論（消費社会論，産業社会学）
主要業績　『現代フランスの流通と社会——流通構造・都市・消費の背景分析——』（共編著），ミネルヴァ書房，2003 年．「新しい文化サービス産業の『聖地』としての地域ブランド」，田中道雄・白石善章・濱田恵三編『地域ブランド論』同文館出版，2012 年．「フランスのテーマパーク——アミューズメント事業に見るフランス——」，田中道雄・白石善章・相原修・三浦敏編『フランスの流通・政策・企業活動』中央経済社，2015 年．

水嶋陽子（みずしま　ようこ）［第 4 章］
現　　在　常磐大学人間科学部教授
専門分野　家族社会学，社会老年学
主要業績　「高齢女性と選択的親子関係」『家族社会学研究』10 (2)，1998 年．「育児の科学化と文化仲介者としてのベビーフードメーカーの役割」，西山哲郎編『科学化する日常の社会学』世界思想社，2013 年．「日本農村高齢者の住まいと生活」，比較家族史学会監修，小池誠・施利平編著『家族のなかの世代間関係』日本経済評論社，2021 年．

水野英莉（みずの　えり）［第 5 章］
現　　在　流通科学大学人間社会学部教授
専門分野　社会学，ジェンダー／セクシュアリティ・スタディーズ
主要業績　『ただ波に乗る Just Surf——サーフィンのエスノグラフィー——』晃洋書房，2020 年．「ニュースポーツの採用がもたらしたもの」，石坂友司・小澤考人・金子史弥・山口理恵子編『〈メガイベントの遺産〉の社会学——二〇二〇東京オリンピックは何を生んだのか——』青弓社，2024 年．「スポーツと性的マイノリティ」，今泉隆裕・大野哲也編『社会をひらくスポーツ人文学——身体・地域・文化——』嵯峨野書院，2024 年．

大矢根 淳（おおやね　じゅん）［第7章］
　　現　　在　専修大学人間科学部教授
　　専門分野　災害社会学，地域社会論，社会調査論
　　主要業績　ソローキン，P.A.『災害における人と社会』（翻訳）文化書房博文社，1998年．『災害
　　　　　　　社会学入門』（共編），弘文堂，2007年．『社会調査の基礎——社会調査士Ａ・Ｂ・Ｃ・
　　　　　　　Ｄ科目対応——』（共編著），弘文堂，2010年．

池田曜子（いけだ　ようこ）［第9章］
　　現　　在　流通科学大学人間社会学部准教授
　　専門分野　社会心理学，教育社会学，発達心理学
　　主要業績　「中学生の仲間集団における維持のダイナミクス」『子ども社会学研究』11，2005年．
　　　　　　　「生徒たちの現場で——ジェンダー心理学の視点から——」，麻生武・浜田寿美男編
　　　　　　　『現場の心理学』かもがわ出版，2012年．「中学生の仲間集団と教師の力動的関係」『人
　　　　　　　間文化研究科年報』29，2014年．

百木　漠（ももき　ばく）［第11章］
　　現　　在　関西大学法学部准教授
　　専門分野　社会思想史，政治思想史
　　主要業績　『アーレントのマルクス——労働と全体主義——』（単著）人文書院，2018年．『漂泊の
　　　　　　　アーレント　戦場のヨナス——ふたりの二〇世紀　ふたつの旅路——』（戸谷洋志との
　　　　　　　共著）慶應義塾大学出版会，2020年．『アーレント読本』（日本アーレント研究会との
　　　　　　　共著）法政大学出版局，2020年．

小笠原 尚宏（おがさわら　なおひろ）［第12・14章］
　　現　　在　常磐大学人間科学部准教授
　　専門分野　地域社会学，宗教社会学，日本民俗学
　　主要業績　「山車祭りにおける神輿渡御の変容——佐原市本宿の祇園祭を事例にして——」『国立
　　　　　　　歴史民俗博物館研究報告』124，2005年．「村落における小集落の位相——福島県大沼
　　　　　　　郡金山町山入の「ツボ」をめぐって」『常磐研究紀要』7，2013年．「近郊山村・東京
　　　　　　　都檜原村の社会と住民生活に関する調査研究——常磐大学人間科学部現代社会学科の
　　　　　　　社会調査実習——」『社会と調査』14，2015年．

清水強志（しみず　つよし）［第13章］
　現　　在　創価大学通信教育部准教授
　専門分野　社会学学説研究（特にフランス社会学），社会調査法
　主要業績　『デュルケームの認識論』（単著），恒星社厚生閣，2007年．『社会調査の基礎──社会
　　　　　　調査士Ａ・Ｂ・Ｃ・Ｄ科目対応──』（共編著），弘文堂，2010年．

前田至剛（まえだ　のりたか）［第15章］
　現　　在　追手門学院大学社会学部准教授
　専門分野　メディア／コミュニケーション
　主要業績　「差別・排除を助長する／回避するインターネット」，荻野昌弘編『文化・メディアが
　　　　　　生み出す排除と解放』明石書店，2011年．「インターネットを介した精神疾患を患う
　　　　　　人々のセルフヘルプ──流動的な形態の活動を中心に──」『ソシオロジ』55(3)，
　　　　　　2011年．「軍が生みだした地方都市」，荻野昌弘編『戦後社会の変動と記憶』新曜社，
　　　　　　2013年．

宇田川 拓雄（うたがわ　たくお）［第16章］
　現　　在　嘉悦大学経営経済研究所客員教授
　専門分野　貧困，高等教育
　主要業績　*Social Research and Evaluation of Poverty Reduction Project*（単著），ハーベスト社，
　　　　　　2013年．『高校生，受験生，大学生のための中堅大学活用術──４年間を楽しく過ごす
　　　　　　ために──』（編著），大学教育出版，2014年．「第８章　貧困問題」，内海成治編『国
　　　　　　際協力論を学ぶ人のために』世界思想社，2016年．

大学生のための社会学入門

——日本学術会議参照基準対応——

2016年7月20日　初版第1刷発行	＊定価はカバーに
2025年4月15日　初版第7刷発行	表示してあります

編著者　　篠　原　清　夫 ©
　　　　　栗　田　真　樹
発行者　　萩　原　淳　平
印刷者　　田　中　雅　博

発行所　株式会社　晃　洋　書　房

〒615-0026　京都市右京区西院北矢掛町7番地
電話　075(312)0788番(代)
振替口座　01040-6-32280

ISBN978-4-7710-2717-6　　印刷・製本　創栄図書印刷㈱

JCOPY 〈(社)出版者著作権管理機構委託出版物〉
本書の無断複写は著作権法上での例外を除き禁じられています.
複写される場合は，そのつど事前に，(社)出版者著作権管理機構
(電話 03-5244-5088, FAX 03-5244-5089, e-mail:info@jcopy.or.jp)
の許諾を得てください.

晃洋書房　好評既刊書籍

木村絵里子・轡田竜蔵・牧野智和 編著

場所から問う若者文化
—— ポストアーバン化時代の若者論 ——

Ａ５判　194頁
定価 2,640円（税込）

急速にデジタル化・オンライン化が進むなかで，若者は，「リアルな場所」に何を求めているのか。多様な「場所」からその姿の析出を試みた若者論の新潮流。

石田 光規 著

友人の社会史
—— 1980-2010年代 私たちにとって「親友」とはどのような存在だったのか ——

四六判　220頁
定価 2,640円（税込）

親友とは身近な存在か，または理想化された幻想なのか。新聞記事の「親友」分析から，「友人関係」に向けられた社会の目線を読む。

松村　淳 著

建築家として生きる
—— 職業としての建築家の社会学 ——

Ａ５判　316頁
定価 2,970円（税込）

日本の建築家はいかにつくられ、継承されてきたのか。現場の建築家たちはこの職業とどう向き合い、実践してきたのか。

川端 浩平 著

排外主義と在日コリアン
—— 互いを「バカ」と呼び合うまえに ——

四六判　300頁
定価 3,080円（税込）

誰もが排外主義者になるかもしれない時代のなかで，「ラップ」的思考によって，私たちのなかに存在する「バカ野郎」を駆逐しよう。

徳田　剛 著

よそ者／ストレンジャーの社会学

Ａ５判　208頁
定価 3,960円（税込）

これまでの「よそ者／ストレンジャー」に関する議論を整理し，グローバル化する現代社会における意義とこれからを再考する。